孟德尔传：
被忽视的巨人

商周 著

湖南科学技术出版社

图书在版编目（CIP）数据

孟德尔传：被忽视的巨人 / 商周著 . -- 长沙：湖南科学技术出版社，2022.7
（赛先生阅读）
ISBN 978-7-5710-1633-3

Ⅰ . ①孟… Ⅱ . ①商… Ⅲ . ①孟德尔 (Mendel,Gregor Johann 1822-1884) – 传记 Ⅳ .
① K835.216.15

中国版本图书馆 CIP 数据核字 (2022) 第 102582 号

MENGDE'ER ZHUAN：BEI HUSHI DE JUREN
孟德尔传：被忽视的巨人

著者	厂址
商周	宁乡市金州新区泉洲北路 100 号
出版人	邮编
潘晓山	410600
策划编辑	版次
李蓓　孙桂均	2022 年 7 月第 1 版
责任编辑	印次
李蓓	2022 年 7 月第 1 次印刷
营销编辑	开本
周洋	710mm×1000mm 1/16
出版发行	印张
湖南科学技术出版社	16
社址	插页
长沙市芙蓉中路一段 416 号	6页
泊富国际金融中心	字数
http://www.hnstp.com	220 千字
湖南科学技术出版社	书号
天猫旗舰店网址	ISBN 978-7-5710-1633-3
http://hnkjcbs.tmall.com	定价
印刷	98.00 元
长沙超峰印刷有限公司	（版权所有·翻印必究）

"虽然我的生命里有过很多悲苦的时刻，我必须充满感激地承认生活中美好的一面。我的科学研究工作给我带来了太多的开心和满足，而且我确信我的工作将很快得到全世界的承认。"

——格雷戈尔·约翰·孟德尔

序言

孟德尔，是生物学历史上的第一座智力高峰。他的一生，坎坷、复杂、让人唏嘘。他自称为"实验物理学教师"，而我们今天则称他为遗传学之父。他孤立于当时的科学界，做出奠基性突破却终生未被学界承认；他的工作几十年后尚不为同一学科第二重要的科学家、诺贝尔奖得主所理解；他发现的貌似简单的理论，即使在今天多数学过的人，都没意识到其达到的智力高度；他不是为利益做研究的科学家，身后却被疑造假，遭遇不公。他的手稿留存于世，却因为他今日的巨大声望再起波澜。他是被写进教科书的人物，而公众对他的一生却知之甚少……

我认为孟德尔的伟大贡献和精神价值，非常值得关注。孟德尔是超乎寻常的科学家：天生的才能、青年的果断、壮年的坚持，在困难中成长，在失败中获得机遇，最终在有限的环境做出了超越时代的发现。今天，我们重新发现孟德尔，追寻孟德尔的思路，思考孟德尔的环境，仍然很有意义。

很遗憾，在国内，一直没有一部孟德尔的传记出版。与同时代的达尔文相比，孟德尔的贡献是严重被低估的。由于同时代理解孟德尔科学工作重要性的人极少，他的遗物保留下来的也很少。加之语言方面的障碍，如何向公众呈现一个真实而完整的孟德尔，将孟德尔的事迹发掘、传播和弘扬，无疑是一件困难的事。

很高兴，旅德免疫学家、知识分子专栏作家商周先生完成了这一艰苦的工作。商周先生本人工作在科研一线，能用业余时间写成这样一部孟德尔的全景式传记殊为不易。他以孟德尔的德文传记为底本，重新创作，以科研人特有的求索精神，查阅文献，去伪存真，实地考察，补充了大量的基础资料。书中很多内容，都是首次在中文世界呈现，其难度之大和工作量之繁复可想而知。特别是，他在附录中完整翻译了孟德尔的论文《植物杂交实验》，这份珍贵的资料，值得每一位生物学的研究人员参详。

今年是孟德尔诞辰200周年，在这一特殊时间节点，商周先生的《孟德尔传》如期出版，实为幸事。如今，现代遗传学已经成为生物学发展的前沿阵地，孟德尔的贡献，对人类的未来将持续产生深远的影响。让我们重读孟德尔，共同理解这位孤独的天才。

饶毅

目　录

第1章　乡村苦少年

奥德河从波兰名城什切青流入波罗的海，从这里逆流向南180公里的河道就是现在德国和波兰两国的边界线。再往上游便进入了波兰境内，往东南方向延伸500多公里后又到达了捷克边境。捷克是奥德河的发源地，如果要继续溯源，就要随着河流急速拐弯向西而行，直到100多公里外的山野。

像每一条江流一样，奥德河连接着无数个城镇，其中最靠近源头的，是一个名叫奥德劳的小镇。在入海处近200米宽的奥德河，到这里只有几米宽的水面，在青山环抱的盆地中缓慢流淌。在火车发明之前的年代，长途的运输主要依靠水路，包括天然的江河湖泊和人工开凿的运河。这样的水系不仅是前工业革命世代的交通动脉，也是划分区域的重要依据。

奥德劳的居民几乎都是德意志民族，这从它周围的村庄的德语名称都带有一个"多夫"①就可以反映出来。在19世纪上半叶，奥德劳属于西里西亚。在小镇南面大约5公里的地方，就是摩拉维亚省的边界。摩拉维亚和西里西亚的分界并不鲜明，中间没有高山和大河这样的天然屏障，一个例子就是奥德劳所在的库兰钦地区，其中的绝大部分都

---

① 在德语中"多夫"（Dorf）指的是村庄。

属于西里西亚，但也包括少量来自摩拉维亚的土地。两省之间边界划分的主要依据是水系：西里西亚土地上的溪流汇集到奥德河，流向北方的波罗的海；而摩拉维亚属于多瑙河的水系，这里的山泉最后的目的地是西南方向的黑海。

　　库兰钦地区位于奥德河上游，这里溪流众多、土地肥沃。在这片近500平方公里的土地上，在19世纪的时候只有不到10万人口，却产生了两位在人类文明史上举足轻重的人物。一位是心理学家、心理分析的创始人西格蒙德·弗洛伊德；另一位就是本书的主人公，现代遗传学的奠基人格雷戈尔·约翰·孟德尔。

孟德尔出生的房子[①]（来源：维基百科）

　　[①]现在房屋编号为69号，孟德尔时代的编号是58。

格雷戈尔是孟德尔进入修道院后获得的教名，而约翰则是他出生后所使用的名字。孟德尔于1822年7月出生在海因岑多夫，一个位于奥德劳小镇南面5公里左右的一个村庄。在陆上交通依靠马车的时代，这也意味着一小时的车程。在村庄南面不到500米的地方，就是西里西亚和摩拉维亚的边界。海因岑多夫也有自己的河流，确切地说是一条两三米宽的小溪，发源于村庄西北方2公里处的韦斯西德勒山，流经村庄后在下游1公里处汇入奥德河。

像当地不少村庄一样，海因岑多夫的房屋也都是沿河而建。河流两岸的土地都有编号，拥有土地的农民在自家的土地上修建房屋，全村70多栋房屋就这样在溪流两岸绵延了1000多米。孟德尔出生的地方，是这个村庄上当时编号为58号的土地上的房子里。整个村庄有耕地665轭[①]，另外还有115轭的草场。在19世纪，海因岑多夫只有大约2/3的家庭拥有自己的土地，这些人大概相当于中国古代的自耕农。而另外1/3没有自己土地的人家，则要像雇农那样寄人篱下。

用自耕农和雇农来描述摩拉维亚的农民身份其实并不贴切，因为古代欧洲和中国有着不同的农业社会体系。在欧洲，从10世纪左右开始形成了农奴制，这是一种以庄园利益为核心的农场社会体系。在这个体系里，庄园主利用规则把农民束缚在土地上，在自己利益最大化的同时也保障农民的生计和安全。而在这个体系下的农民，则根据是否拥有自己的土地以及自由度的大小而分成几等，其中等级最高的是自由人，中间是佃农，而地位最低的就是奴隶。随着时代的变化，农奴制也在发生改变，并因最终不再适合生产力的发展而消亡。但农奴制在欧洲各地消亡的时间各不相同，最早的是英伦三岛，早在15世纪左右就陆续开始告别了这个制度；而欧洲大陆要晚得多，至于位于东欧的摩拉维亚和西里西亚，则是到1848年欧洲革命（也被称为民族之春）

[①] 轭：面积单位，即一头牛在一天内能耕作的面积，具体面积因各地土壤条件不同而异，一般为2500~6000平方米。

后才彻底告别了农奴制。

虽然到19世纪中叶才被完全废除，但在之前的几个世纪里这个制度在这里也发生了不小的变化。比如到了孟德尔出生的1822年，大多数农民都拥有了自己的土地，没有土地的人也不再像古代奴隶那样生活。虽然他们依然在很大程度上依赖着庄园主，但同时也享有一定的自由。农民生活地位的提高并不是因为庄园主的仁慈，而是生产力发展的产物，因为赋予农民一定的自由能够给庄园带来更大的回报。

孟德尔家族就是一个例子，在20世纪孟德尔名扬天下之后，他的外甥开始追寻这个家族的源头。和古代中国不同，欧洲没有族谱，家族人口变迁的信息都保留在教堂里。除了教堂里的人口登记册，当地政府自17世纪中叶开始建立了土地登记制度，从这里可以查到个人拥有土地的情况。根据教堂人口登记册和政府的土地登记册，孟德尔家族的简要历史情况可以追溯到1613年，也就是孟德尔的八世祖的时候。

八世祖　康斯坦丁·孟德尔　（？-1613）　农民（居住地：韦斯西德勒村）

七世祖　马丁·孟德尔　（1613年结婚）　农民（居住地：韦斯西德勒村）

六世祖　乔治·孟德尔　（1643年结婚）　拥有土地（居住地：韦斯西德勒村25号）

五世祖　温策尔·孟德尔　（1684年结婚）　拥有土地（居住地：海因岑多夫6号）

四世祖　安德里亚斯·孟德尔（1720年结婚）　不拥有土地（居住地：海因岑多夫2号）

曾祖父　安东·孟德尔（1748年结婚）　先不拥有土地，后来拥有（居住地：海因岑多夫26号）

祖父　瓦伦丁·孟德尔（1778年结婚）　拥有土地（居住地：海因岑多夫58号）

父亲　安东·孟德尔（1818年结婚）　拥有土地（居住地：海因岑多夫58号）

约翰·孟德尔（1822年出生）

孟德尔家族历史变迁图

　　　　　　　　　　　　　　　　　　　　　孟德尔传：被忽视的巨人

从上面的图中可以看到，孟德尔家族到海因岑多夫定居是1683年的事情。在这之前，他们的居住地是在离海因岑多夫西北方向2公里外的韦斯西德勒村，也就是流经海因岑多夫的小溪的发源地。在孟德尔之上的八代祖先里，最值得一提的应该是他的六世祖乔治·孟德尔。乔治·孟德尔是拥有大片自己土地的农民，但他拥有的土地并不是从父亲那里继承的遗产，而是来自岳父的馈赠。他不仅因为婚姻变得富有，还与两任妻子生养了8个儿子和3个女儿。因为相对富有，乔治·孟德尔的儿子都先后走出了这个山村，去了附近交通更为方便的村镇，其中去了海因岑多夫的便是孟德尔的五世祖。

从上面的简要家谱里，还可以看出两点重要的信息。一是农民内部阶层的转换相对容易。在孟德尔的八代先祖里，其中至少两位成家时没有自己的土地，但其中的一位通过自己的努力又重新拥有了土地。二是农民没有阶层跃升的机会，总是被禁锢在土地上。在孟德尔的家族史上，即使是他拥有多处土地和房产的六世祖乔治·孟德尔，终其一生还是农民。

在这样的禁锢的制度下生活久了，大多数农民都会觉得这是天生的宿命，即便是见多识广的孟德尔的父亲也不例外。孟德尔的父亲安东·孟德尔出生于1789年，年轻时曾在军队里服役了长达8年之久。他在漫长的部队生涯中去过不少地方，见识了不同的风土人情，还参加过拿破仑时代的最后一场战争。当退役回到家乡时，安东·孟德尔对家里做了两个主要的改变：一是翻修了父亲留下的房子，用石板替代原来的木质结构；二是把房子和溪边上公路之间的地带变成了一个大的果园。这样的改变也就意味着，他不仅要在这里踏实地当一位农民，对自己的后代也带着同样的期许。

1818年10月，安东·孟德尔与同村的罗西妮·施维特里奇结婚，两人先有了大女儿维罗妮卡之后，于1822年迎来了他们的儿子约翰·孟德尔，这就是本书的主人公。关于孟德尔出生的具体日期有两种说法：根据当地的教堂登记册，孟德尔的出生日期是7月20日，登记册上还清楚地显示他父母和教父母的名字；不过据孟德尔亲属的回忆，他却是在圣玛利亚抹大拉日出生的，也就是7月22日。这二者哪一个正确，已经很难考证，但因为前者是书面记录，所以被更普遍地采纳。在唯一的儿子出生7年之后，安东·孟德尔夫妇又迎来了他们的小女儿特蕾西娅。

安东·孟德尔和他的妻子很不相同。在体格上，安东·孟德尔虽然体格健壮，但身材矮小，而他的妻子罗西妮却很高大。在性格上，安东·孟德尔勤奋好学，但不苟言笑，严肃阴郁；而罗西妮则生性温和，为人友善开朗。他们的大女儿维罗妮卡从体格到性格都很像她的父亲，日后的一生也都过得坎坷；而小女儿特蕾西娅则几乎完全相反，不仅从母亲那里继承了很好的体格，而且在性格上也同样开朗活泼、善良温厚。和他的姐妹不同，孟德尔似乎从父母双方那里都继承了一些特点：在身体特征上很像父亲，身材不高但体格健壮，等到中年后还有肥胖的倾向；但在精神方面，孟德尔则更多地继承了母亲的那些良好特质。

安东·孟德尔虽然拥有22轭的土地，在村里算是中等偏上的人家，但他每周需要为奥德劳的领主工作三天，剩下的时间才能在自己的土地上工作，这让他分外忙碌。但勤劳似乎是他与生俱来的天性，他不仅把地里的活做得井井有条，还在果园里投入了大量的精力，而且还乐此不疲。当看到儿子长得越来越像自己，对果园的一切都充满兴趣的时候，则尤其感到欣慰。见多识广的安东·孟德尔也知道识字对农民的重要性，所以也适时地把儿子送进了村里的小学。

当时海因岑多夫有一所小学，那里只有一个教师，名字叫托马斯·马吉塔。他不仅负责多个年级，还教所有的科目。与学校相邻的是一个植物园，孩子们在那里可以学到水果种植和蜜蜂养殖等方面的知识，这是该学校的特色，也是孟德尔的所爱。自从1796年这个小学建成时就在此任教算起，马吉塔在这里已经工作了30多个年头。在他来到这里之前，海因岑多夫并没有小学，上学要去附近的村庄，但家长都嫌路远，又耽误孩子在家里干农活，极少让孩子去。为了让村里的孩子能认点字，不像他们的父辈那样都是文盲，村里曾经有过一个非正式的老师安东·施维特里奇，他也是孟德尔母亲的叔叔。施维特里奇并没有教师资格，没有上过学的他通过自学成了当时村里极少能阅读和写字的人。虽然教学水平并不算高，但他的工作逐渐让家长认识到了让孩子定期上课的价值。于是村民便开始向政府请求要在村里建立公立小学，于是才迎来了正规教师马吉塔的到来。

为了形象地理解这个乡村小学的情况，我们可以把施维特里奇看成"赤脚老师"，而马吉塔则是正规师范学校毕业的公办教师。在做出这个比喻的时候，笔者想起了自己个人的小学时代，那是20世纪80年代初，村里也就一个像施维特里奇这样的"赤脚老师"，直到十几年后情况才得到了改变。而在奥地利帝国的这个偏远山村，这样的改变却提前发生了近两个世纪。

为了不影响学生帮家里干农活，海因岑多夫小学采取的是半天制。就这样，孟德尔每天有一半时间上学，另外半天在家里帮父母干活。孟德尔的父亲对果树栽培和嫁接有着极大的热情，在教区牧师的支持和帮助下，他培育出了很多优良的果树品种。就在父亲在果园里劳作的时候，孟德尔经常在那里当个小帮手，这是他喜欢做的事情。父子一起工作的画面不仅温馨，也给彼此带来了快乐。让父亲高兴的是，儿子像自己一样体格健壮，而且乐于在果园劳作，这意味着儿子可以像自己一样成为一个好的农民。让孟德尔感到幸福的是，在果园里的劳动唤起了自己对自然的热爱，那些培育出来的不同的果树品种让他感受到生命的神奇。这种童年的记忆一直伴随着他的一生，在他生命的最后几年，他已经不再进行植物杂交实验的时候，却依然热衷于果树的培育。

不是所有的家长都能像安东·孟德尔那样把自己的孩子送去学校，更多的人还是觉得男孩应该花时间去做农活。再加上那时候女孩没有接受教育的权利，这又意味着生源自动减半。所以海因岑多夫小学的学生不多，但这并不影响作为教师的马吉塔的热情。和非正式的教师只教孩子认字不同，马吉塔不仅教语言和数学，还按当地的规定开设了自然史和科学两个特色科目。更重要的是，作为一个正式的教育工作者，马吉塔除了传授知识外，还乐于发现和培养人才。当他发现天赋不错的学生的时候，就会极力鼓励他们的家长让孩子去外地更高级的学校接受进一步的教育。在他的努力下，海因岑多夫创纪录地有一些学生去了外地继续上学。

就在孟德尔成为自己的学生后不久，马吉塔就发现了这个男孩身上超乎常人的天赋。在村里的小学上完二年级之后，孟德尔便被推荐去了莱普尼克的高等小学。莱普尼克位于海因岑多夫西南方向的20公里处，是摩拉维亚的一个小城。20公里的距离步行要五六小时，换成马车也是四小时的车程，这也意味着去那里上学就需要住校。这一改变将带来两个直接的变化：一是费用的增加，二是每天不会再有半天帮家里做农活的时间。

安东·孟德尔虽然没有什么积蓄，但勉强还能负担这样的开支，儿子不能每天做半天农活对勤劳的他来说也不是问题。真正让他犹豫的是，这和他对儿子未来的规划完全不同。在他原本的规划里，儿子在村里的小学读两年书，认识一些字也就够了，能做农活才是农民吃饭的本领。但莱普尼克高等小学的宗旨却是"为培养艺术、科学和贸易方面的人才做准备"，他实在难以想象和接受自己的儿子以后不当农民的情形。

这时候孟德尔已经10岁，逐渐有了自己的想法。他从村里正在莱普尼克上学的学长那里了解这个学校的情况，对去那里读书充满了向往。但他所能做的只能是不断地乞求父母，尤其是掌握最终决定权的父亲。一方是渴望进一步求学的儿子，一方是希望唯一的儿子继承家业的父亲，这个矛盾在这个农民家庭成了一个难题，而且随着时间的推移变得越来越大。

最后将这个难题化解的，是一位伟大的母亲。

在中国的古代有一位孟母，她重视儿子教育的故事被编入了《三字经》。"昔孟母，择邻处。子不学，断机杼。"被人广泛传颂。在19世纪的西里西亚的海因岑多夫也有一位"孟母"，这位没有上过学的母亲也深知教育的重要性，认为这样才能让儿子过上更好的生活，从而避免在繁重的劳作中浪费他的天赋。当然只有这种意识还不够，因为这无法说服丈夫改变想法。这时候这位母亲身上的温柔和顺、友善开朗的特质的优势便体现了出来，就在她持续不断的劝说下，安东·孟德尔最后勉强接受了这样的观点：时代将农民禁锢在土地上，只有教育才能帮助儿子摆脱这种宿命。

1833年，11岁的孟德尔去了莱普尼克的高等小学，到那里的三年级就读。在海因岑多夫小学签发的毕业证上，孟德尔得到的成绩是两个"优"和两个"良"。这并不是一个特别好的成绩，但这并不是因为孟德尔不够优秀，而是因为教师马吉塔的谨慎。这位在村小学任教了几十年的先生，在乐于发现学生的天赋的同时，也对他们有着严格的要求。这一点从孟德尔进入莱普尼克高等小学后的表现就可以看出来，因为他在那里所得到的成绩一直都是"优"。在莱普尼克上学的不到两年时间里，他的成绩一直都是班级第一名。1834年从莱普尼克高等小学毕业后，孟德尔被特洛帕瓦的文理中学录取，这为他打开了一个更为广阔的世界。

特洛帕瓦是西里西亚的一座小城，坐落在海因岑多夫西北方36公里处。因为教育资源有限，对于来自偏僻乡村的学生来说，去几十公里外上中学是常见的事情。虽然这时安东·孟德尔已经完全接受了让孩子通过受教育去改变命运的观点，但儿子继续去上中学还是让他为难。已经12岁的儿子去外地上中学不仅需要一笔不小的开支，还意味着家里少了一个不错的劳动力。当年翻修房子几乎耗尽了所有的积蓄，作为一个只有一半时间为自己工作的农民，供一个中学生将是一个巨大的负担。

因为缺钱，孟德尔在特洛帕瓦不得不省吃俭用。他最期盼的是来自几十公里外家乡的货运马车，那里会有母亲托人带来的黄油和面包。但这样的机会很少，在大部分时间里，他的生活过得十分拮据，甚至有时还要坐在书桌前忍饥挨饿。或许正是因为这样的拮据，孟德尔反而有了比别人更多的学习时间，而获得知识的乐趣又将他对学习的兴趣进一步增加，这也成了他在学校继续待下去的最大动力。对于书本和其中的知识，他充满了痴迷和感激，这在他在文理中学时期写下的一首诗里表现了出来：

> "你们这些铅字，人的启蒙，
> 若要建立永恒的荣耀圣殿
> 你们就是那坚固的基石。
> 去服从主人的意愿，
> 将重压在地球上的
> 迷信的黑暗力量驱散。
> 伟人的作品，在那里闲置
> 请将它们，告知天下。
> 许多头颅，正在沉睡
> 你们的力量，将给他们带去光明。
> 简而言之，你们的存在应该
> 而且将会创造更好的新的生活。
> 尘世间最大的快乐，
> 人间幸福的最高目标

赐予我命运的力量

如果我来生有灵，会高兴看到

我的发明 在后代中弘扬！"

在那些忍饥挨饿的日子里，陪伴少年孟德尔的就是那些书本。也正是因为这些书本中知识的吸引力，孟德尔在学校愈加勤奋，在几乎所有的科目中都取得了最好的成绩。等到暑假的时候，懂事的他会准时返回海因岑多夫，在家里的农场里挥汗如雨。

虽然生活艰难，但孟德尔和他的家人一直都在坚持，要不是4年后发生了一场意外，他应该能够顺利地从学校毕业。1838年，安东·孟德尔在果园干活时发生了意外，一棵树击中了他的胸口。虽然没有生命危险，但这次事故重创了这个勤劳的农民，从此他的身体便时有不适，再也不能像以前那样劳作。这一事故的直接后果，就是家庭收入的减少，因此再也不能继续为孟德尔提供学习和生活费用。换句话说，如果当时16岁的孟德尔还想完成中学学业，他必须挣钱养活自己，一旦做不到这一点，他就要回家接管父亲的农场。

孟德尔选择了前者，他参加了当地的"学校私人教师"课程，凭借自己的努力获得了私人补习教师的资格。因为在该课程中成绩优异，他所获得的资格证书还有了"高度推荐"的加注。就这样通过给人做课外辅导，孟德尔挣到了一些钱，勉强能够维持最低水平的生活。但好景不长，另一场意外又发生了。

说意外，是因为这个原本像他父亲一样健壮的少年生病了，而且是重病。但其实这也在意料之中，长期的生活拮据和营养不良，再加上不停息的学习和劳作，还有艰难的生活所带来的精神压力……因为病情严重，也一直不见好转，1839年的圣灵降临节①，孟德尔不得不回

---

①复活节后的第五十天，一般在五月初。

到家里休养。幸运的是，到那年9月，他又能够返回学校，继续通过做私人补习教师去挣钱养活自己，从而努力完成在特洛帕瓦中学的学业。虽然兼职和疾病大大影响了孟德尔的学习，但他凭着自己的天赋和勤奋还是如期地在1840年8月完成了特洛帕瓦文理中学的学业。在校长费迪南·肖曼签发的毕业证书上，孟德尔是这个中学里最好的学生之一，几乎所有的科目都获得了优秀的成绩。

根据当时的学制，中学为八年。特洛帕瓦文理中学只有六个年级，因为它不能提供最后两个高级班的教学工作。如果要完成整个文理中学的学习，还需去一个更远的地方，那就是离海因岑多夫50公里外的奥洛穆茨。虽然求学艰难，生活拮据，但这挡不住孟德尔的决心。他希望也相信自己能像在特洛帕瓦一样给人当私人补习教师，努力维持最低水平的生活，从而能够将中学最后两年的学业完成。

但这位涉世未深的贫苦少年，还是低估了生活的艰难。

第 2 章　为梦去家园

　　奥洛穆茨位于摩拉维亚的中部，古代的时候曾经是摩拉维亚的首府，到1641年后才让位给了更加繁荣的布尔诺。奥洛穆茨的哲学学校开设的科目除了一些必修课，包括如宗教、哲学、初等数学、物理学和拉丁语文学，还有世界历史、自然史和教育学等选修科目。虽然只是一个高级中学，但它本身也是附属于奥洛穆茨大学的一个小型学院，所以这里的教授[①]都相对优秀，有些甚至后来成了杰出的学者。一个例子就是1817年到1823年间在这里讲授过物理学的安德烈亚斯·冯·鲍姆加特纳博士，他后米去了维也纳大学任教，再后来还历任了奥地利帝国的多个部长职位和国家科学院院长一职。这位著名的物理学家在孟德尔的生命中扮演了重要的角色，不过这是后话，在此先按下不表。另一位需要在此重点一提的教授是弗里德里希·弗朗茨博士，他是鲍姆加特纳的继任者，从1823年开始在这里教授物理学，这也是孟德尔最喜欢的科目。像当时学校里不少中学教师一样，弗朗茨博士也是一位神职人员，后来还担任过诺伊里希修道院的教长。

　　奥洛穆茨的哲学学校校长是一位有着贵族身份的绅士，虽然他也是一位神职人员，但似乎他并没有把慈善普及到贫穷的学生身上。在

---

　　①在19世纪的奥地利，中学教师也被称为教授。为了区分中学和大学里的教授，所以还有"大学教授"这一称呼。

经济上有着严重困难的孟德尔没有从学校得到任何形式的资助，也没有在学费上得到半点减免。当然，从学校获得资助也不是孟德尔所期望的。在他的计划里，他将继续像在特洛帕瓦那样提供私人补习教学服务，从而挣得维持最低生活的费用。但不幸的是，没有熟人的帮助和介绍，他在这个陌生的城市找不到这样的工作机会。而在老家海因岑多夫，老孟德尔的身体越来越差，不得不把农场交给刚结婚不久的大女儿维罗妮卡夫妻两人经营。维罗妮卡嫁给了同村的阿洛伊斯·斯图姆，有了自己的小家庭。农场的收入本来就有限，老孟德尔从中能得到的部分也就变得更少。

基本温饱得不到满足，加之由此带来的精神压力和苦闷，再次重创了孟德尔这位贫苦的青年。在哲学学校的第一学期，孟德尔多次生病，但凭借着过人的天赋，他依然以优秀的成绩通过了考试。在第二学期，他的经济情况依然不见好转，生病的次数也越来越多，就在期末考试的时候他卧床不起，而且严重到不得不休学回家的程度，在家休养一年后才再度返校。

孟德尔之所以能够在病休一年后继续学业，除了在身体上基本康复外，更重要的是学费和生活费的问题最终得到了解决。这些费用的来源主要包括两个方面。

一是老孟德尔卖掉了自己的农场，而买家正是他的大女婿阿洛伊斯·斯图姆。虽然是卖给自己的女婿，但也有一个正规的合同，上面还有买卖双方以及八位证人的签名。根据这份合同，可以看到孟德尔家的全部财产：房子，大约22轭的土地，还有牲畜（包括两匹马、四头母牛、一头小公牛、一头小母牛）和各种家禽。这些财产的总价为400荷兰盾，成交时间是1841年8月7日。就在这份合同上的第六条，还特意注明了买方对卖方儿子的义务：

"卖方的儿子（他的名字是约翰）如果按照自己的意愿获得了神职，或者如果他以任何方式能够独立谋生，买方都要付给他100荷兰盾；只要卖方的儿子约翰还在上学，买方就要给卖方每年10荷兰盾用来支付他的学费和生活费用。如果卖方的儿子约翰没能成为神职人员，也无法以任何方式独立照顾自己，那么在他父亲去世之后，他应该在家里有一个终身免费使用的房间以及在农场里有一小块用来谋生的土地。"

老孟德尔夫妇之所以要把自己的房子卖给之前帮自己打理农场的女婿，主要目的就是为儿子上学筹集费用。虽然对儿子不能接班这件事依然心存芥蒂，但老孟德尔还是用行动支持了儿子的选择。在合同中不仅顾及了他上中学所需要的费用，还细致地考虑到了他中学毕业后的生活。像天下绝大多数父母一样，他们为自己儿子的未来竭尽全力。

根据上述合同规定，孟德尔在上学期间每年可以得到10荷兰盾，但这并不够支付当时的学费和生活费，这也意味着他要继续上学就还需要其他的资金来源。这个时候为他挺身而出的，是另外一位善良和伟大的女性——妹妹特蕾西娅。

特蕾西娅生于1829年，不能上学的她对学习成绩优异的兄长充满了敬爱。孟德尔在文理中学时写的诗，就是妹妹特蕾西娅小心地保留下来的。特蕾西娅继承了她母亲的善良和开朗，当看到自己的兄长因为贫困和疾病而不得不休学时，她决定要做些什么。1842年，特蕾西娅13岁，还没有出嫁。上一年父母卖掉农场所得到的钱里，有一部分是给她预留的嫁妆。现在，这个善良的女孩自己做了一个勇敢的决定：把用作自己嫁妆的钱给哥哥读书。

孟德尔终身未娶，但他成功的背后，站着两个伟大的女性，母亲罗西妮和妹妹特蕾西娅。是这两位善良、勇敢、开朗的女性无私的支持，他才得以完成中学的教育，得到去修道院的机会并成为科学史上的巨人。而那两位善良的女性并不知道日后的这些，她们的奉献和付出的动力只有一个字，那就是"爱"。

遗憾的是，在照相机普及海因岑多夫之前，孟德尔的母亲已经离开了人世。不过面容和性格都像她的女儿特蕾西娅，却出现在家族保存下来的照片里。照片上的三个人分别是孟德尔的妹妹特蕾西娅、妹夫辛德勒和姐姐维罗妮卡。和严肃阴郁的姐姐维罗妮卡不同，照片上的特蕾西娅表现出的是一脸的友善和乐观。

孟德尔家人的照片：妹妹特蕾西娅(前排左)、姐姐维罗妮卡(前排右)、妹夫辛德勒(来源：Iltis H. 1924)

由于父母和妹妹的支持，孟德尔在身体康复后于1842年回到了奥洛穆茨的哲学学校。当再次来到奥洛穆茨后，他还得到了一些做私人补习教师的工作机会，这进一步解决了经济上的困境。再经过一年的苦读，孟德尔终于在1843年完成了学业，以几乎全优的成绩从哲学学校毕业。

中学毕业的时候孟德尔已经21岁，未来的去向成了一个摆在眼前的问题。父母和妹妹的鼎力相助算是雪中送炭，但同时也是竭尽全力的最后一搏。虽然优异的成绩可以让孟德尔去上大学，但家里再也无法对他进行任何的资助。如果还要继续去追求知识，他只有一个选择，就是成为神职人员。

孟德尔成为神职人员的想法不是毕业时才有的。就在他父亲与姐夫就农场买卖于1841年8月立下的合同上，关于孟德尔未来生活的几种可能性的描述里，其中就有一种是按自己的意愿成为神职人员。也就是说，早在中学毕业的两年前，孟德尔就把未来可能成为神职人员的想法告知了家人。至于他本人产生这个念头的时间则更早，甚至可能早在特洛帕瓦文理中学的时候就有了萌芽，因为当时文理中学的校长肖曼就是布尔诺圣托马斯修道院的神职人员。等到进入了奥洛穆茨的哲学学校后，他遇到了更多的具有神父和教授双重身份的师长，其中就包括他最喜欢的物理学教授弗朗茨博士。以神职人员的身份在中学里当教授，对于那些渴求知识的寒门子弟来说，无疑是一个很好的选择。当然这个选择也有不小的代价，就是必须出家而且终身不能婚娶。在经过深思熟虑和再三权衡之后，孟德尔在农民和神职人员之间选择了后者。

孟德尔向弗朗茨博士表达了想成为神职人员的想法，弗朗茨博士给予了积极的帮助。早在来奥洛穆茨的哲学学校之前，弗朗茨博士是在摩拉维亚的首府布尔诺的哲学学校执教。在布尔诺工作的期间，他曾经在圣托马斯修道院里居住过，并和那里的一些神父有着不错的交情。在弗朗茨博士看来，布尔诺的圣托马斯修道院是优秀和好学的孟德尔的最佳去处。于是在1843年的上半年，他便积极和修道院方面取得联系。在那年6月得知修道院的教长同意接受优秀的年轻人加入修道院的信息后，弗朗茨博士就给圣托马斯修道院的一位神父写下了这封信，并在其中对孟德尔进行了大力的推荐：

"尊敬的同事！最亲爱的朋友！由于您6月2日的宝贵来信。我已经向我的学生们说明了最尊敬的教长的决定，即接受值得推荐的候选人进入修道院。截至目前，已有两位候选人与我联系，但我相信我只能推荐其中的一位。这位候选人名字叫约翰·孟德尔，是西里西亚的海因岑多夫人。他在两年的哲学学校的学习中几乎一直保持着优秀的成绩，而且他还拥有非常踏实的性格。在我所教的科目中，我几乎可以说他是最优秀的。他对波希米亚语有一些了解，虽然还不够好，但他愿意通过多年的神学学习，尽一切努力使自己完全掌握波希米亚语。因此，我请求将这一点连同我的崇高敬意转告最值得尊敬的教长先生……

您最真诚的朋友

弗里德里希·弗朗茨"

凭借着老师的推荐信，孟德尔得到了加入布尔诺圣托马斯修道院的机会。虽然这时候孟德尔已经是21岁的成年人，但出家进入修道院还是需要父母的正式书面同意书，声明他们同意儿子的选择，并表示希望他能忠实地、认真地履行他为自己选择的职业。因为安东·孟德尔夫妇都不识字，这份知情同意书是孟德尔代写的，日期是1843年8月19日。孟德尔的手书用的是德语草体，这种起源于16世纪的字体流畅优美，一直沿用了几个世纪，到20世纪上半叶才成为历史。通过比较从这份文件和孟德尔后来的手稿，明显可以看得出来他在写这份同意书时的慎重和拘谨。

Einwilligung

孟德尔父母亲的知情同意书（来源：Iltis H. 1924）

就这样，约翰·孟德尔来到了布尔诺的圣托马斯修道院。在当年9月7日入院前，孟德尔接受了布尔诺市医生的体检，发现此刻的他非常健康。显然，他已经从学生时代的疾病中完全康复了。那年10月9日，他在修道院穿上了新学员的外衣，并获得了修道院的名字格雷戈尔，此后他就在原来的名字前加上了这个名字，全名变成了格雷戈尔·约翰·孟德尔。

从这一刻起，孟德尔的生活进入了一个全新的阶段，再也没有了温饱问题的困扰、前景无望的煎熬。在这里，他可以衣食无忧地走向神往已久的知识王国，在其中自由地翱翔。但也从这一刻起，他告别了普通人的生活，不再像同龄人一样可以享受男欢女爱，生子育女。

圣托马斯修道院坐落在斯皮尔伯格山脚下，离布尔诺老城的市中心广场也只有大约一公里的路程。古代的时候这里曾经是一个独立的市镇，在19世纪的时候已经成了不断扩展的市区的一部分，到今天已是城中的核心区域。修道院始建于1322年，本是波希米亚国王的遗孀伊丽莎白王后出资修建的一座西多会修女院。随后还在此修建了一座哥特式风格教堂，采用的建筑材料是当地产的红砖。和大多数宗教建筑一样，圣托马斯修道院和教堂也经历了战争和自然灾害的洗礼，从而不得不进行多次的整修。比如，在15世纪时胡斯发起的基督教运动中，教堂就受到了较大的破坏。20世纪之前，教堂的最后一次大修发生在1762年，由当时的修女院院长乌里奇神父主持。就在这次大修的20年后，修女院搬离了这里，于是圣托马斯修道院从旁边的一栋建筑中搬迁了过来。

现在的圣托马斯修道院(左)和教堂(右)（摄影：商周）

圣托马斯修道院是由侯爵约翰在1359年创建的，它属于奥古斯丁教派。在接管修女院的建筑后，修道院对原来破旧不堪的修女院进行

　　　　　　　　　　　　　　　　　　　孟德尔传：被忽视的巨人

整修和扩建。整修后的修道院是一座两层的建筑，一楼是教长和牧师的住所，二楼是教区、图书馆和一些客房。这栋建筑在之后基本上没有根本的改变，直到现在还保持着当时大致的形态，只是建筑的功能发生了一些变化，比如现在修道院一楼的部分已经被用来作为孟德尔博物馆。另外，修道院的后花园里添加了一尊白色大理石的孟德尔全身雕像，这尊雕像是1910年竖起的，原本摆放在修道院外的广场上。

作为摩拉维亚省的首府，布尔诺的羊毛工业在欧洲处于领先地位，为了配合发达的羊毛业，布尔诺市在动植物育种领域有着大量的投入，并在欧洲处于领先地位。在19世纪初，布尔诺已经有了摩拉维亚农业学会，其中包括多个分会，不仅有实用的动物育种和果树园艺，还有关注理论层面的科学分会。所以，布尔诺在科学上也有不错的氛围，尤其在动植物育种方面，更是有它的独到之处。

根据1802年奥地利帝国颁布的一项法令，布尔诺圣托马斯修道院开始致力于高等学校的科学教学事业。与其他注重神圣和灵性的天主教团体不同，圣托马斯修道院把科学知识奉为自己的信条，从此成了一个相对自由的宗教团体。这里的神父不仅可以用传播知识替代传教的工作，还可以在一线开展科学研究，尤其是在布尔诺当时繁荣的动植物育种领域。

当孟德尔加入圣托马斯修道院的时候，这个宗教团体在这种自由的环境里已经有了40多年的发展，呈现出了一个与之前几百年里完全不同的状态。这一点，可以从当时的修道院里神父的生活中反映出来，这里只提在不同时期进入修道院的三个代表性人物。

第一位是奥勒留·泰勒神父。1796年出生的泰勒只比修道院的院长和教长西里尔·弗朗兹·纳普小4岁，两人算是同辈的神父。在1824年的院长选举中，泰勒还是纳普的主要竞争对手。在那次竞选后，性格开朗、享受生活的泰勒很快接受了自己的失败，转而支持纳普院长。关于泰勒神父，有一则轶事可以说明他的性格以及他和纳普教长的关系。有一次，有人向纳普报告说泰勒神父晚上喜欢在外面喝酒，经常在午夜醉醺醺地回到修道院。听到这个消息后，纳普决定要让泰勒难堪一次，他让守门人在修道院的公寓里盛装欢迎半夜醉酒归来的泰勒神父。当泰勒看到这样的场景时先是大吃一惊，然后也醒了酒并很快明白其中的含义，他深深地向守门人鞠了一躬，严肃而调皮地说："主啊，我不配进入您的房子。"然后他转身就走，继续到外面喝酒去了。

总是酒醉晚归的泰勒神父看上去有点放荡不羁，但他并不堕落，在工作上甚至可以算得上是十分敬业。他是布尔诺哲学学校的一名数学教授，也是一名植物学家。为了考察植物资源，他和朋友走遍了全国各地，用收集来的植物标本建立了一个大型标本馆。另外，在修道院里有一个小植物园，从1830年起泰勒神父就开始负责植物园的管理和运行，他在那里种植了一些珍稀的本地植物，每周都在《摩拉维亚农业协会通讯》上发表这些植物的生长情况的报道。由于这样持续的努力，一些年轻人也因此而喜欢上了植物学的研究。遗憾的是，就在孟德尔加入修道院的前3个月，47岁的泰勒神父英年早逝。

第二位是马修斯·弗朗茨·克拉塞尔神父。1828年，20岁的克拉塞尔进入了布尔诺的圣托马斯修道院。在获得神职后，克拉塞尔在纳普教长的支持下去了奥洛穆茨大学学习，并于1835年获得了哲学博士学位。回到布尔诺之后，克拉塞尔神父成了哲学学校的一名教授，在那里讲授哲学。克拉塞尔还是一名不错的植物学家，泰勒神父去世后，他接管了修道院的植物园，同时也是修道院矿石标本馆的负责人。

除了科学家的身份，克拉塞尔更是一名出色的诗人，用捷克语写作的克拉塞尔深受斯拉夫族青年的追捧。但同时，因为诗中流露出强烈的斯拉夫民族主义情绪，他在以德意志民族为主的布尔诺显得艰难和尴尬，甚至遭遇了不少麻烦。1844年，因为"传播泛神论和其他与黑格尔主义有关的异端邪说"这个罪名，克拉塞尔被主教免去了在哲学学校的教授职位。好在修道院的教长纳普给予了他坚定和长久的支持，让克拉塞尔依然能够在修道院里开展一些植物学的研究，并在几个学校当过短期的代课教师。在1848年欧洲"民族之春"革命之后，克拉塞尔被选入捷克党的全国委员会。从那时起，他把更多的时间投入到政治当中，积极参加捷克人民的解放运动。在纳普教长去世之后，克拉塞尔认为自己在布尔诺失去了依靠，于是在1869年流亡美国。

第三位是较为年轻的弗朗西斯·托马斯·布拉特拉内克神父。布拉特拉内克1815年出生于布尔诺附近的一个小镇，在布尔诺上完小学和中学后，19岁的他在1834年加入了圣托马斯修道院。在修道院教长纳普神父的支持下，他先后到奥洛穆茨大学和维也纳大学学习，并在1839年获得哲学博士学位。学成后回到了布尔诺，先担任了两年的纳普教长秘书，然后在29岁那年当上了哲学学校的教授。

布拉特拉内克的研究兴趣广泛，包括美学、植物学和德国文学。在维也纳留学时，布拉特拉内克认识了德国伟大诗人歌德的孙子，两人成了一生的朋友。这种关系对他在德国文学研究，尤其是在歌德的研究上大有裨益。1850年，布拉特拉内克写成了他的代表作之一——《德意志文学手册》一书，一年后他接到了克拉考大学的德语文学副教授的聘书，两年后顺利转正，并在那里工作到退休。1864年，布拉特拉内克担任了大学艺术学院的院长一职，两年后更是当上了克拉考大学的校长。如果没有后来的孟德尔，布拉特拉内克毫无疑问就是圣托马斯修道院历史上最著名的学者。

以上三位神父加入修道院的时间分别是19世纪10、20、30年代，算是40年代进入修道院的孟德尔的前辈，他们的生活在某种程度上也预示着孟德尔的未来。如果说上面三位神父有什么共同之处，那就是都在哲学学校当过教授，也都做过科学研究。所以，这意味着孟德尔将来很可能要做的事情也是这些。和他们的相同之处相比，三位神父的不同则显得更为明显：不同的性格、不同的民族、不同的职业生涯。但无论如何，以上三人基本上充分发挥了自己的才华，在各自的领域里有所建树。

圣托马斯修道院之所以能吸引一些才华横溢的年轻人，除了它以科学知识为信条这个重要的原因外，另一个同样重要的原因是修道院的院长兼教长的纳普神父。除了修道院院长和教长这一本职工作外，纳普神父还积极活跃在摩拉维亚省的政治、科学、文化和教育领域，而且成了其中举足轻重的人物。在积极地为提高当地的文化事业努力的同时，纳普教长也给予了修道院中的同事大力的支持，为他们的个人发展提供了自由广阔的空间。正是因为他和同事的努力，圣托马斯修道院成了当时摩拉维亚省的科学文化中心之一。

26岁时的孟德尔(来源：Richter, O., 1943)

上图是目前所知的孟德尔最早的照片，它是从一张拍摄于1848年的修道院的合影上截取下来的单人照。在这张模糊不清的照片上，当时26岁的孟德尔显得不仅年轻，而且对未来充满了信心。那么在这个崇尚科学知识的修道院里，等待这位天赋过人的年轻人的，将会是怎样的生活呢？

　　　　　　　　　　　　　　　　　　孟德尔传：被忽视的巨人

第3章　城市逢伯乐

在1843年秋天成为修道院里的新人后，到1845年正式开始为期四年的神学学习之前，孟德尔有一年多的时间相对空闲。在这段时间里，他有机会和修道院里的其他神父接触，并间接地向他们学习。

那时不到30岁就当上哲学学校教授的布拉特拉内克博士风度翩翩，这一点从下面这张拍摄于1862年的修道院合影里也依然可以看得出来，这时已经年近五十岁的他依然精神矍铄、目光如炬。但布拉特拉内克是个谦逊的人，即使后来在克拉考大学当了教授、院长和校长，他依然保持着这种优良的品质。面对修道院的新人孟德尔，他没有一点傲慢，反而对这位好学又温和的年轻人有了兴趣，并给予了很多鼓励和支持。在安静的修道院的花园，两人经常会一起散步，对于孟德尔感兴趣的植物学，布拉特拉内克自己虽然没有什么研究，但他从已故的泰勒神父那里学到了一些相关的知识，也很乐意与这位好学的年轻人分享。

孟德尔和他的同事（约1862年）。前排座席右一（克拉塞尔）、右二（纳普教长）、右三（伏尔泰）、右四（克里斯科夫斯基）。后排站立左一（拉姆博塞克）、左四（布拉特拉内克）、左五（林登塔尔）、左六（孟德尔）。

（来源：Iltis H. 1924）

在修道院里，孟德尔最喜欢去的地方还是植物园和矿石标本馆。这两个地方的负责人是神父克拉塞尔博士，他是植物学家和诗人，也是布尔诺哲学学校的教授。布尔诺的居民以德意志民族为主，在圣托马斯修道院里也是如此。在十几名神父中，只有克拉塞尔和保罗·克里斯科夫斯基[①]两人是捷克人。捷克是斯拉夫民族，而在奥地利帝国占大多数且位于统治地位的是德意志民族，随着民族解放意识的觉醒，两个民族之间的矛盾变得越来越多，但修道院同事之间的关系并没有受到这种民族矛盾的影响。一个例子就是克拉塞尔神父虽然因为他支持捷克民族解放的观点而麻烦不断，但身为德意志民族的纳普神父却给了他坚定的支持。

在1843年泰勒神父去世后，克拉塞尔博士就接管了修道院的植物

---

①克里斯科夫斯基出生于1820年，从奥洛穆茨大学毕业后于1845年进入修道院，后来成了修道院的乐队负责人，并在布尔诺的音乐界有着重要的地位。

园，同时还负责矿石标本馆的运行。克拉塞尔对新来的年轻人也很友善，尤其是对着迷于植物和矿物标本的孟德尔，更是照顾有加。在作为修道院新人的那几年，孟德尔不仅学到了不少关于植物和矿物标本的知识，也进一步加深了对自然科学的兴趣，其中就有克拉塞尔博士的功劳。

除了上面两位前辈，在孟德尔的同辈神父里，也有对植物学感兴趣的人。一位是林登塔尔神父，他是土生土长的布尔诺人；另一位是温克迈耶神父，他来自巴伐利亚。这两人后来也都开展了一些植物学的研究，并为孟德尔的植物杂交研究提供过帮助。

从一个乡村少年，成长为一名科学巨匠，孟德尔的一生得到了许多人的帮助。除了他倍加感激的家人（尤其是母亲和妹妹）外，村里的小学教师马吉塔第一个发现了他的天赋，特洛帕瓦的物理教授弗朗茨推荐他来到圣托马斯修道院，修道院里友善而博学的同事们的帮助，部长鲍姆加特纳把他推荐到维也纳大学，还有后来大学的诸多师长的教诲，以及布尔诺自然研究学会会员之间的交流，都成了他取得成功的不可分割的部分。但如果说要从其中挑出一个起决定性作用的伯乐来，那毫无疑问应该是修道院的院长和教长——纳普神父。

纳普家族本是德国的莱茵黑森州人，到他父亲这一辈才迁到了摩拉维亚。纳普的父亲是一位手艺人，靠制作手套谋生，家庭虽不算富裕，但能够支持纳普完成学业。在奥洛穆茨上完中学后，纳普还继续在奥洛穆茨大学完成了哲学的学习。大学毕业后，纳普选择了加入布尔诺的圣托马斯修道院。23岁那年，纳普从神学院毕业并获得了神职，不久后开始担任了布尔诺神学院的《旧约》和东方语言学的教授职位。1824年，32岁的纳普神父当选为修道院的院长和教长。

在纳普上任之初，修道院的状况非常糟糕，新楼的建设也陷入了停工状态。纳普通过有效的管理增加了修道院的收入，不仅完成了已经开始的建设，还对修道院的教堂进行了翻新。纳普教长出色的管理能力引起了外界的注意，不仅得到了政府的奖励和表彰，而且在政治、科学、教育等领域获得了施展自己才华的机会。作为圣托马斯修道院的院长，纳普在布尔诺宗教界的地位仅次于当地的主教。在宗教之外，纳普也积极地参与到了当地政治、科学、教育和文化生活里。他是摩拉维亚省政府的委员，后来还一度担任过副省长一职；他是摩拉维亚农业科学学会的资深会员，担任过其中园艺分会的主任，还发表过不少科学论文；相比于政治和科学，他在教育领域更为活跃，不仅在布尔诺神学院教授《旧约》和东方语言，还担任摩拉维亚文理中学委员会主任一职。纳普在这些领域的兼职并非图个虚名，他积极地参与了当地的一些事务，比如他推动了捷克语言和文学教席的设立，参与布尔诺技术大学的成立，促使了火灾保险公司和林业学校的创建。总之，纳普神父在布尔诺的宗教、政治、科学和教育领域都有着举足轻重的地位。

位高权重的纳普教长身材矮小，一条腿还跛得相当厉害，但他是一个追求完美的人，保持着大领主般的威严。有一个未经证实的关于他的传说，就是他的母亲都要称他为"阁下"。在修道院里，他要求下属对他保持无条件的尊重。他有着很强的等级观念，总是和同事保持着一定的距离，虽然修道院只有十几位神父，但作为院长的他一般不会和年轻的神父交谈，而是通过院里中层领导间接传话。比如在1847年10月，当时的孟德尔已经获得了神职，一次因为穿着不规范的问题被纳普知道了。纳普没有直接和孟德尔沟通，而是通过文字的方式向修道院的副院长传达了他的指令：

"致尊敬的副院长巴普提斯特·伏尔泰神父：

我注意到，已经被授予神职的格雷戈尔神父在没有统一正规穿着的情况下，在神学院里上四年级。格雷戈尔神父虽然已经是一名神父，但仍是一名学生。考虑到与其他正在学习的宗教神职人员在着装上的统一性，请尊敬的神父牧师指示格雷戈尔神父，让他在学习期间与其他宗教神职人员一样穿着。

1847年10月18日。

纳普"

虽然纳普一方面总是处处维护着自己的尊严和权威，但另一方面，他积极地代表着修道院同事的利益，全力培养他们当中的人才。他通过自己在当地科学和教育领域的地位，让修道院中有能力的同事进入学校担任教授；另外在修道院里建立植物园、矿石标本馆和温室，让对自然有兴趣的同事可以从事科学研究，并推荐他们成为当地相关学会的会员。

一个好的伯乐并不是对谁偏爱，而是根据每个人的不同提供合适的支持，纳普就是这样一位伯乐。他不仅支持自己最为欣赏的布拉特拉内克神父，让他从一名中学毕业生成长为克拉考大学的校长；他也同样支持有着很强的斯拉夫民族主义情绪的克拉塞尔神父，为他提供一个安全的生存空间，并给他的事业创造条件；就是对自己曾经的竞争对手、放荡不羁的泰勒神父，纳普教长也同样为他的教学和研究提供了稳定的支持。

在这样一位教长的领导下，修道院的神父虽然不能每个人都能成材，但人才到这里都会获得实现自己价值的机会。所以，天赋过人的孟德尔来到了圣托马斯修道院，他的事业前景让人期待。

在经过一年多的新人期后，孟德尔于1845年在布尔诺神学院开始了为期四年的神学学习。第一年学习教会史、教会考古学和希伯来语；第二年学习教会法、训诂学和希腊语；第三年学习教义学和道德神学；第四年学习实用神学、教理学和学校教学方法。除了上面的必修课外，孟德尔还参加了几门外语课的学习。在神学院的第二个学期，他还去参加了布尔诺哲学学校举办的农业系列讲座，并获得了优异的成绩。

虽然天赋过人，但孟德尔依旧勤奋，因此也深得教长纳普的赏识。

孟德尔在神学院学习的第三年，由于修道院的神父人数不足，需要在神学院学习的新人里提拔一名神父。因此，教长纳普为孟德尔向布尔诺主教申请授予神职，这个申请也如期得到了批准。

1848年6月30日，孟德尔从布尔诺神学院毕业。在他的毕业证书上成绩是"优异"。在神学院毕业后，按照纳普教长的建议，孟德尔准备去参加神学院博士学位的考试，他也开始为此准备，与此同时也在布尔诺当地的教区做一些传教工作。但接下来的1849年，事情却发生了变化。那年摩拉维亚省的兹奈姆皇家文理中学要新设一个七年级，但出现了教师的短缺，需要聘用一名代课教师。这名教师的职责是在五年级教授拉丁语、希腊语和德语文学，同时也负责五年级和六年级的数学教学。作为摩拉维亚省文理中学委员会的主任，纳普教长决定将之前有过一些私人补习教师经验的孟德尔安排到这一岗位上。

这样的安排在当时来说是一件几乎不可思议的事情，因为孟德尔虽然在神学院学习了四年，但这期间学的主要是宗教相关的课程，所以实际上他依然只是一个具有中学文凭的年轻人。而在19世纪上半叶，文理中学的教师一般都需要大学毕业才行，其中不少还拥有博士学位。之所以有这样高素质的教师队伍，并不是因为当时接受高等教育的人多，而是中学很稀少。当时的文理中学不仅冠以皇家的字号，而且就像代课老师这样的职位的任命，也要摩拉维亚省的省长亲自以书面的方式进行。在1849年9月28日发给孟德尔的亲笔信中，省长拉赞斯基伯爵这样写道：

……我相信您是兹奈姆的文理中学所急需的代课教师的合格人选，敦促您接受这份任命并立即前往那里报到以及开始工作。您的旅行费用将得到报销，代课教师的工资将按人文类教师工资的60%支付。

虽然只有正式教师的一半多一点的工资，但对于没有大学学位、又对神职工作没有兴趣的孟德尔来说，这依然是一个很好的机会。所以当接到任命书的时候，他欣然接受了。不过在他正式赴任之前，还需要布尔诺当地的主教的批准。说到这里，需要对这位主教稍微做一些介绍，因为他在孟德尔的生活里还会多次出现。安东·冯·沙夫戈奇主教是捷克人，出生于布尔诺的一个贵族家庭。中学毕业后到布尔诺神学院学习，并在那里获得了神学博士学位，毕业后的 10 年里在各地担任过不同的神职。37 岁那年，沙夫戈奇回到布尔诺接任了主教职位，直到去世。

纳普教长向主教请示是在事情都落实之后才进行的，所以其实只是一个形式。不过值得注意的是，纳普教长在请示的信中所给出的为何孟德尔更适合当教师而不是牧师的理由：

"……在向最尊敬的主教大人报告此事时，我只想冒昧地补充一点，这位神父过着非常认真、谦虚和有德行的宗教生活，这与他的身份完全相符，并且非常勤奋地致力于科学研究。但他不太适合做牧师，因为在床边和看到病人和受苦的人时，他会被一种无法克服的羞怯感所攫取，因此陷入了一种危险的疾病中，这让我意识到必须尽快解除他的牧师服务。至于为什么为病人和死亡者服务会导致他形成这种"危险疾病"，现在无法确切知道。一个可能的理由是，这个年轻人在他整个学生时代患过很多或轻或重的疾病，已经形成了一种疑病症，所以当他经常与病人接触时，会导致严重的神经紊乱……"

纳普教长在给主教信中提到的这个理由的可信度无从考证，但孟德尔在学生时代总是生病是事实，他更适合当教师也是毫无疑问。1849 年 10 月 7 日，孟德尔愉快地在兹奈姆文理中学开始了他的教师生涯，充满憧憬地迎来了新的生活。

兹奈姆是摩拉维亚省南部的一个乡村小镇，坐落在布尔诺西南方向 55 公里的地方，在它东南方向的 75 公里处，就是奥地利的首都维也纳。这个位于捷克和奥地利边境上的小镇虽然有着 1000 多年的历史，但规模不大，到现在也只有不到 4 万的人口。美丽的塔亚河从小镇的南部缓慢流过，向东而行汇入多瑙河后流入黑海。在 19 世纪，小镇的居民主要是德意志民族为主，捷克人只占少数。

在孟德尔到来之前，小镇上已经有过一名世界知名的发明家：普洛科浦·迪维希。和孟德尔一样，迪维希也是一名神职人员。17世纪末出生的迪维希在28岁那年获得神职，之后被派到萨尔茨堡大学学习，毕业后到兹奈姆的普利姆蒂奇教区当神父。迪维希对自然科学很感兴趣，起初的研究方向是水利工程，后来转向电实验，尤其是研究电对植物的影响。而迪维希最知名成就，是在1754年发明了避雷针。虽然迪维希的避雷针比美国的富兰克林晚了两年，但它不仅是一个完全独立的发明而且在性能上也超过了富兰克林。不过遗憾的是，迪维希的发明在欧洲并没有得到承认，直到他去世几十年后，迪维希的科学成就才真正得到了世界的认可。

当孟德尔在1849年秋天来到兹奈姆这个小镇的时候，应该知道前辈迪维希的故事，但他没有想过类似的故事会在自己身上以一种更为悲壮的方式重现。那时27岁的孟德尔，只想做好自己代课教师的工作，教好五年级的拉丁语、希腊语和德语文学，以及五年级和六年级两个年级的数学。

可能是对既没有大学文凭又没有教师资格的孟德尔的不信任，学校方面对他的教学班级和科目做了调整，让他去教四年级的初级数学以及三、四年级的希腊语，每周的课时量也减少到了20个学时。孟德尔对此没有介意，他只想做好分配给自己的工作，尽一切努力以通俗易懂的方式向学生授课。这时候他当过私人补习教师的经验派上了用场，那些年，为了生存而锻炼出的教学本领让他在教师生涯的起步阶段收益良多，甚至可以说把他带向了成功。

孟德尔在兹奈姆文理中学的成功不仅表现在教学上，友善温和的性格也让这个新来的年轻人很好地融入了学校，受到了同事们的欢迎。在一份文理中学发给孟德尔的证书上，上面就写着对他在这一时期的教学和生活的评价：

　　　　　　　　　　　　　　　　孟德尔传：被忽视的巨人

"……自从他走上教学岗位的那天起，他就逐渐展现出了一个模范的青年教师的最显著的品质。他以一种生动有趣的方式授课，这种教学方式的良好结果随着时间的推移而慢慢呈现了出来。他不仅熟知他的主题，而且还通过热心和坚持不懈的方式对这些主题进行讲授和实践，同时还给学生在道德和宗教信仰上带去最积极的影响，努力让自己的教学独具一格、与众不同。在日常生活的行为中，他始终只表现出一个纯洁的、无可挑剔的真正的牧师的特点，维持着一个宗教人士所必需的体面。在与人交谈时，他从未使用过一个在任何方面对教会道德以及宗教原则有冒犯的词语。事实上恰恰相反，他完全沉默，谦虚退让，除了与同事们交流，他没有其他交往……"

在这期间孟德尔唯一的不妥或不谨慎的行为，发生在布尔诺主教来兹奈姆文理中学视察的时候。出身于贵族家庭的沙夫戈奇主教身材臃肿，当时年轻清瘦的孟德尔用了一句这样的话来描述自己对主教的印象，"他的脂肪比智慧要多"。后来这句话传到了主教那里，孟德尔也因此被主教记住，好在这没有给他以后的生活带来大的麻烦。

孟德尔的优秀表现让他在学生和同事中很受欢迎，就连校长也希望他能留在学校里长期任教。要做到这一点，孟德尔必须通过国家教学考试，获得正式的教师资格才行，但做到这一点并不容易。如前所述，文理中学的教师一般都是大学毕业，也要在大学学习结束后才会去参加这样的考试。而当时的孟德尔没有上过大学，中学毕业的他虽然很勤奋，对自然科学也有浓厚的兴趣，自学能力也很强，但毕竟没有受过正规和系统的大学教育。如果真的能通过这一考试，不仅将带来更高的收入，也意味着职业有了保障。

在同事和校长的鼓励下，孟德尔于1850年4月提交了参加教师资格考试的申请。在提交各项证明材料的同时，申请人还需要写一份带有个人简历的申请信，这封写于1850年的申请信也是他唯一留下来的个人自传。申请信使用的依然是德语草体，相比七年前代父母写下的那份《知情同意书》，字里行间没有了那份拘谨，而是把草体字的流畅优美充分体现了出来。显然，修道院的这些年的生活已经让他变得自信起来。

孟德尔申请信的最后一页（来源：Iltis H. 1924）

　　　　　　　　　　　　　　　　　　　　　　　孟德尔传：被忽视的巨人

"尊敬的考试委员会：

根据文化和教育部的高级条例，虔诚的签名人在此提交他的生活简介。

他于1822年出生在西里西亚的海因岑多夫，他的父亲在那里拥有一个小型农场。在村里的小学和后来在莱普尼克的高等小学接受初级教育后，他于1834年被特洛帕瓦的皇家文理中学的文法班录取。四年后，由于接踵而至的几起事故，他的父母完全无力支付他的学习费用，这位当时只有16岁的学生发现自己处于不得不独自抚养自己的悲惨境地。因此，他参加了特洛帕瓦地区中学的"学校候选人和私人教师"的教学课程，由于他在通过考试后的结业证书（附件B）中获得了高度推荐的评语，他得到了做私人补习教师的工作，并因此能够独自生活。

当他在1840年从这所文理中学毕业时，他首先关心的是如何获得继续学习的必要经济来源。因此，他在奥洛穆茨多次尝试提供私人补习服务，但由于缺乏朋友和推荐，他的所有努力都没有成功。这些希望的破灭以及对前途的恐惧和悲伤对他产生了巨大的影响，让他病倒了，以至于不得不回到父母身边休养了一年时间。

在接下来的一年，这位虔诚的人终于处在了一个相对轻松的环境里，还能通过在奥洛穆茨提供私人补习来满足他最基本的生活需求，从而继续他的学业。他用尽全力，成功地完成了这两年的哲学学校的课程（附件D、E、F、G）。这位虔诚的人觉得自己再也无法承受这样的困苦，在完成了哲学学校的学习之后，他认为自己必须进入一个可以摆脱困顿之苦的环境，这种情况决定了他对自己身份的选择。1843年，他申请并获准进入位于布尔诺的圣托马斯修道院。

因为这个选择，他的物质状况得到了彻底的改变，身体状况也同样好转。这位虔诚的年轻人又恢复了勇气和力量，他满怀喜悦和热爱地学习了修道院试用期所规定的经典科目。在空闲时间，他专注于修道院里可供他使用的小型植物和矿物学收藏品。他越有机会熟悉自然科学，就对它越感兴趣。他在其中的学习过程中没有得到任何的讲解，自然科学也许不像其他科学一样容易自学，只能艰难地慢慢达到目标。从那时起，他对自然科学的学习变得如此热爱，以至于他不遗余力地通过自学和向有实践经验的人学习来填补差距。1846年，他还在布尔诺哲学学校听了有关经济学、果树栽培和葡萄栽培的相关讲座（附件H、I、K）。

1848年完成神学学习后，他得到了尊敬的教长的许可，准备参加为了获得学位的哲学考试。当下一年即将参加考试时，他被要求接受在兹奈姆的皇家文理中学的一个代课教师职位，他也欣然接受了这个号召。从那时代课开始，他就努力以轻松的方式向学生传授委托给他的科目，他希望自己没有失败，因为他之前一直在当私人补习教师，这四年的经历让他对学生的潜力和年轻人的不同理解力有了一些经验。

虔诚的签名人认为，他在此对自己的人生经历可以做一个这样简要的总结。他悲惨的青年时代很早就教会了他生活中严肃的一面，也教会了他努力工作。即使在他享受有保障的生活所带来的乐趣时，努力谋生的念头仍然在他心中活跃。如果他能满足尊敬的考试委员会的要求而实现自己的愿望，这个虔诚的人会为此感到幸运。届时他肯定会不遗余力地工作，以最完美的方式履行他的职责。

1850年4月17日

格雷戈尔·孟德尔

代课教授

于兹奈姆皇家文理中学"

国家教师资格考试包括两个部分。第一部分是开卷的笔试，考生有6~8周的时间来回答考官的问题。第二部分在维也纳大学进行，包括不带任何帮助的闭卷笔试和口试。学校为孟德尔申请考试的科目有两门，一是学校低年级的物理学，二是整个文理中学的自然史。

负责物理学的考官也是这次考试的主考官，就是之前提到过的物理学家鲍姆加特纳教授，他在1823年之前曾经在孟德尔就读过的奥洛穆茨哲学学校教授过物理学。因为他不仅是这次考试的主考官，而且在后来为孟德尔提供过关键的帮助，所以这里需要对他做一个稍微详细的介绍。

鲍姆加特纳于1793年出生在波希米亚，17岁那年入读维也纳大学，在那里学习数学和其他自然科学。在奥洛穆茨哲学学校教了六年的物理学后，1823年鲍姆加特纳被任命为维也纳大学的物理学和应用数学教授。在维也纳大学任教十年后，因为喉咙痛他不得不放弃在维也纳大学的教授职位。离开大学后，鲍姆加特纳受到了政府的重用，先后担任过维也纳皇家瓷器厂的厂长、皇家烟草公司董事以及新建立的国家电报系统负责人，而且从1848年起还陆续担任了多个部长的职位，包括工程和采矿部、贸易部和财政部。更重要的是，从1851年起鲍姆加特纳被任命为奥地利国家科学院的院长，并在这个位置上坐了14年之久。

就在被指定为孟德尔的考官的时候，鲍姆加特纳正在工程和采矿部部长的任上。这位曾经是维也纳大学教授的政府部长给出的第一部分物理学考试的题目是"证明大气中空气的机械和化学特性，并用前者解释风的形成"。

可能是因为申请的是教中学低年级的物理学，所以孟德尔得到的这道题并不算难。在经过一段时间的文献查找工作后，孟德尔用他优秀的逻辑能力展示了他在这一领域的知识，成功地解释考题中的气象现象。他给出的答卷也得到了鲍姆加特纳很好的评价：

"考虑到候选人申请的是在中学低年级的物理学教学资格，提交的论文值得充分肯定。大气层空气的关系描述得很清楚，并参考了这些关系的相关实验，并完全正确地应用到了对风的解释中。总的来说，语言非常纯正，表述非常清晰而且符合逻辑。如果在进一步的考试中能保持目前的成绩，那么该候选人就应该得到一份非常有利的报告。"

和在物理学的笔试中获得了良好的评价不同，孟德尔在自然史的第一部分考试中没有取得成功，甚至可以说是惨败。

负责自然史科目的考官是维也纳大学的鲁道夫·伊格纳兹·克纳教授。1810年出生的克纳刚好比孟德尔大一轮，按中国生肖来算两人都属马。出生于公务员家庭的克纳算得上是年轻有为，25岁就在维也纳大学获得医学博士学位，31岁当上了伦贝克大学的自然科学教授。39岁那年，他出版了《高等教育机构使用的动物学教科书》一书，成为多个大学的动物学教材。也就是在这一年，克纳被任命为维也纳大学的动物学教授。所以被任命为孟德尔的考官时，他刚到维也纳大学不久。

克纳教授给孟德尔出的题目是"介绍水成岩和火成岩之间的本质区别，然后按照年代顺序列出沉积岩的主要构造，并简要说明其特点；最后以同样的方式概述火成岩的主要构造"。

和气象学不同，地质学在19世纪还在快速的发展阶段，新的发现和论点总在涌现，所以试卷的判定在一定程度上取决于考官本人以及他的学术观点。尽管孟德尔像在应答物理学的考题一样，查阅并引用了相关的参考文献，并且按照自己的逻辑把相关知识点表达了出来，但在克纳教授眼里，这份答卷却并不及格：

"这个考题所涵盖的范围比较广泛，主要目的是考核对知识的准确掌握和清晰的表达能力，看考生是否正确地指出关键的特征。但从该考生所给出的答案来看，他没有成功地以这种方式回答问题。他在很多主题的描述上过于简短，但却不是简洁，错过了关键之处，而且错误的描述也不少见。在描述沉积岩地层时，对岩石的矿物学描述给了太多的篇幅，而考生应该意识到这里的岩石差异不大。对地层的描述也是干巴巴的、不清楚的和模糊的；而对特征性的岩石的描述，几乎从未给出，或者给出的是错误的答案……根据他的陈述，该候选人还没有足够的地质学知识，不能认为他可以在高级中学任教……"

可能因为孟德尔申请的是中学所有年级的自然史的教学资格，这一科目的考试一开始就显得非常严格。克纳教授不仅指出了孟德尔答卷中的错误所在，而且还批评了所有不符合他自己个人观点的部分。这样有些不公正的评估方式导致了一个糟糕的笔试成绩，这让接下来的第二部分考试变得艰难。

按照原本的计划，第二部分安排在当年7月的维也纳大学进行。因为兹奈姆文理中学当年一共有三位教师参加考试，中学方面不希望三位同时去维也纳而影响学校的教学，所以申请将孟德尔的考试移到8月进行，教育部也批准了这一申请，并向孟德尔发出了让他8月初去维也纳参加考试的通知。因为这一部分的考试要持续半个月，这也意味着考试要延续到8月15日，也就是大学的暑假期间。这是要参加考试的几位教授所不愿意的，因为这意味着影响他们对假期的安排。于是又建议将考试移到开学后再进行，于是主考官鲍姆加特纳给孟德尔写信，通知了这一时间上的改变。

但孟德尔没有收到后面的那封信，所以他如期地于8月1日来到了维也纳，出现在部长鲍姆加特纳教授的办公室里。既然人来了，考试就不得不在8月进行，不过这多少让几位考官有些不快。

在这次物理学考试中，孟德尔得到的笔试题目是"通过什么方式可以将磁力传给钢，它在钢棒中的分布又是根据什么规律？"。阅卷人还是鲍姆加特纳教授，而负责对阅卷工作进行检查的是来自维也纳大学的另一位物理学教授、著名的物理学家多普勒。

孟德尔在这次物理学考试中的表现并不算好。虽然他写了一个长达五页纸的答案，但即使是对孟德尔有着不错印象的鲍姆加特纳教授也不得不给了一个不及格的评价：

"在这项任务里，考生只对前一个问题给出了一些满意的答案，但对于后一个问题，考生就像没有给出答案一样……"

虽然给了一个不好的评估报告，鲍姆加特纳教授还是对孟德尔的一些表现给予了肯定：

"……但是，考生所介绍的内容是清晰明确的，所使用的语言正确而且井然有序，这对科学初学者来说是必要的。这样的阐述表明候选人在科学规范上受过良好的教育，但在物理学的基础知识上还有所欠缺。"

以上评估报告虽然是鲍姆加特纳教授个人独立做出的，但算得上是公正客观。而且作为阅卷工作的检查人，多普勒教授也在试卷上写下了"我完全同意上述意见"的评语。

物理学的这次笔试虽然结果不理想，但多少还有可取之处，而自然史的这次笔试的结果基本上可以用一无是处来形容。克纳教授给孟德尔的题目是"介绍哺乳动物下面的六个目"。如果能有一定时间准备，或者能有借助参考书的机会，那么这道题实际上比较简单。因为克纳教授本人在一年前就出版过一本《高等教育机构使用的动物学教科书》，上面就有标准答案。但孟德尔没有机会读到这本书，在这场闭卷考试里所给出的答案也就相去甚远。这一点，从克纳教授给出的评语就可以看得出来：

"……考生所给出的分类是按照一个不切实际的系统来列举的，这个系统看似简单，但却更加混乱，在我看来根本不值得推荐。考生给出的特征一点也不成功，既不是问题想要的答案，甚至连形象生动的描述也算不上。答卷中关于依据其可用性而区分的动物和提供动物商业或药用价值的部分的内容，几乎是停留在小学生水平。候选人的答案几乎没有一处超出了动物的肉和皮，而且对动物的称呼也停留在德语的日常用语水平，而没有使用正规的学术语言，也没有使用任何系统的命名法。此外，这些微不足道的列举还是以一种不适合文理中学的风格来进行的。因此，对这项工作的判决不可能令人满意，但可以参加口试，这也许会产生比这次笔试更有利的结果，因为笔试本身很难有资格在文理中学任教……"

和鲍姆加特纳教授的否定中带着肯定和友善不同，克纳教授的批评不仅严厉，甚至带着一些不该有的嘲讽。可能是因为假期被打扰，也可能是因为自己刚刚出版的教科书被考生无视，或许还可能是他对孟德尔本来就没有什么好感。但这不重要，重要的是克纳教授还给孟德尔接下来的口试的机会，这就意味着通过教师资格考试还有一线希望。

口试是在8月16日进行的，主考官是鲍姆加特纳教授，委员会还包括克纳教授在内的4名大学教授以及一位中学教授。按照惯例，这样的口试之前会有一个试讲环节，但因为孟德尔已经是中学的代课教师，这一试讲被豁免了，直接进入面对面的问答环节。但令人遗憾的是，孟德尔没能抓住最后的这次机会，在这个口试里也同样失败了。在第二天签发的物理学口试结果的证书里，考试委员会就孟德尔的表现做了如下总结：

"在口试中，他得到了来自物理学不同领域的几个问题。他的回答充分证实了书面试卷的结果，特别是书面闭卷考试所得到的评估报告。该候选人学习了很多东西，但他缺乏必要的基础知识，所以委员会不得不暂时拒绝他在中学低年级教物理的资格。然而，鉴于该候选人显而易见的良好意愿，可以合理地假设，在适当的指导和持续的学习下，他将成功地达到相应规定的要求，在不太长的时间内获得文理中学的教师资格。因此，考试委员会向他签发该证书，以表彰他现阶段所取得的成绩，他最早可以在一年后向考试委员会申请再次参加考试。"

在自然史的口试里因为表现更差，所以孟德尔在这门科目上连证书都没有获得。只是在那年11月份，考试委员会才给出了自然史口试结果的报告，不过上面的文字却写得比较客气：

"自然史的口试结果比较令人满意，因为它显示了比书面考试中更多的知识和更勤奋的学习态度，该候选人被发现既勤奋也不缺乏天赋。然而，他似乎缺乏机会去获得更透彻的知识，也没有机会学到如何去使用必要的辅助工具。因此，尽管这位候选人似乎还没有资格从事教学工作，但希望如果向他提供辅助工具和进行更透彻学习的机会，他将很快能够满足在文理中学初中部的教学要求。"

孟德尔的第一次教师资格就这样画上了一个句号。在关于孟德尔的轶事趣闻里，关于这次考试就有过一些传说，认为孟德尔没有通过考试是因为遭受了不公正的待遇。但这个传说并不正确，虽然考试委员会里的克纳教授对孟德尔不算友好，而且他给出的试卷评估带有一些偏见，但公平地说，孟德尔这次考试失败的主要原因还是在于自己的知识储备不够，尤其是没有系统地接受过大学教育。

面对这样失败的结果，孟德尔的失望是无疑的，但后来的发展却应了中国的一句古谚语："塞翁失马，焉知非福。"假若孟德尔当初顺利通过了教师资格考试，那么他就会在文理中学得到一份终身教师的位置。兹奈姆会拥有一名优秀的中学教师，但这个世界却要失去一位科学巨匠。

第4章　大学师众贤

考试失败后的孟德尔从兹奈姆回到了布尔诺，结束了在兹奈姆中学的代课教师的任职。回到布尔诺后，因为一时找不到教师的职位，于是又做了一段时间的传教工作。到1851年4月，奥洛穆茨哲学学校的一位教师生病了，孟德尔又被派到那里去代课了两个月，讲授的是自然史。虽然他在教师资格考试中自然史的成绩很差，但孟德尔这两个月的代课却取得了很好的效果。他不仅获得了25荷兰盾的报酬，而且得到了来自哲学学校校长很高的书面评价：

"管理层很高兴借此机会向阁下在此工作期间所表现出的勤奋、教学的有益性、对学生的体贴以及对学校同事的友好表示由衷的认同，学校对您的努力奉献和对学校宗旨的积极推动表示最诚挚的感谢。"

根据前一年考试后所颁发的证书，孟德尔最早可以在一年后再度申请参加中学教师资格考试。因为想把孟德尔培养成为一名中学教师，纳普教长于是就此事给考试委员会的主任鲍姆加特纳教授写信询问并征求意见。这一年鲍姆加特纳教授刚刚成了奥地利帝国的贸易部长，但他没有忘记孟德尔这位给了他不错印象的年轻人，他向纳普教长建议送孟德尔去维也纳上大学，以便能够系统地学习科学知识，并且表示如果需要自己很乐意帮忙。

如果说纳普教长是孟德尔的伯乐，在两人24年的生命交集中为后者提供了持续的大力支持，那鲍姆加特纳教授就是孟德尔生命中的贵人，相处短暂却提供了关键的帮助。

1851年10月，纳普教长给鲍姆加特纳教授回信：

"尊敬的阁下！

因为您对我院牧师格雷戈尔·孟德尔的善意和建议，我决定将他送到维也纳接受更高的科学教育。我将不遗余力地支持和促进他获得这种教育，冒昧请求阁下仁慈地帮他获得这个机会，他也将努力使自己配得上这种仁慈……"

这封信是由前往维也纳的孟德尔亲自送给鲍姆加特纳教授的。就在孟德尔去维也纳之前，纳普教长还就送孟德尔去维也纳大学向布尔诺的主教做了汇报和请示：

"最尊敬的主教大人！

虽然修道院牧师格雷戈尔·孟德尔不适合做牧师，但是他拥有优秀的精神品质和在自然科学学习上的持续努力，而且他在这方面所拥有的值得称赞的知识也得到了部长本人的认可。因此，把他送到维也纳大学学习是一件有必要而且非常可取的事情，因为他可以利用那里的条件接受系统科学教育。为了这个目的，我想在这个月把他送到维也纳大学，同时，我想安排他在仁爱兄弟会的修道院食宿，在那里他还必须遵守修道院的规则和为宗教做出奉献。"

因为身材臃肿而曾经被孟德尔嘲笑过的主教批准了纳普教长的请求，同意将孟德尔送到维也纳大学学习，同时也提醒纳普教长，需要保证孟德尔在维也纳期间依然过着修士的生活，不脱离他的天职。

就这样，孟德尔在1851年10月10日从布尔诺坐夜间的火车前往维也纳，开始了他为期两年的大学学习生活。

鲍姆加特纳教授当时不仅是贸易部长，还同时担任着奥地利帝国科学院的院长，面对孟德尔这个出身农村的年轻修士，身居高位的他兑现了推荐孟德尔进入了维也纳大学的承诺，让这个编外的学生接受到了最好的科学教育，这一点从孟德尔接下来两年里师从过的教授里就可以看得出来。

奥地利帝国科学院合影画像（来源：参考文献 Weiling F. 1991）

　　上图是1855年奥地利帝国科学院一次会议的合影画像，坐在前排中间位置的是时任帝国科学院院长的鲍姆加特纳教授，他是孟德尔进入维也纳大学的引荐人。虽然早已从政的鲍姆加特纳本人没有给孟德尔上过课，但教过孟德尔的多位教授却同时出现在这张合影里。

　　前排坐着的左边第一位是国家科学院第一任秘书长安德烈亚斯·冯·埃廷斯豪森教授，他是一名物理学家。埃廷斯豪森出生于一个军人家庭，年轻时曾经在军校就读，但因为和平时代的到来，他有机会不再像父亲那样做一名军人，从而去了维也纳上大学。1821年，年仅25岁的埃廷斯豪森就当上了维也纳大学的高等数学教授，38岁时又得到了物理学教授的职位。在事业上一帆风顺的埃廷斯豪森并非浪得虚名，他是最早建造利用电感应发电器的人之一，撰写了相关的教科书，对物理教学方法产生了重大影响。他和鲍姆加特纳两人一起创办了《物理学和数学杂志》，另外他个人所写的《组合分析》和《当今物理学原理》两本学术著作在当时也有着很高的知名度。因为在数学和物理学领域的成就，埃廷斯豪森成为了1847年成立的奥地利帝国科学院的创始会员，也担任了其中的秘书长一职。

在维也纳求学的日子里，孟德尔不仅在埃廷斯豪森领导的物理研究所做过临时助理，而且上过埃廷斯豪森讲授的每周三个学时的物理课，学习内容是物理仪器的安装使用以及高等数学物理学。其中的高等数学部分，尤其是数学分析方法上的独到之处，对孟德尔产生了深远的影响。正是因为把数学分析方法应用到植物杂交实验里，孟德尔才做出了伟大的遗传学发现。

后排站着的左起第四位是孟德尔的化学老师、著名的化学家约瑟夫·雷登巴赫教授。就在孟德尔来到维也纳大学求学的前两年，雷登巴赫从布拉格大学跳槽到了维也纳大学。虽然现在维也纳大学的学术声誉已经远在布拉格大学之上，但在19世纪的时候却并非如此。在布拉格大学工作期间，他发现了丙烯醛和丙烯酸，也尝试着去确定碳的原子量。早在加盟维也纳大学的两年前，雷登巴赫就已经成为奥地利帝国科学院的创始会员，后来他被认为是奥地利现代化学的先驱之一。

如果说学习化学的作用很难和豌豆研究联系起来，那么接下来要提到的孟德尔的两位植物学老师的重要性就不言而喻了。

后排站着的左起第一位手里拿着一卷资料的是植物学家弗朗茨·昂格尔。植物学并不是昂格尔的本行，他大学的时候先学的是法律，后来又换成了医学，并在大学毕业后开始了自己的行医生涯。像那个时代的一些对自然科学充满好奇心的医生一样，昂格尔在业余时间从事植物学的研究，并取得了优异的成绩。就在孟德尔来到维也纳的前一年，昂格尔被维也纳大学聘为植物生理学教授，这让他和孟德尔有了师生的情缘。昂格尔性格温和，而且待人友善，这让作为学生的孟德尔和他有了很多交流的机会，两人建立了一种亦师亦友的关系。在昂格尔教授的课堂上，孟德尔学习了植物解剖学和植物生理学，了解了植物性状的代际传递，还有显微镜在植物研究中的使用，这些都无一例外地用到了后来的豌豆杂交实验里。

孟德尔的另一位植物学老师是爱德华·芬兹尔。和昂格尔一样，芬兹尔在大学学的也不是植物学，而是医学。不过芬兹尔在大学时代就对植物学有了兴趣，并用一篇关于植物学的论文获得了医学博士学位。毕业后芬兹尔没有去当医生，而是直接开始了植物学的研究生涯，这让比昂格尔年轻8岁的他还早一年得到了维也纳大学植物学教授的职位。与温和友善的昂格尔教授不同，芬兹尔不仅严肃而且独断专行。孟德尔上过芬兹尔教授的课，但具体学到的东西对孟德尔后来的植物杂交实验的影响有限，或者可以说几乎没有影响。

除了上面四位帝国科学院成员的教授外，孟德尔在维也纳大学师从过另外两位学者。其中一位是讲授动物学的克纳教授，他就是孟德尔第一次教师资格考试时自然史的考官。幸运的是，在维也纳的学习期间，克纳再也没有为难孟德尔，让他顺利地完成了学业。

孟德尔的最后一位老师是非常值得一提的人物，他不仅才华横溢，也对孟德尔产生了深远的影响。上面提到的几位教授（包括位高权重的帝国科学院院长鲍姆加特纳）虽然在当时都是优秀的学者，但随着时间的推移都慢慢被人忘却。而孟德尔的这位物理老师，则被写入了中学物理教材而永垂青史，他就是著名的物理学家克里斯蒂安·安德烈亚斯·多普勒。没错，他就是多普勒效应的发现者。

也是在孟德尔进入维也纳大学的前一年，当时已经名扬天下的多普勒被奥地利帝国的皇帝任命为新成立的维也纳大学物理研究所所长。作为奥地利的第一位实验物理学教授，他在维也纳大学的亲自授课深受学生的欢迎。在维也纳大学学习的第一个学期，孟德尔参加了多普勒教授的每周10个学时的实验物理学课程。遗憾的是，因为身患尘肺病，多普勒不得不于1852年离开维也纳前往威尼斯休养，并于1853年在威尼斯逝世，这也是他没有出现在上面那张合影中的原因。

而参加了1851—1852年那个学期的实验物理课的孟德尔，也成了多普勒的最后一批学生之一。

师从多普勒这位实验物理学家的经历，让孟德尔学会了如何以"提出假设-验证假设"的方式来开展科学实验，并把它用到了日后的豌豆杂交实验里。虽然现在这种研究方式已经成为一种规范，但在孟德尔生活的年代却并非如此。尤其是在孟德尔所从事的植物杂交实验领域，之前所有的科学家都是采用"观察-归纳"的方法开展研究。而师从实验物理学家多普勒的孟德尔，则成为将"提出假设-验证假设"的方法应用到植物杂交研究领域的第一人。也正是这一研究方法的应用，让孟德尔得以层层推进、抽茧剥丝地发现了遗传学的基本定理。

以上就是孟德尔在维也纳大学所上课程的教授，几乎每一位在当时的学术界都有着较高的地位。孟德尔从他们那里不仅学到了最前沿的科学知识，也掌握了基本的科学研究方法和理念，尤其是从埃廷斯豪森、昂格尔、多普勒三位教授那里学到的东西，更是被直接用到了后来的豌豆杂交实验里。

虽然在维也纳大学课堂里学到的内容非常有用，但对孟德尔来说，要成为一名研究人员依然还缺少重要的一环：开展实验研究和发表学术论文的训练。在维也纳上学时孟德尔已经30岁，步入了而立之年，但他从来没有真正地开展过科学研究，也没有写过学术论文。和他在维也纳大学的那些才华横溢的老师们相比，孟德尔在这方面可谓是差距甚远。

不过幸运的是，在维也纳学习的期间，孟德尔遇到了一位大学系统之外的师长：奥地利帝国宫廷博物馆馆长文森·科勒博士，并在他的帮助下开启了自己的科研生涯。虽然不是维也纳大学的教授，但科勒博士在动物学（尤其是昆虫学）领域的研究成就让他在1848年就成为奥地利帝国科学院的会员。孟德尔能够认识和师从科勒博士并非偶然，除了在大学的课程学习外，对研究充满兴趣的他加入了维也纳动植物学会，并在那里遇到了科勒。科勒是一个诚恳和欢快的人，孟德尔从他那里得到了许多帮助和鼓励，一直称他为"非常尊敬的科勒老师"。

孟德尔的第一篇学术论文，即《关于花园萝卜害虫的研究》就是在科勒博士的指导下完成的。1853年，孟德尔在维也纳动植物学会上介绍了这项研究。这篇三页的论文很短，只有不到一千个德语单词：

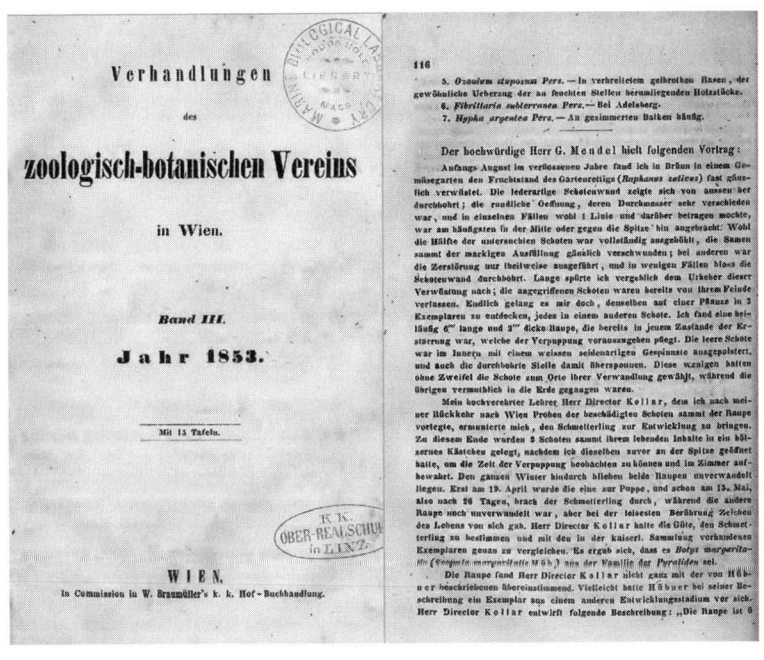

孟德尔于1853年发表的第一篇学术论文（来源：www.biodiversitylibrary.org）

"尊敬的格雷戈尔·孟德尔先生作了以下演讲：

去年八月初，我在布尔诺的一个菜园里发现了萝卜（*Raphanus sativus*）的整个果序几乎完全被毁坏。坚韧的荚果壁从外面被刺穿，最常见的是在中间或接近顶端的部位，开口呈圆形，直径差异很大，个别的直径能达到0.1英寸之多。大概有一半被检查的荚果被挖空，其中的种子和果肉完全消失；在其他的一些情形里，荚果只是部分地被破坏；在少数的情况下，则只有荚果壁被刺穿。在很长一段时间里，我徒劳地寻找这场破坏的制造者，因为被攻击的荚果已经被它们的敌人抛弃了。最后我成功地在一株植物上发现了三只害虫，每只都在一个单独的荚果中。我发现了一条长约 0.6 英寸、厚约 0.3 英寸的毛虫，它已经处于化蛹前的睡眠状态。白色的丝质网在空了的荚果内部铺了一层，还从刺破的地方爬了出来。毫无疑问，这几只毛虫已经将荚果当成了它们变形的地方，而其余的则可能已经进入了地下。

在返回维也纳后，我向我尊敬的老师科勒主任展示了受害的荚果和毛虫的样本，他鼓励我让毛虫进一步孵化成蝴蝶。为此，我把两个豆荚连同里面的生命一起放进木箱并保存在房间里，木箱顶部的口开着，以便能够观察化蛹的时间。在整个冬季，这两条毛虫没有什么变化。直到今年 4 月 19 日，其中一只才变成了蛹；5 月 15 日，即 26 天后，那只蛹终于变成了蝴蝶。而另一只毛虫仍然没有变化，但轻轻触碰它时也能感受到有生命的迹象。科勒主任很友善地帮助鉴定了蝴蝶的种类，通过和皇家动物标本馆的蝴蝶样本进行对比，判断这只蝴蝶是螟蛾科的一个物种(*Botys margaritatis*)。

科勒主任发现这只毛虫与舒伯纳所描述的毛虫不太一样。也许舒伯纳描述的是一个处于不同发育阶段的标本。科勒主任起草了以下描述："长 0.6 英寸，厚 0.2 英寸，圆柱形，末端稍窄。它们的头部光滑，表面为有光泽的黑色。"

毛虫身体呈黄灰色，在颈部有两个大黑点。身体背面有四排较大的黑褐色斑点，在两排外侧旁边有一排非常小的发亮的黑色斑点；口沿处是棕色的；在每个较大的斑点上有一根硬毛。胸部的腿是黄灰色的，腹部的四对腿都有一个圈褐色的刚毛，两个后腿也同样如此。腹部是黄绿色的，没有斑点。

这种蝴蝶在德国、匈牙利和乌克兰的大部分地区都有，人们知道它的毛虫以柔软未成熟种子为食。它已经在各种荚果植物上被发现，例如，舒伯纳报告说，它在乌克兰的大蒜芥属和屈曲花属的植物上并非罕见。到目前为止，已经观察到它对卷心菜，特别是对白菜造成破坏。因为这一点，蔬菜园艺师给它起了个名字叫"白菜种子的哨子"。

至于它在本次案例中造成的损害，其重要性足以引起经济学上的注意。根据我的估计，在6月和7月上旬发育的荚果几乎被完全摧毁，只有那些发育稍晚、在秋季仍能产出成熟种子的荚果得以幸免。对这一情况的解释可能是，当蝴蝶在户外发育时，它的飞行时间只从6月初持续到7月的前几天。也许可以通过推迟种子播种的方法，来防止这一虫害的发生。

我没有发现任何迹象表明毛虫已经对上述植物造成了危害。然而，那个菜园的园丁向我保证，"条纹虫"在前一年吃掉过他的萝卜种子。即使只知道它对芜菁甘蓝和萝卜种子真正有害，并在其他相关的栽培植物上只有零星生长，这也不能保证它不会通过突然的大量繁殖的方式而对植物造成损害。对于那些只为收获种子而栽培的植物，对这种伤害就更为敏感。有几个例子表明，一种昆虫只在特定的植物上零星出现，但突然爆发而导致破坏性的现象，然后在同一地区多年后又变得罕见。对于冬季油菜籽来说，没有什么可担心的，因为它已经成熟，而且在6月份就会被割掉；然而，对于夏季油菜籽和芥菜来说，其预后就必须令人担忧了。

因此，更精确地研究这种害虫的动物学是很重要的。去年我去得太晚了，只看到了已经造成的伤害。从我所看到的情况来看，只能得出一个这样的假设：蝴蝶可能在6月将卵产在正在发育的荚果上，繁殖出来的毛虫钻进荚果，将其果肉吃掉，当它们吃完一个荚果后，又转到另一个荚果。长大后是在土壤中还是在豆荚中成蛹，对这种动物来说似乎是无所谓的。希望更精确的观察将很快提供所需的信息。"

可以看得出来，这篇论文呈现的都是描述性的结果，容易读懂但水平一般。但作为孟德尔的第一篇学术论文，无疑是一篇珍贵的文献，因为这是他学术生涯的起点。

总之，在维也纳学习的两年，孟德尔既从大学的课堂里学到了最先进的科学知识和方法，也在课堂之外开启了个人的科研实验生涯。这一段学习经历让只有高中学历的孟德尔得到了基本和系统的科研训练，这也是他后来能够开展独立的科学研究的必要条件。

虽然这两年的学习经历对孟德尔的成长是如此的重要，但令人惊讶的是，即使到了1922年孟德尔已经名扬天下，孟德尔在维也纳大学学习的这段经历却几乎没有人知道。1922年，海因岑多夫为了庆祝孟德尔100周年诞辰，在村里立起了孟德尔的雕像。前往参加庆典的就有孟德尔第一部传记的作者胡戈·伊尔提斯博士，他还曾经担任过布尔诺自然研究学会的秘书。当孟德尔的外甥在致辞中提到这两年的学习经历的时候，正在为撰写孟德尔传记收集资料的伊尔提斯先是十分惊讶，随后欢喜不已。

同样作为学者的伊尔提斯知道这一段学习经历对孟德尔的重要性，从那时起便开始追寻有关孟德尔在维也纳学习和生活的信息。

在今天的维也纳，有一条名叫格雷戈尔·孟德尔的街道，这条街上的33号还是以孟德尔命名的大楼，这栋属于维也纳大学的建筑现在是自然资源和应用生命科学研究院。虽然街道和大楼的名字都以孟德尔命名，但它们和孟德尔在维也纳大学的学习生活没有直接关系。街道是孟德尔成名之后才被冠名的，大楼修建的时间则是1896年。为了了解孟德尔在大学的学习情况，伊尔提斯先是写信给维也纳大学档案馆，请求提供关于1851年孟德尔在维也纳大学注册的信息。但令他失望的是，档案馆回信告诉他，孟德尔的名字没有出现在这一年注册的学生名单中。于是伊尔提斯专门去了一趟维也纳。当他亲自把学生注册登记本逐页翻过几遍后，依旧没有找到孟德尔的名字。担心可能是孟德尔的外甥在对大学的名字上记忆有误，伊尔提斯又去查询了其他几所大学，没有找到孟德尔的任何踪迹。

就在伊尔提斯在这一问题上一筹莫展时，他偶然在布尔诺修道院的一份填写于1910年的表格里找到了相关信息：孟德尔在1851年到1853年间的四个学期中以一个非正式学生的身份在维也纳大学哲学系注册。由于大学方面的粗心，他的注册信息没有被添加到非正式学生的名单里，而是一直只保存在总务处的登记簿上。于是，当伊尔提斯再次前往维也纳的时候，终于可以在那里追寻到一些孟德尔的足迹。

关于孟德尔在维也纳的学习情况，上面已经做了充分的描述。而关于他在这期间的日常生活信息，伊尔提斯只获得了极为有限的蛛丝马迹：孟德尔在维也纳求学时住在乡村街358号。这栋房子从孟德尔生活的时代到现在一直都属于伊丽莎白修女会，也就是说孟德尔当时的确遵守了布尔诺主教的告诫，在维也纳求学期间居住在一个宗教团体里，过着修士该有的生活。当伊尔提斯在1922年走访这栋房子的时候，里面居住的人里已经没有一个人认识或见过孟德尔；70年前在这里居住过的那位年轻温和的修士，也没有留下任何的轶事奇闻。

不过关于孟德尔在维也纳的日常生活，从他当时给家人和同事的信件中找到一些有价值的线索。比如在这封于1853年复活节时写的家书里，孟德尔就提到了他在维也纳的一些见闻：

"亲爱的父母亲：

上周我已经回到布尔诺，在修道院度过复活节假期。我返回维也纳的行程已经安排好了，就在4月10日那天。因此，你们收到的这封信和去年圣诞节的那封信都是在布尔诺寄出的。我还是老样子，健康状况良好，正在努力学习。我希望其他事情也都能顺利。

你一定听说过皇帝遭谋杀的事情，幸运的是他成功地避开了危险。在离开维也纳之前，我亲眼见到过已经完全恢复的皇帝。凶手名叫利贝斯尼，已经于上个月26日被绞死。

我在12日收到了对我的命名日的祝贺，并对此表示衷心的感谢。同时我也了解到，二位的身体都相当好。这对年轻夫妇(注：指新婚不久的妹妹特蕾西娅夫妇）知道如何在新的生活里感到自如，我对此感到非常高兴，也希望他们能这样保持下去。维罗妮卡姐姐还好吗？她健康吗？亲爱的父母亲，姐姐姐夫以及妹妹妹夫，小阿洛伊斯，姐姐和妹妹的亲家，我向你们致以诚挚的问候，并祝你们节日愉快。

布尔诺，1853年复活节前的星期四

你们充满感激的儿子格雷戈尔。

后记：我们这里已经下了好几天的雪，从昨天开始，雪一直在下，没有停过。"

写这封信的时候，孟德尔还在维也纳学习，只是因为复活节假期短暂地回到了布尔诺。在这封信中孟德尔谈到了关于那年奥地利帝国皇帝被刺的新闻，并提到了他亲眼见过康复后的皇帝。孟德尔的家书总是很短，谈的也都是一些家常，还有一些外面世界的新闻。

从这期间的家书里，我们可以知道孟德尔只有在圣诞节、复活节以及暑假才会离开维也纳回到布尔诺，而且他总是尽量把这些假期压短。唯一的例外是1852年10月中旬，孟德尔请了不到两周的假期回到家乡海因岑多夫，为的是参加妹妹特蕾西娅的婚礼。依此推测，他应该还是比较喜欢在维也纳的生活。

至于他在维也纳的其他生活细节，体现在下面这封1852年在维也纳写给修道院的同事的信件：

"亲爱的安塞姆！

我又缺衣服了，这真的很烦人。没有人比我更需要新衣服了，因为在我带到维也纳的一打衬衫中，正好有12件被磨破了。我已经请斯默克夫人用6荷兰盾的救济金去购买能够做5件衬衫的亚麻布，并尽快开始加工，这样我至少可以在演习期间得到一件新的衬衫。如果我这个新人在虔诚的演习中要穿上有洞的衬衫，那不是一件很丢脸的事吗？如果我穿着被刷烂的衣服出现在公开场合，我该感到多么羞耻啊。教长已经通知我，我将被召集参加在最后一周进行的演习。现在已知大学的课程将在20日结束，如果硬要在这之前回来也没有意义，我把回程定在了24日星期天。在这一天的中午，我将到达布尔诺。

马修斯神父（注：指布尔诺修道院的马修斯·弗朗茨·克拉塞尔神父）可能仍然生活在特吕鲍的原始森林中。幸运的家伙！下周在利奥波德城（注：维也纳的一个城区），如果将来哪天中了25 000荷兰盾的彩票一等奖，我将向斯默克夫人发送一份保密的电报。

为不久后的幸福重逢干杯！

格雷戈尔。"

从这封信里可以看出，孟德尔不是那种不修边幅的书呆子，他很在乎自己的外表和穿着。而且和普通人一样，他也希望通过购买彩票去获得更多的财富。一个有趣的问题是，不知道他在购买彩票的时候是否用过自己超人的数学分析能力去计算成功的概率？

另外值得一提的是收信人，安塞姆·拉姆博塞克原名是约翰·拉姆博塞克，和孟德尔有着一个同样的俗家名字。拉姆博塞克比孟德尔小两岁，两人在同一年进入修道院。从这封写于1852年暑假前的信看来，两人在进入修道院后的十来年时间里都是不错的朋友。但后来两人的关系出现了裂痕。等到孟德尔去世后，接任了院长位置的拉姆博塞克烧毁了孟德尔留下的绝大部分文字材料，其中就包括大量的科学实验记录和通信。不过这是后话，这里暂且不提。

在维也纳学习了两年后，孟德尔于1853年夏天回到了布尔诺。两年的大学学习不仅让孟德尔有系统地学习了先进的科学知识，也让他在科研上做好了准备。根据修道院同事的经历来看，孟德尔回到布尔诺所要做的事基本上可以预测：当教师的同时开展科学研究。但他将研究开展到的程度，却出乎了整个世界的预料。

第5章 精心选性状

回到布尔诺后的孟德尔告别了编外学生的身份，作为崇尚科学知识的圣托马斯修道院的一名神父，他未来的工作有两种可能：传教或教书。后者是孟德尔更加喜欢和擅长的工作，也是修道院对他的培养目标。但在当时，找一个中学教师岗位并不容易，尤其是对于既没有教师资格证书又没有大学文凭的孟德尔来说更为艰难。

不过好在孟德尔有一个好伯乐：修道院院长纳普神父。纳普不仅是圣托马斯修道院的院长，在整个摩拉维亚省的行政和教育领域也有着举足轻重的地位。在他的安排下，孟德尔短暂地到奥姆尼茨的哲学学校和布尔诺技术学校当过几个星期的代课教师，也曾从事过短期的牧师工作。在接下来的1854年，他便得到了一个长期代课教师的职位。

1853年，布尔诺建了一所新的中学。这所新的中学和传统的文理中学不同，在学制和课程设计上更加倾向于满足社会的实际需要，被称为实科中学。这所学制为6年的现代高级中学很受当时学生的欢迎，在1854年光是一年级就有3个班的学生，每个班的学生人数超过了100人。学校的创始校长是约瑟夫·奥斯皮茨，他之前是布尔诺技术学校的教授。新成立的实科中学的教师队伍也是人才济济，其中最知名的教授便是植物学家和物理学家亚历山大·扎瓦兹基博士。扎瓦兹基之前曾经是利沃夫大学的物理学教授，因为在1848年欧洲爆发的"民族之春"革命中的立场问题，他才被降格成了中学教师，并于1854年来到了布尔诺的实科中学。

1854年5月，实科中学的物理学和自然史的教师约翰·帕特克被任命为兹奈姆师范学校的校长。这让实科中学的这个教师岗位上出现了空缺，急需找一名替代者。因为孟德尔在维也纳大学主修的是物理学，并在这期间参加了帝国和皇家动物学会的讲座，实科中学的校长奥斯皮茨接受了孟德尔作为代课教师的提案。孟德尔也欣然地接受了这个职位，从此有了一个相对稳定的工作。

在等待这份工作的时间里，孟德尔也在进行着他的科学实验。他是维也纳动植物学会的会员，即使是回到布尔诺之后也是如此。1853年，布尔诺地区暴发了豌豆象鼻虫的灾害，当地不少农场受到了损失。孟德尔回到布尔诺后就对这种害虫进行研究，并写成了论文在维也纳动植物学会上宣读。因为孟德尔本人不在维也纳，他的论文是由在维也纳的老师科勒博士代为宣读的。在这篇论文的开头部分，孟德尔先介绍了发生在布尔诺的这次虫灾：

"尊敬的主席！

我冒昧地在此报告一个在布尔诺附近造成了两年严重破坏的一种害虫，它就是豌豆象鼻虫。这种动物，特别是在过去的一年里，已经毁坏了田间的大部分豌豆，也使收获的果实由于其中带有越冬的虫卵而让人无法食用。这种害虫邪恶到了这种地步，以至于想要上市的豌豆往往不能通过质量检查而被禁止销售……"

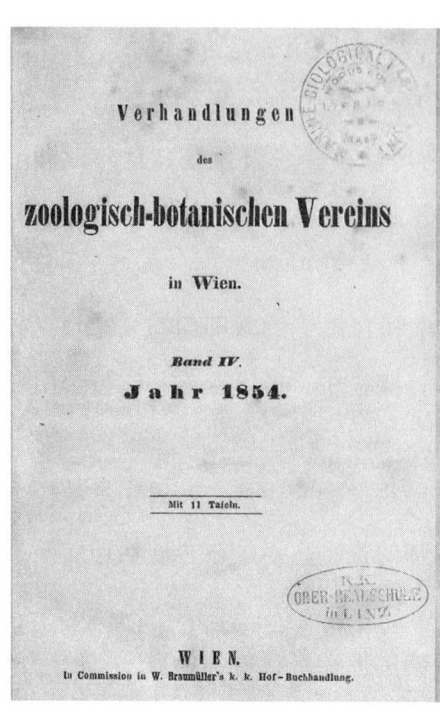

孟德尔1854年发表在《维也纳动植物学会会刊》上关于豌豆象鼻虫的研究论文（来源：www.biodiversitylibrary.org）

接下来，孟德尔描述了他的研究和发现：

"1854年1月初，我检查了一批受侵害的豌豆粒，在其中发现了相当多数量的害虫，大部分是蛹，只有少量的是完全成形的昆虫或幼虫。里面带有害虫的豌豆乍一看似乎相当健康，大部分表面是光滑的，而且也已经发育成熟。然而，如果仔细检查，就可以看到豌豆表皮上的细孔，就像针刺出来的一样，而在针眼对面则是一个圆形的深色斑点。当这样的豌豆被切开时，内部基本上是空心的，但幼虫只在一点上吃透豌豆的表皮，也就是黑点的所在……在过去的一个月里，我带了一些这样的豌豆回到公寓里，然后查看其中害虫的发育情况。直到现在，我才知道豌豆象鼻虫是在豌豆种子内部发育的。以前，当打开绿色的豆荚时，我看到已经相当成熟的幼虫自由地躺在被吃掉的种子旁边，因此认为幼虫并没有在种子内部发育，只是在豆荚内成长。现在我有了不同的看法，但我必须承认，害虫的这种越冬方式与雌性昆虫只在花中产卵的假设不太相符。可以肯定的是，幼虫从卵中孵化出来后，一定很快就进入了豌豆的种子中，这一点从它通过的豌豆内部非常狭窄的通道可以看出来。如果卵真的产在花里，当种子被幼虫攻击时，这些种子仍然非常幼小而且对伤害非常敏感的话，那人们应该感到惊讶，为什么这些被侵害的豌豆能够像其他健康的豌豆一样发育良好？……即使在有幼虫的豌豆荚中，有一个或多个种子已经完全枯萎了，估计是那些首先被幼虫伤害的籽粒。假设当小幼虫钻进豌豆时，豌豆比较结实甚至已经成熟，整个事情就会比较容易理解了。"

孟德尔根据对被害虫侵害的豌豆的解剖情况，提出幼虫在孵化后侵入豌豆的假设，认为如果这个时候豌豆粒还是幼小的话，就会枯萎和终止发育；如果这个时候豌豆粒已经发育成型，那么就只会在表皮上留下一个针眼，但内部依然会被侵食。

因为豌豆象鼻虫对豌豆产业的影响，如何解决这一问题是大家所关心的。在当时有两种办法，一是利用两年老的种子，以便更好地筛查和排除被侵害的豌豆；二是对种子适当加热，以便杀死其中的害虫但依然保留种子的活力。孟德尔则提出了一种新的方案，即延迟播种法，其原理是让植株在豌豆象鼻虫产卵期过后才开始结果。

这也是孟德尔个人发表的第二篇学术论文，和前一篇相比有了明显的进步，不再是纯描述性的研究，并且在尝试着利用自己的发现去解决问题。另外更值得注意的是，就是在孟德尔研究豌豆象鼻虫的这一年，他开始了豌豆杂交实验的准备工作：从34个不同的豌豆品种中选择合适的进行杂交实验。有学者猜测，孟德尔开展的大规模的豌豆杂交实验，可能就是他对豌豆象鼻虫研究的延续。这一猜测或许有些道理，但不应该是孟德尔研究豌豆杂交的主要原因，这一点将在下文继续论述。

在进一步分析孟德尔为什么选中豌豆作为实验植物之前，这里先要说明一下为什么他选择了植物，而没有去用动物进行杂交实验。之所以提出这个问题，是因为孟德尔养过一些动物，包括鸟类和小鼠，而且他的确考虑过利用其中的小鼠进行实验。

但孟德尔的动物杂交实验最终没有进行，因为布尔诺当地的主教反对这样的实验，理由是其中涉及了"性"这一主题。在这种情况下，植物成了唯一可能的选择。也因为这一点，一个非常有趣的问题经常被后人提出来，假设主教允许孟德尔用小鼠去进行杂交实验，孟德尔是否还能发现遗传学定律？

如果我们注意到具体的细节，那这个问题就不难回答。这里的细节是指孟德尔在什么时候养的小鼠，以及养了什么样的小鼠。

关于孟德尔在修道院里养小鼠的事情，是伊尔提斯写的孟德尔传记里提到的。具体是他采访孟德尔在实科中学时的学生，后来成了会计师的弗朗茨·霍尼施时所获得的信息。霍尼施不仅是孟德尔的学生，而且也在教堂唱诗班接受培训。他去修道院的时候曾经多次访问过孟德尔的寓所。据霍尼施回忆，在孟德尔寓所的其中一个房间里，养有各种鸟类，后来又经常繁殖小鼠，不仅有可爱的小白鼠，也有普通的小灰鼠。关于孟德尔繁殖小鼠的事情，孟德尔在实科中学的同事也给予了证实。

因为孟德尔是在1854年6月才开始在实科中学当代课教师的，也就是说他在1854年夏天以后依然还在养着小鼠。而1854年夏天，孟德尔已经开始了豌豆品种的筛选工作。也就是说，在孟德尔的计划里，豌豆实验和小鼠实验是同期进行的，二者并不排斥。因此，即使主教允许孟德尔开展小鼠杂交实验，也并不会影响到孟德尔在豌豆中发现遗传学规律。

那么，剩下的问题就是，假设孟德尔同时也做了小鼠杂交实验，那么是否会加速遗传学定律的发现？

虽然历史不能假设，但在这一问题上，基本上可以给出一个答案。因为就在20世纪初孟德尔的研究被重新发现后，就有几位科学家用小鼠去进行杂交实验，目的就是想验证孟德尔在植物中的发现是否也适用于动物。这些研究表明小鼠的毛发颜色的遗传也同样符合孟德尔法则。一个例子是小鼠的白化病基因，它所控制的小鼠白色毛发就是一个典型的隐性性状。当小鼠的两条染色体同时都携带这个白化病基因突变的时候，它的毛发就是白色。而根据孟德尔学生的描述，在孟德尔饲养的小鼠里，就有白色的小鼠。

所以，如果孟德尔用这些小鼠杂交去研究毛发颜色这一性状，应该也能发现关键的遗传学分离定律。考虑到小鼠每年能繁殖三代左右，相比于一年一代的豌豆具有时间上的优势，那么这一规律的发现很可能会被提前。因为小鼠杂交实验所需要的时间较短，可能会有人试着去重复孟德尔的实验，这无疑还会加速世人对孟德尔发现的认同。

当然，以上只是假设。作为修道士的孟德尔没有像大学教授那样自由，无法利用动物去进行杂交实验，尤其是属于哺乳动物的小鼠。在修道院里，最安全的实验材料还是植物。那么在拥有无数物种的植物王国里，孟德尔为什么偏偏选中了豌豆呢？

要回答这一问题，先要了解一下当时植物杂交这个领域的背景。在孟德尔开展植物杂交实验之前，已经有多位科学家在这个领域中辛勤耕耘了很多年，其中最为杰出的有两位学者：约瑟夫·哥特利博·科勒鲁特和卡尔·弗里德里希·盖特纳，两人都是德国植物学家。

科勒鲁特1733年出生于卡尔斯鲁厄，15岁那年去了蒂宾根大学学医，因为受到了拥有医生和植物学家身份的导师的影响，科勒鲁特的兴趣在后来转向了植物学，并在1759年开始了植物杂交的研究工作，研究对象包括烟草属、石竹属、马鞭草属、木槿属、奇异果属、曼陀罗属、沉香属和葫芦属的植物。凭借这些工作，科勒鲁特开创了植物受精、杂交研究的先河，成了这一领域的先驱。科勒鲁特在植物杂交领域的工作，主要集中发表在《关于植物性别的一些实验的初步信息》一书里，这本书也成了这一领域的开山之作。

在维也纳的两年时间里，孟德尔在课堂上不仅系统地学习了科学知识，也从其中几位杰出的教授那里学到了先进的科学理念和方法。而在课堂之外的学习上，孟德尔也同样有所收获。比如大学图书馆，就是孟德尔最喜欢去的地方。在那里，孟德尔读到了当时著名的植物学家卡尔·弗里德里希·盖特纳在1849年出版的《关于植物王国里杂交种的研究和观察》一书。正是这部在植物杂交领域具有里程碑意义的著作，启发了孟德尔后来的豌豆杂交实验。

盖特纳出生于1772年，他的父亲老盖特纳也是一位堪称伟大的植物学家，他是蒂宾根大学教授，所著代表作《关于植物的果实和种子》是一部集大成的经典，里面包含有对1000多种植物的果实和种子的描述。值得一提的是，老盖特纳和科勒鲁特两人只差一岁，两人不仅是同学，还是朋友。可能因为研究植物时过度使用显微镜，老盖特纳后来双目几乎失明，在1791年不到60岁时就去世了。虽然父亲是著名的植物学家，但盖特纳在大学并没有学植物学，而是选择了医学。1800年成了医生几年后，他才把自己的研究兴趣转向了植物，并在1824年左右开始了植物杂交的研究。虽然这时候盖特纳已经50多岁，但他仍在植物杂交领域取得了瞩目的成绩，他在1849年写成的《关于植物王国里杂交种的研究和观察》一书堪称这一领域的经典。这一点从下面一组数据中就可以反映出来：在孟德尔的论文《植物杂交实验》里，盖特纳的名字被提到了17次；在达尔文的《物种起源》一书中，盖特纳的名字则被提到了32次。

科勒鲁特和盖特纳对孟德尔开展植物杂交研究的影响，可以总结成一句话：科勒鲁特让孟德尔开展植物杂交成了可能，盖特纳让孟德尔看到了问题和希望。相比而言，盖特纳对孟德尔的影响更直接也更大一些。孟德尔在维也纳大学学习的时候，就读到了盖特纳的《关于植物王国里杂交种的研究和观察》一书。等回到了布尔诺后，更是有了自己专属的一本，在上面写满了自己的评语和注解。

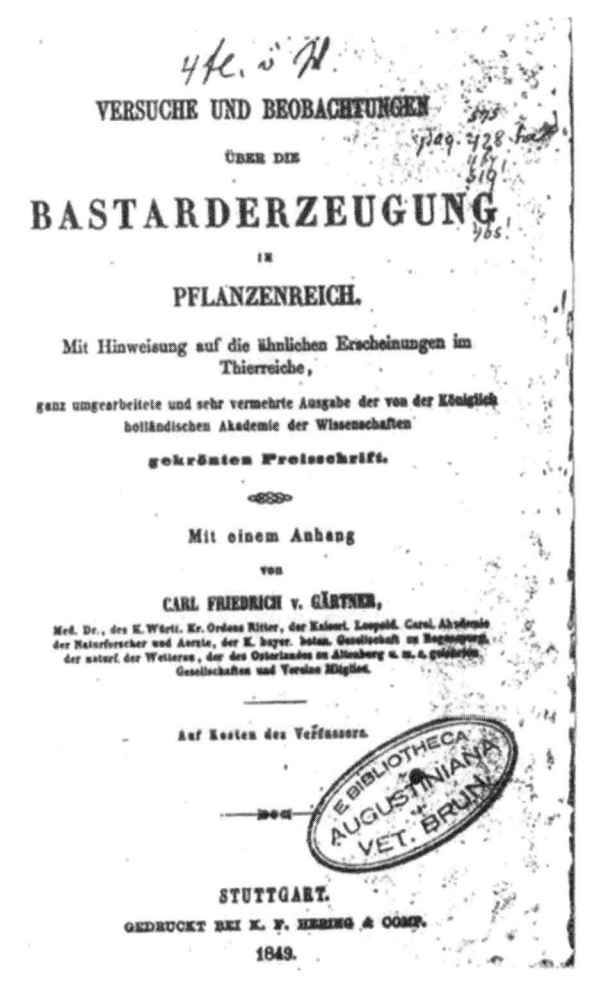

孟德尔精读和批阅过的盖特纳的代表作《关于植物王国里杂交种的研究和观察》（来源：Weiling F. 1991.）

正是盖特纳的这本书，让孟德尔不仅看到了利用植物杂交实验去探索遗传规律的希望，也发现了其中的问题所在并且想到了具体的解决办法。

先说希望，在《植物杂交实验》一文里，孟德尔曾经有过这样的描述：

"一些细心的观察者，如科勒鲁特、盖特纳和其他人，都为这一目标付出了不懈的努力，贡献了他们部分的生命。尤其是盖特纳，在他的作品《关于植物王国里杂交种的研究和观察》中记录了非常有价值的观察。"

孟德尔这里提到了"非常有价值的观察"就是给予他希望的东西，主要是指盖特纳在植物杂交种及其后代中观察到的性状分离现象。在这一方面，盖特纳主要有以下三方面的发现：第一，杂交种的表型比较一致，要么呈现出两个亲本品种之间的中间形态，要么与亲本里的一个相同。第二，杂交种自花受精所繁殖出的植株（也就是杂交种的后代）的表型则出现了变化，其中一部分个体保留了杂交形式，一部分个体则变得与母系亲本更相似，还有部分个体接近父系亲本。第三，杂交种接受亲本的花粉授粉后，能够在几代之内返回亲本的表型。盖特纳的上面三点主要发现，尤其是前两点让孟德尔感兴趣。在孟德尔看来，从杂交种本身的表型一致到杂交种后代的表型出现变异，背后的根本原因就是遗传的本质，这就是希望的曙光。

在看到希望的同时，孟德尔也看到了问题。在后来给慕尼黑大学的植物学家卡尔·威廉·冯·内格里的信中，孟德尔曾经具体指出过盖特纳的研究中的问题：

"……非常遗憾的是，这位值得尊敬的先生没有发表他每个实验的详细说明，也没有对杂交种进行完善的分型，特别是那些由类似受精产生的杂交类型。诸如：'有些个体表现出与母系亲本更近似，其他个体则更像父系亲本'或'后代已恢复为原始母系祖先的类型'等，这些说法太笼统、太模糊，无法提供依据来进行合理的判断。"

在孟德尔看来，盖特纳的实验描述太笼统和模糊，缺乏精确的定量，让进一步的分析无法进行。因为在维也纳大学有过数学统计方面的学习，孟德尔在指出这一问题的同时也找到了解决方案。这一点他在《植物杂交实验》一文的前言部分就有清晰的描述：

"当一个普遍适用于杂交种的形成和发展的法则还没有建立的时候，对于任何熟悉这一领域并了解其中困难的人来说，都不会对这类实验必然会面对巨大的挑战感到奇怪。只有当我们获得了在高度多样化的植物上进行的详细实验的结果时，才能做出最终决定。那些在这一研究领域工作的人有这样一个共识：在所有进行的众多实验中，没有一项在开展的程度和方式上可以检测出杂交后代出现的不同表型的数量，或根据杂交后代的世代有把握地预测这些表型的发生情况，或确定它们之间的数量关系。开展这样一项意义深远的工作确实需要一些勇气，但这似乎是解决这一问题唯一正确的办法，它在生命形态的进化史上有着极其重要的意义。"

也就是说，在孟德尔看来，要找到植物杂交所遵循的遗传学法则，关键在于两点：一是要利用表型变化丰富的植物来研究多个性状以探寻共同的规律，二是要利用数学方法去进行精确的定量分析。

在明确了问题和提出解决方案后，下一步就是挑选合适的实验植物去开展接下来的系列杂交实验。在孟德尔看来，一个合适的实验植物应该具备以下三个条件：

"第一，这个物种拥有稳定的可区分形状。这里包括两层意思，一是在这物种里，各品种之间在一个或多个性状上存在差别；二是这些差别是稳定的，也就是说对某个特定的品种来说它一直保持一个表型。用在某个性状上有稳定差异表型的两个品种去杂交，就能根据表型在杂交种及其后代中的表现情况去探寻遗传规律。

第二，杂交种在开花期必须受到保护或容易受到保护。植物杂交的研究在卵细胞受精方面主要包括两种形式的实验：一是通过人工授粉将父系亲本的花粉传递给母系亲本从而产生杂交种，二是让杂交种自花受精产生后代。为了保证这两个过程的纯粹性，需要确保能够防止其他花粉的污染。

第三，杂交种和其后代在接下来的几个世代中，在繁殖力方面不会遭受明显的变动。因为这一系列的实验需要研究杂交种连续的多个世代，所以杂交种的繁殖力需要相对稳定，确保得到足够的后代。"

符合上面三个条件的应该有多个物种，其中之一就是豌豆。首先，豌豆作为当地广为栽培的农作物，有着较多成熟的品种，它们之间存在稳定的差异性状。其次，豌豆是严格的自花受精植物，在自然的条件下无须保护就可以防止外来花粉的影响。在需要接受人工授粉培养杂交种的时候，将还未成熟的花蕾打开，去掉其中的雄蕊，将外来的花粉涂抹到它的花柱上。再次，关于豌豆杂交种在繁殖力上的稳定性，这一点也在长期的实践过程中得到了证明。

孟德尔最终选择豌豆，除了上面的三个科学层面的理由外，还有另外的一个原因，即它的实用性。像他之前开展的其他实验一样，孟德尔希望自己的研究能给当地带来一定的经济效益。就豌豆研究而言，他希望通过杂交而培育出更好的品种。实际上，孟德尔后来也的确做到了这一点，在给内格里的信里，孟德尔就曾经提到过他曾在1859年的时候培育出了一个大而可口的豌豆品种：

"……这里我必须进一步提到一个品种的情况，它已经保持了六代的纯种繁殖，尽管它的两个原始亲本在四个性状上有所不同。1859年，我从杂交种的第一代后代中获得了一个可育性很强的后代，它的种子大而可口。由于它的后代在次年无一例外地保留了这些理想的特性，因此该品种在我们的菜园中得以栽培，直到1865年，每年都有许多植株被培育出来。这个品种的两个亲本植株分别为bcDg和BCdG，而杂交品种是BcDG，即拥有黄色种子，白色的花和种皮，豆荚饱满、高茎。"

在决定用豌豆来开展杂交实验后，下一步就是要确定研究的性状，以及用来研究的豌豆品种。这个过程总共耗时两年，即1854年到1856年。

就像上面提到的，用来研究的性状不仅需要在不同品种间有差异，而且需要在特定品种上保持稳定。为了验证性状的稳定性，孟德尔连续两年对候选的品种进行种植，从而把其中稳定的品种挑选出来。

而关于挑选哪些在不同品种间有差异的性状，则是一个更为关键的一步。因为就不同品种的豌豆而言，它们之间可能在很多性状上都有差异，包括茎的长度和颜色、叶子的大小和形状、花的位置、花的颜色和大小、花茎的长度、豆荚的颜色、形状和大小、种子的形状和大小，以及种皮和胚乳蛋白的颜色等方面。如果要通过判断性状差异来明确区分杂交种的表型，那么对这些性状就有较高的要求。比如，一些性状在两个品种间的差异并不大，只是"多一点或少一点"量的区别，那么这会让将杂交种和后代按亲本的属性来归类统计变得困难。所以这样"多一点或少一点"的性状，比如叶子的大小、豆荚的大小、种子的大小等，是不适合用来开展杂交实验的。而适合用来实验的，则是一些在两个品种间差异非常明显的性状，比如种子的颜色、花的颜色以及豆荚的形状等。

正是根据这一标准，孟德尔从豌豆的20多个性状里挑出了以下7个用来进行杂交实验：

在进一步介绍孟德尔的工作之前，需要简单介绍一下他所研究的7个性状。

"1. 成熟的种子形状的差异。这些种子要么是圆形，简称圆形；要么是不规则的形状，表面有深深的皱纹，简称皱形。

2. 种子胚乳（注：后来发育成子叶）颜色的差异。因为种子的外壳是半透明的，所以它们的胚乳的颜色可以看见。成熟种子的胚乳颜色要么为黄色，要么为绿色。

3. 种皮和花的颜色的差异。要么是白色的，种皮和花都是白色；要么是彩色的，包括灰棕色种皮和紫红色的花。

4. 成熟的豆荚形状的差异。要么是饱满的形状，没有一点收缩的地方，简称饱满；要么是在种子之间有深深的收缩，还或多或少地有些皱纹，简称收缩。

5. 未成熟豆荚颜色的差异。要么是绿色，要么是鲜艳的黄色，其中绿色是显性，黄色是隐性。

6. 花的位置的差异。豌豆的花要么沿主茎分布，简称腋生；要么在茎的顶端成束分布，简称顶生。

7. 茎长度的差异。茎的长度在不同豌豆品种中非常不同，但对每个品种来说都是一个稳定的性状，在关于这一性状的实验中，为了能够做出明确的区分，孟德尔只用6~7英尺的高茎豌豆品种与0.75~1.5英尺的矮茎品种进行杂交。"

在确定这7个性状用来开展杂交实验的同时，孟德尔也挑选出了相应的用来进行豌豆实验的品种。孟德尔从种子商那里购买了34个豌豆品种(或物种)，在为期两年的预实验里它们都表现出了稳定的表型，说明它们都是真正的纯种，只有一个品种因为混杂有其他品种的种子出现了例外。就在这34个豌豆品种里，孟德尔挑选出了能用来杂交的22个品种，它们之间不仅在这7个要研究的性状上有着稳定而明显的差异，而且相互之间通过人工授粉能产生可育的杂交后代。

这时所有的前期工作已准备完毕，时间也来到了1856年。

第6章　十载不回头

　　1856年，孟德尔选好了要研究的7个可区分的豌豆性状，也以此为基础挑选了适合用来研究的22个豌豆品种，正式的杂交实验就万事俱备了。孟德尔在这一年夏天开始大规模的正式杂交实验之前，他中学教师资格考试的事情也就画上了一个句号。

　　当时的孟德尔在布尔诺实科中学当一名代课教师，虽然没有教师资格证，但他的讲课水平却深得校长的认同。在学校的同事的鼓励下，孟德尔在1855年6月底再次提交了参加教师资格考试的申请。

　　在为孟德尔的申请所写的工作成绩证明上，实科中学的校长奥斯皮茨为孟德尔在过去的一年的教学情况给出如下评语：

　　"在这段时间（1854年5月26日至1855年6月23日）里，他的表现在各方面都很出色。他对年轻人充满了真正的、发自内心的爱，知道如何通过简单的方法维持纪律。他的讲课内容清晰，逻辑性强，完全符合年轻人的理解力，他的声音足够有力。孟德尔先生的实验非常娴熟，他知道如何在物理学和自然史的教学上以小见大、见微知著。"

　　和上次考试一样，孟德尔这次选择的考试科目依然是物理学和自然史，还把物理学设置成了主课。1856年5月初，孟德尔前往维也纳参加考试。虽然他为这次考试做了很多准备，但不幸的是又一次失败了，而且其中的过程有点离奇，还无从考证。能确定的信息只有三点：一是孟德尔从维也纳回来的时候病了，头上还缠着绷带，因为老孟德尔还专门从老家来到布尔诺探望过；二是其他同时参加考试的人都得到了成绩，而孟德尔没有；三是孟德尔回来后对考试这件事只字未提，而且以后再也没有去参加过教师资格考试。

对于这一奇怪的结果，有过两种不同的猜测。一是孟德尔本来身体就不好，在考试的压力下病倒了，最后不得不退出考试。二是孟德尔参加了考试，但在自然史的考试中因为学术观点不同和教授发生了冲突，被撤销了考试资格；关于这一说法，有人还绘声绘色地说和孟德尔发生冲突的教授就是曾经教过孟德尔的芬兹尔。不管是哪一种猜测，或者说是其他的第三种情况，这已经不再重要，重要的是孟德尔决定不再参加这样的考试，而是在继续当一名中学代课教师的同时做自己想做的实验。

在接下来的时间里，实科中学的校方和学生对孟德尔的工作都很满意，这让没有教师资格的他一直在这里工作着，直到12年后当选为修道院院长后才不得不辞去这个职位。虽然这只是一个实科中学，但学校里充满了科学研究的气氛。布尔诺自然研究学会的每个月的例会就在这里举行，学校也有很多教师都是这个协会的成员。在下面这张拍摄于1864年到1865年间的教职工合影里，至少有三个人先后担任过布尔诺自然研究学会的副主席（注：主席是荣誉头衔，副主席主管具体事务），分别是教授扎瓦兹基博士、校长奥斯皮茨教授以及孟德尔自己。在这样一个崇尚科学的中学里讲课，同时在支持研究的修道院里开展科学研究，这对正当年的孟德尔来说无疑是最合适的。

　　　　　　　　　　　　　　　　　　　孟德尔传：被忽视的巨人

1864—1865年间布尔诺实科中学教师合影，前排中间（左五）是校长奥斯皮茨，前排右五是扎瓦兹基教授，前排右二是孟德尔。（来源：Iltis H.1924.）

继续说豌豆实验，1856年的豌豆开花前的那段时光，孟德尔最是忙碌。豌豆是严格的自花授粉植物，它的花柱和花药被龙骨瓣紧紧包围，一旦等到花开的时候，其中的卵细胞和花粉早已成熟并且已经完成了自花授粉。如果要对豌豆进行人工授粉，需要将还未成熟的花蕾打开，小心地去掉其中的雄蕊防止自花受精的发生，然后将外来的花粉涂抹到它的花柱上，孟德尔就是这样进行豌豆杂交实验的。

孟德尔开展植物杂交实验的主要场地是在修道院的后花园里，大约250平方米。2020年夏天，笔者访问了布尔诺的圣托马斯修道院，看到了这片创造了科学奇迹的园地。土地的位置就在现在的孟德尔博物馆的门前，原来长约35米，宽约7米的土地现在被围栏隔成了几部分。为了纪念孟德尔，这片土地上种的都是他当年做实验用到的各种植物，其中最多的就是豌豆。

现在修道院中孟德尔博物馆门前的苗圃，也是当年孟德尔开展植物杂交实验的地方（摄影：商周）

为了充分利用这片宝贵的土地，孟德尔用木棍和绳子将豌豆苗固定，让植株尽量沿着木棍直立生长，这样不仅节省了实验用地，也方便测量植株的高度，还可以让植株吸收到更多的阳光。

孟德尔所开展的第一个正式实验系列，目的是研究单对差异性状在杂交种中的表现情况。为了研究上面提到的7个差异性状，孟德尔开展了相应的7个单独的实验。在每一个实验里，用于杂交的两个亲本只在被研究的那个性状上有差异。在第一年的人工授粉实验中，上述7个实验分别有5~15株植物进行了23~60次的授粉。比如，在研究种子形状（圆形还是皱形）的杂交实验里，孟德尔就对15株植株进行了人工授粉，因为每个植株上有多朵花，所以这个实验一共进行了60次授粉。使用植株最少的是研究未成熟豆荚颜色的差异（绿色还是黄色）的实验，只对5个植株进行了23次授粉。

在进行了人工授粉之后，接下来期待的就是杂交的结果了。豌豆是一年生植物，这意味着要研究观察豌豆的一个世代的发育情况，需要一年的时间。

对于上述的7个性状而言，从人工授粉到实验结果出来的时间有所不同。实验1和实验2里研究的是种子本身的性状，即种子的形态和颜色，所以结果在人工授粉的当年就可以看到。而对于后面5个实验里研究的性状（花朵颜色、豆荚的形状和颜色、花的生长位置以及茎的高矮），则只能等到人工授粉所得到的种子在第二年播种成长成植株后才能看到结果。

所以，就在1856年的当年，孟德尔获得了实验1和实验2的结果：实验1中所有的人工授粉得到的种子都是圆形，实验2中所有的杂交种种子都是黄色。这一结果并不意外，而且之前也有人发现过，孟德尔在这一步的贡献是发明了"显性"和"隐性"这两个名词，分别用来描述那些在杂交种中表现出来的和潜伏起来的性状。

说到这里，需要对孟德尔所研究的7个豌豆性状的显性和隐性属性做一个简要的说明：

1. 成熟的种子形状：圆形是显性，皱形是隐性。

2. 种子胚乳（子叶）的颜色：黄色是显性，绿色是隐性。

3. 种皮和花的颜色：彩色是显性，白色是隐性。

4. 成熟的豆荚形状：饱满是显性，收缩是隐性。

5. 未成熟豆荚颜色：绿色是显性，黄色是隐性。

6. 花的位置：腋生是显性，顶生是隐性。

7. 茎的长度：高茎是显性，矮茎是隐性。

和前两个实验一样，剩下的5个实验的杂交种第二年播种后也显示了同样的结果：所有的杂交种都只表现出显性的性状。

孟德尔更为关注的，是杂交种后代的发展情况。接下来的实验就不用再进行人工授粉，而是让杂交种自花授粉（自交）繁殖后代，杂交种所繁殖的第一代也叫F2代，因为杂交种本身是F1代；然后让F2再繁殖出F3代，并依次类推到F4代、F5代……

因为种子性状在当年就可以鉴别出来，第二年孟德尔就已经获得实验1和实验2的杂交种F2代的结果。有趣的是，那些在F1代中消失的隐性性状，在F2代中又重新出现了，只是不如显性性状那么多。这一发现也不让人惊讶，因为在孟德尔之前的植物杂交领域的先辈们就注意过这一现象。但孟德尔和其他研究者不同的地方，是他对此做了精确的统计和分析：

"实验1：从253个F1代植株收获了7324个种子，其中有5474个是圆形，1850个是皱形。二者的比例是2.96：1。

实验2：从258个F1代植株产生了8023个种子，其中6022个是黄色，2001个是绿色。二者的比例是3.01：1。"

在现代中学教科书里，提到遗传学第一定律（分离定律）的时候，都会提到F2代中显性和隐性性状的3：1的比例，主要就是从这两个实验里来的。在20世纪孟德尔的贡献被发现后，曾经一度有学者对孟德尔的结果提出了质疑，认为2.96：1和3.01：1这两个比例都过于靠近3：1这个理想值，不太符合实验中的实际情况，甚至有学者怀疑孟德尔有意无意地操纵了数据，以便让这个比例接近他预想的数值。但这个猜疑是不合理的，非常靠近3：1这个比例，主要是因为所纳入统计的样本数量庞大，数以千计，所以得到的实验值和理论值非常靠近。如果样本量相对较少的话，那么实验值和理论值就会有较大的偏离，这一点在孟德尔进行的剩下5个实验里也体现了出来。

因为场地的限制，在来年出结果的实验3到实验7中，每个实验的F2代只有1000个左右的样本用来统计，这5个实验中F2代显性性状和隐性性状出现的比例分别是3.15：1、2.95：1、2.82：1、3.14：1、2.84：1，这些比值与3：1就有着大小不一的偏离。

所以，在F2代中显性性状和隐性性状出现的比例理论值是3:1，这在所有研究的7个性状里都是如此。但在实际实验中，样本量越大所得到的实验值就越向理论值靠近，反之则会出现较大的偏离。孟德尔利用大量的样本，把这一规律确定了下来，所研究的7个性状无一例外。

孟德尔最早观察到 3：1 这个比例的时间是 1857 年。就在这一年，他的父亲在老家海因岑多夫去世了。自从 20 年前在劳动时出了一次事故之后，老孟德尔的身体就一直欠佳，现在走到了生命的尽头。因为出家成了一名神父，孟德尔不仅没有按照父亲的意愿接管家中的农场，作为唯一的儿子的他也让家里无法继续传宗接代。部分是因为这两点，父子两人之间一直存在着一堵无形的墙，阻碍着两人的沟通。不过这一切障碍在一年前就早已烟消云散，那时孟德尔从维也纳赶考回来时生了重病，老孟德尔从 120 公里外的老家赶来探望。两人在布尔诺相处的日子里，亲情已经融化了一切。

现在，父亲已经离开了人间，孟德尔这位农民的儿子，把悲痛变成了力量，在修道院的花园里更加细心地种着豌豆——人类历史上最有价值的豌豆。

虽然在 F2 代中得出 3：1 这一比例非常重要，但更加重要的是去理解这一比例背后的原理。而如何去探寻其中的原理，则是解决问题的关键。孟德尔之所以取得了成功，是因为他察觉到了表型一致的亲本和 F1 代之间在本质属性上的区别。关于这一点，他在《植物杂交实验》一义里，有如下描述：

"显性性状在这里可以有双重含义，即亲本显性性状或杂交显性性状。对于具体的个体来说，它的显性性状是属于哪一种，只有通过观察下一代的表型才能确定。作为亲本显性性状，它必须不变地传递给所有的后代；而作为一个杂交显性性状，则将会出现与杂交种的第一代后代相同的情形。"

为了检测这一点，孟德尔接下来将 F2 代中出现显性表型的豌豆进行自交，从而得到用来观测结果的 F3 代。这个实验结果更令他感到期待，那么在接下来的一年孟德尔又得到了什么样的结果呢？

F3 代的结果有些复杂，还是先拿实验 1 来举例说明。在那些 F2 代表现为圆形的种子所培育的植株里，其中的大约三分之一只产生圆形的种子，三分之二则同时产生圆形和皱形的种子（其中圆形和皱形的比例为3∶1左右）。

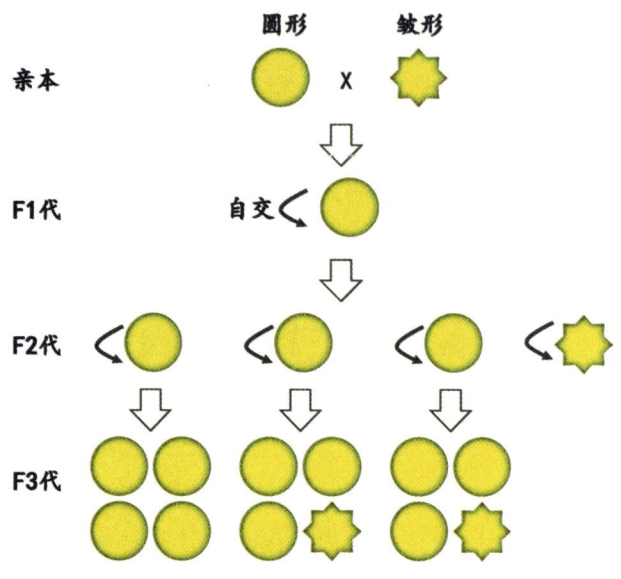

杂交种前三代表型分布示意图（绘图：商周）

换句话说，那些在F2代中表现为显性性状的植株，其中的三分之一产生只表现显性性状的F3代，所以它们的属性就是亲本显性；另外三分之二产生了以3∶1的比例混合有显性和隐性的F3代，所以它们的属性就是杂交显性。

而且重要的是，其他6个实验，全都呈现出了相同的结果，无一例外。

根据这一结果，孟德尔把F2代中的3∶1的比例从杂交种的内在属性上分解成了1∶2∶1，并根据这一比例推导出了以下公式：

$$（A+a）（A+a） = A(A) + 2Aa + a(a)$$

这一公式表达的就是遗传学第一定律——分离定律，指的是父母亲本中决定性状表型的因子在杂交种的生殖细胞形成时彼此分开，随

孟德尔传：被忽视的巨人

机分别进入一个生殖细胞中。

从上面的过程中，我们可以看到，孟德尔的最大贡献是把F2代中的3：1这个比例进一步分解成了1：2：1。正是因为这一分解，孟德尔从通过表型触摸到了基因型，从而发现了分离定律。分离定律不仅是遗传学第一定律，也是第二、第三定律的基石，因为前者涉及的是基因的发现，而后面二者涉及的只是基因之间的相互关系。

到这一步实验其实可以结束了，但孟德尔却在这个方向上再开展了一些实验，目的是验证这个规律的正确性。因为假设来自两个亲本的因子的分离是一种遗传规律，那么在杂交种接下来的世代中就还能观察到，而且会按相同的比例关系表现出来。于是，孟德尔进一步研究了杂交种更多的世代，其中种子的形状和颜色的两个实验进行到F7代，种皮和花的颜色、茎的高矮的实验进行到F6代，而豆荚的形状、豆荚的颜色和花的位置的实验也进行到F5代。

接下来的结果再次验证了孟德尔的假设，所研究的性状在研究的后续代里的分布都无一例外地符合这一分离规律。

孟德尔不仅发现和验证了这一规律，还利用它来解释杂交种中的一些现象。比如，对于当时广为人知的杂交种容易返回亲本的现象，孟德尔就给出了如下精确的解释：

杂交代数	数　量			比例
	A	Aa	a	A：Aa：a
1	1	2	1	1：2：1
2	6	4	6	3：2：3
3	28	8	28	7：2：7
4	120	16	120	15：2：15
5	496	32	496	31：2：31
n				$2n-1：2：2^n-1$

表格中 A 代表的是有着稳定显性性状的样本, 就像有着显性性状的亲本; a 代表的是有着稳定隐性性状的样本, 就像有着隐性性状的亲本; 而 Aa 表示的是表型为显性但基因型为杂合的样本, 就像 F1 代杂交种那样。对于 F1 代杂交种, 所有的样本都是 Aa; 而在接下来的 F2 (在上面表格中的杂交种后代的第 1 代) 中 A : Aa : a 的比例是 1 : 2 : 1, 其中含有杂交种基因型的比例就下降为 50%; 在接下来的 F3 代中的 Aa 的比例则进一步下降到了 25%, 而这一比例随着杂交种世代的增加而不断减少。比如, 在杂交种的第 10 代的每 2048 个植株中, 结果有 1023 株具有稳定的显性性状, 1023 株具有隐性的性状, 而真正的杂交种则只剩下两个。

这个推理看上去颇为精妙, 但对于当时的孟德尔来说只是随手拈来, 真正难得的是推导出上面的分离定律。不过颇具讽刺性的是, 等后来孟德尔宣读他的实验结果的时候, 听众听懂的恰恰就是这个不重要的部分。

虽然以上描述的包括 7 个单独实验的这一系列实验进行了至少 6 年, 但这并不是孟德尔豌豆杂交实验的全部, 因为他同时还做了更多的实验。

孟德尔所开展的第二个系列的实验, 研究的是多个性状(两个或以上)一起杂交的情况, 就是说用于杂交的两个亲本在两个或以上性状上有差异。这个实验的目的是探索性状之间在遗传上的关系。

孟德尔在《植物杂交实验》论文里呈现了这一系列实验中的两个实验的结果, 第一个是将在种子形状 (圆形或皱形) 以及种子颜色 (黄色或绿色) 这两个性状上有差异的两个亲本进行杂交, 获得 F1 代杂交种, 然后让 F1 代自花授粉产生 F2 代, 接着再繁殖 F3 代。

下面这个图显示了孟德尔所获得的这个实验的 F1 和 F2 代的结果: 将圆形黄色和皱形绿色种子的两个亲本杂交, 所得到的 F1 代表现出的都是圆形黄色的种子。再将这些圆形黄色的 F1 代自交, 得到的 F2 代的种子有四种表型，分别是圆形黄色、圆形绿色、皱形黄色、皱形绿色，它们之间的比例大致是9∶3∶3∶1。

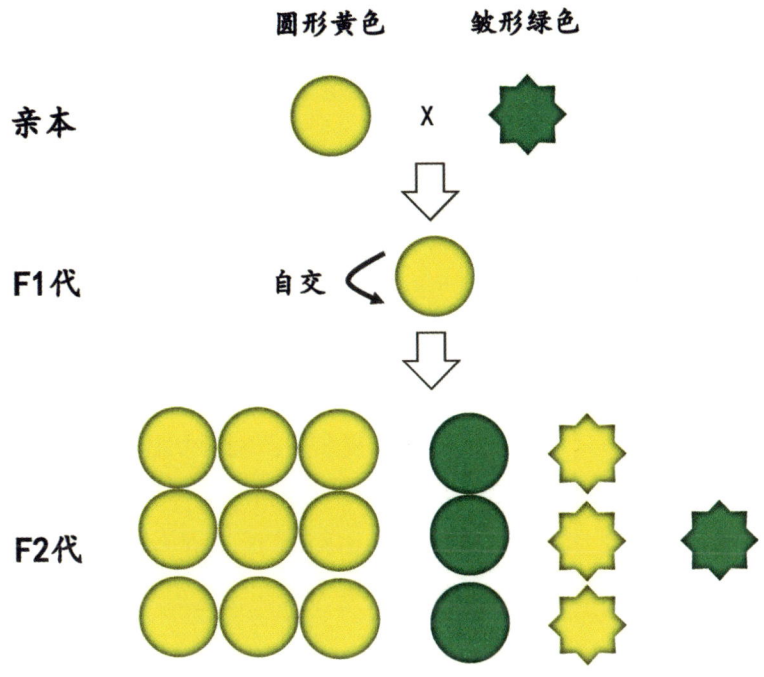

两对性状一起杂交实验结果示意图(绘图：商周)

9∶3∶3∶1这个比例就是现代中学教科书里关于自由组合定律里提到的比例，但孟德尔关于这个主题的实验到此并没有结束。他继续将F2代自交得到F3代，然后像他在第一个实验系列中所做的那样，通过观察F3代的表型将F2代中的9∶3∶3∶1这个比例按内在属性分解成了(4+2+2+1)∶(2+1)∶(2+1)∶1,用代表性状的符号字母把这些情况归纳成了如下表达式：

AB + Ab + aB + ab + 2ABb + 2aBb + 2AaB + 2Aab + 4AaBb

而以上表达式，则是可以通过关于两对性状的各自的表达式：

$$A + 2Aa + a$$
$$B + 2Bb + b$$

自由组合而成。

所以，通过这个实验，孟德尔发现了当多对性状一起杂交的时候，两个性状之间并不影响彼此的分离，相互之间呈现出一种自由组合的状态，这就是遗传学第二定律：自由组合定律。

发现这一规律对孟德尔来说还是这一系列实验的第一步，严谨的他用了一个更加复杂的实验去验证这一规律，即用三对性状一起杂交的实验，包括种子形状（A）、种子颜色（B）、种皮和花的颜色（C），而且同样把杂交实验进行到了F3代。

两对性状的杂交实验已经非常复杂，三对性状让这种复杂性又多了一个维度，就像孟德尔自己在论文中提到的那样，这个实验是整个论文里最费时费力的一个。最后这个庞大的实验的结果表明，按F3代的表型可以将F2代按其内在属性归类为以下表达式：

ABC + ABc + AbC + Abc + aBC + aBc + abC + abc + 2 ABCc + 2 AbCc + 2 aBCc + 2 abCc + 2 ABbC + 2 ABbc + 2aBbC + 2 aBbc + 2 AaBC + 2 AaBc + AabC + 2 Aabc + 4 ABbCc + 4 aBbCc + 4 AaBCc + 4 AabCc + 4AaBbC + 4 AaBbc + 8 AaBbCc

这一结果完全符合了孟德尔的实验假设：三对性状杂交时，自由组合规律同样适用。

这一部分的实验到此本来就可以结束了，因为这个新发现的规律已经得到了验证。但孟德尔还开展了更多的实验，这一点孟德尔在论文里有如下描述：

"除了以上两个实验外，还用数量较少的植株做了更多的实验。在这些实验中，其他可区分性状以两对或三对一起的形式结合起来形成杂交种，所有这些实验的结果与前面两个实验的大致相同……这些实验也证明，每对可区分性状在这个杂交组合实验里的行为都是独立的，与两个亲本中的其他可区分性状没有关联。"

以上两个系列的实验，相应的发现分别对应的就是现代遗传学的第一和第二定律，即分离定律和自由组合定律。这两个系列的实验在1862年的时候都已经结束，虽然不为外人所知，但这两个系列实验的成功给孟德尔所带来的喜悦和幸福是无与伦比的。孟德尔在晚年时曾经对修道院里年轻的巴里纳神父提到过，说科学研究工作给他带来了太多的开心和满足。

不幸的是，1862年对孟德尔来说也是悲伤的一年，因为他的母亲得了重病。贫穷但天赋过人的孟德尔之所以没有按部就班地成为一个农民，一个重要的原因是他有一个伟大的母亲。因为母亲的善良、宽容和坚持，孟德尔才得以完成中学学业，并从家乡的山村走进布尔诺的修道院。

对于母亲病重所感到的悲痛，在他当时写给妹夫辛德勒的信中流露了出来：

"亲爱的妹夫！

我非常感谢你的来信。你很难相信，我对母亲的不幸消息感到多么震惊。在前一年漫长的病痛之后，她又有了新的苦难。对她和我们所有人来说，这确实是一次令人痛苦的厄运。

我将尽最大努力确保她什么都不缺。我提前给她寄去了30荷兰盾，一旦她需要什么，请你立即简要地告诉我，当然不要让她知道。即使我不知道第四条戒律①，我仍然会在心里觉得有义务尽可能地减轻她晚年的痛苦，因为她一直是我的好母亲。

在同时寄给母亲的信中，我没有提到给你写这封信的事情。

我非常高兴地看到，小约翰正在努力学习。我向他以及特蕾西娅

---

① 天主教的第四条戒律是"尊敬父母"。

和阿洛伊斯致以最好的问候。我向你和你的姐妹致以最温暖的吻。

　　你真诚的兄弟格雷戈尔。"

　　尽管他和家人都尽了最大的努力，但她还是在那一年离开了人间。当这位伟大的母亲离开人世的时候，她的儿子在修道院里已经做出了人类历史上划时代的科学发现。遗憾的是，这样的发现当时只有孟德尔自己可以意会，无法言传。

　　1862年对布尔诺的科学界也是一个特殊的时刻。在前一年的年底，布尔诺成立了自然研究学会，从1862年起每月有一次学会例会，也是从这一年开始出版《布尔诺自然研究学会会刊》。因为布尔诺自然研究学会和世界上100多个科学团体建立的联系，并且相互交换出版物。这让布尔诺的自然科学研究者有机会接触外面的世界，也让世界有机会了解这个偏远小城的学者群体。

　　作为学会的创始会员，孟德尔于1862年在学会上第一次做了关于气象学的学术报告，也在第一册的会刊上发表了相应的论文。所以，对于有新发现的豌豆杂交实验结果自然也有了发表的地方。孟德尔需要做的，是对整个实验进行最后的完善和总结。

　　关于豌豆杂交，孟德尔还需要做的就是要证明他在前面两个系列实验的过程中形成的一个假设：花粉细胞和卵细胞的内在遗传属性和多样性是相同的。为了证明这一点，他设计了相互回交实验：即在一个实验里让杂交第一代接受某个亲本的花粉，在另一个实验里让这个亲本接受杂交第一代的花粉。这个实验在1863年就完成了，所得到的结果正如孟德尔所假设的那样，这两种回交方式所得到的后代没有差别，证明了他提出的假设。

　　至此，孟德尔对豌豆的7个性状的杂交研究也就全部结束了。这时，修道院的花园里种的主要是豌豆之外的其他植物。因为假设遗传规律是普适性的，那么在其他植物身上也能重复这一结果。于是用其他植物去验证在豌豆中的发现，这也是孟德尔《植物杂交实验》的最后一个系列实验。

这一个系列的实验是在1862—1864年间进行的，其中主要使用的物种是菜豆属的植物。比如用四季豆和倭小豆作为两个亲本的杂交。倭小豆具有矮茎以及绿色的、饱满的豆荚，而四季豆则具有高茎和黄色的、皱缩的豆荚。对这三对不同性状的研究表明，菜豆属的植物在杂交种中的表现与豌豆完全相同。

也就是说，孟德尔对菜豆中的三个不同性状（茎的高矮、豆荚颜色、豆荚形状）的研究也完全确认了他在豌豆中的发现，既包括基因的分离，也包括基因的自由组合。

从开始挑选适合实验的豌豆品种的1854年算起，到完成整个系列实验的1864年结束，前后一共花了长达整整10年的时间。之前从未发表过植物学论文的孟德尔，现在到了总结这一系列实验结果的时候，他要向世界宣告他全新的发现。

第 7 章　瑰宝无人鉴

　　布尔诺自然研究学会成立于1961年年底，是由原来的摩拉维亚农学会的自然科学部独立出来的。这个学会集中了一批对自然科学感兴趣的研究人员，会员有300多人，大多来自布尔诺以及周边地区。

　　学会的主席是涅米施尔伯爵，这是一个荣誉性的头衔，他在这个位置上连任多年。真正主持工作的是每年选出的两位轮值副主席，比如在下面这张1862年拍摄的首届学会的核心会员的照片中，坐在前排核心3号位置的就是当时学会的副主席、布尔诺实科中学的教授扎瓦兹基。

1862年布尔诺自然研究学会第一届核心会员合影。其中2是实科中学的校长奥斯皮茨教授，3是当年的学会副主席、实科中学的扎瓦兹基教授，10是后来的学会秘书尼塞尔教授。（来源：Iltis H.1924.）

学会每月都有一次例会，只有暑假的八、九两个月例外。会议的地点设在布尔诺实科中学，每次都会有几十个会员参加。在这样的例会上，除了报告学会的日常事务，还会有1~3个学术报告。

孟德尔关于豌豆杂交实验的报告是于1865年在学会上宣读的。这一年学会的两位轮值副主席中，一位是物理学家和数学家奥斯皮茨，他也是布尔诺实科中学校长；另一位是布尔诺文理中学的校长卡尔·施维佩特博士，他是一位物理学家和自然历史学家。当时负责处理学会日常事务的是秘书古斯塔夫·尼塞尔，他是布尔诺技术学校的教授。这不是孟德尔第一次在这个学会上作报告，但之前的主题都是气象学，这次讲的是植物杂交研究。因为报告太长，被分成了上下两部分在2月8日和3月8日的例会上宣读。

1865年2月8日是寒冷的一天，根据孟德尔自己总结的当年气象的数据，两天前的2月6日出现了当年的最低气温：零下15摄氏度。寒冷的天气没有阻挡会员的热情，会堂里来了大约40名听众，孟德尔时长一小时的演讲也是当天唯一的学术报告，主持人是药学家和植物学家卡尔·泰默。

从16岁就开始给人做课外辅导，到后来分别在两所中学当代课老师，近20年的教学工作让孟德尔的报告很有条理。他先是简要地提到了这个领域中两位前辈的工作，并指出了其中存在的关键问题，即这些研究人员把注意力集中在过于复杂的植物整体表型上，而没有精确地对特定的性状进行研究。接下来孟德尔进一步提出了解决问题的方法，阐述了开展长期而又系统实验的必要性。最后，孟德尔开始讲他的豌豆杂交实验结果的上半部分。

作为一个崇尚科学知识的小城，布尔诺的媒体经常关注自然科学研究学会的研究进展，对于孟德尔的这次演讲，当地的报纸《新闻》也做了一则简短的报道。

"在（主持人）宣读了收到的来信后，教授孟德尔先生做了一个长篇学术报告，内容是通过相关物种的人工授粉培育的植物杂交种，这是植物学家感兴趣的主题。报告人强调，植物杂交种已被证实有繁殖能力，但这些杂交种不能保持稳定，而且总有返回亲本的倾向，这种返回亲本的进程还可以通过反复用亲本的花粉进行人工授粉来加速。

报告人还讲述了他用几种豌豆进行了多年的一个成功实验，并展示了杂交种几个世代的例子，其中父母亲本间相同的性状相互传递，但不同的性状则产生了新的特征。豌豆杂交种的可区分性状表现在成熟种子和种皮的形态和颜色、花的颜色、成熟的豆荚的形态和未成熟时的豆荚颜色、花的位置以及茎的长度差异。关于杂交种可区分性状出现及其与亲本关系的量化数据值得考虑。"

对于孟德尔接下来在3月8日做的这个报告的下半部分，《新闻》报则是这样报道的：

"接着他上个月的报告，他谈到了一般的细胞形成、受精和种子生产，特别是在杂交种中的情形，这暗示他谨慎地开展了实验并获得了成功，他宣布他将在下一个夏天继续开展实验。最后他说，最近几年他还用了许多其他相关植物进行了人工授粉，以培育杂交种；所取得的良好结果让他备受鼓舞，未来不仅要进一步开展这样的杂交实验，而且还要提供详细的报告。

教授尼塞尔先生在本次讲座后补充说，他在显微镜的帮助下观察到了真菌、苔藓和藻类的杂交情况，而且进一步的观察不仅支持了现有的假设，还将进一步给出有趣的澄清。"

从这两则新闻来看，当地的报纸报道了孟德尔研究的一些基本的信息，比如所研究的植物(豌豆)、性状(种子的形态和颜色、花的颜色、豆荚的形态和颜色、花的位置以及茎的长度)，以及所使用的量化的分析方法。也准确报道了其中的部分结果，比如杂交种的返回亲本的倾向。但孟德尔的发现中的关键内容，即我们现在所知道的分离定律和自由组合定律的部分，这两则新闻都只字未提。当然，写这篇新闻的可能是记者，他们不能理解孟德尔的发现情有可原。但有些遗憾的是，就是在当场的科学家，也同样没有人理解孟德尔的发现。

新闻中提到的尼塞尔教授自1864年开始担任布尔诺自然学会的秘书，之后在这个位置上干了30多年。因为学会的主席是一个荣誉性的职位，副主席每年一换，多年担任秘书的尼塞尔实际上是学会的灵魂人物。尼塞尔1839年出生于意大利的维罗纳，21岁那年就获得了布尔诺技术学校的教授位置。他的研究领域涉及大地测量、天文学、气象学和植物学，在对真菌的研究方面也取得了不错的成绩。

因为都从事植物学的研究工作，孟德尔和尼塞尔在工作上有着较多的交流，他应该是学会中最了解孟德尔研究的人之一。尼塞尔在孟德尔报告后的补充，可以说是对豌豆杂交实验结果的相当正面的评价，但他的"进一步的观察支持了现有的假设"的说法，指的应该也是杂交种返回亲本的倾向这一假设，而不是其中的分离定律和自由组合定律。

换句话说，孟德尔的报告虽然讲得很有条理，推理也十分严密。但在场的听众，也就是布尔诺自然学会的会员，还是在孟德尔的一连串的数字和字符中迷失了。他们抓住了容易理解但不重要的部分，却对其中最关键的信息充耳不闻。

关于这两次报告的情况，孟德尔自己后来在给慕尼黑大学的植物学家卡尔·威廉·冯·内格里的通信里有如下描述：

"我试图启发同行开展一些对照实验，因此在当地自然科学家协会的会议上报告了豌豆的结果。正如可以预料的那样，我遇到了不同的意见；然而，据我所知，没有人试着去重复这些实验。"

从孟德尔的这段话里，我们可以了解到两点上述新闻报道里所没有提到的内容。第一，孟德尔作这个报告的目的，除了向学会成员展示结果外，同时也希望有当地的同行能在这个领域开展一些实验，从而去验证他的发现。第二，孟德尔作完报告后，有听众提出了一些不同的意见。但遗憾的是，没有人愿意去重复这个实验。假若有一个人愿意去付诸行动的话，那么孟德尔的发现就不用等到35年之后才被世人认同。

历史不容假设，当天到场的听众只有40人左右，其中做植物学研究的就更是屈指可数，所以没有人去验证孟德尔的结果也不是一件意外的事情。相比于布尔诺当地对孟德尔的不理解，整个科学界对孟德尔的忽视则更加令人失望。

1866年，布尔诺自然研究学会出版了协会1865年的论文集。在这一卷论文集里有孟德尔的两篇论文，一篇是他对摩拉维亚和西西里亚的1865年的气象观察的总结，另一篇就是《植物杂交实验》（见下图）。布尔诺自然研究学会虽然不大，但它和世界各地的100多个科学机构建立了良好的关系，相互交换各自的会刊，其中包括著名的维也纳皇家科学院这样的国家级机构，也有像布雷斯劳园艺学会这样的地方协会。

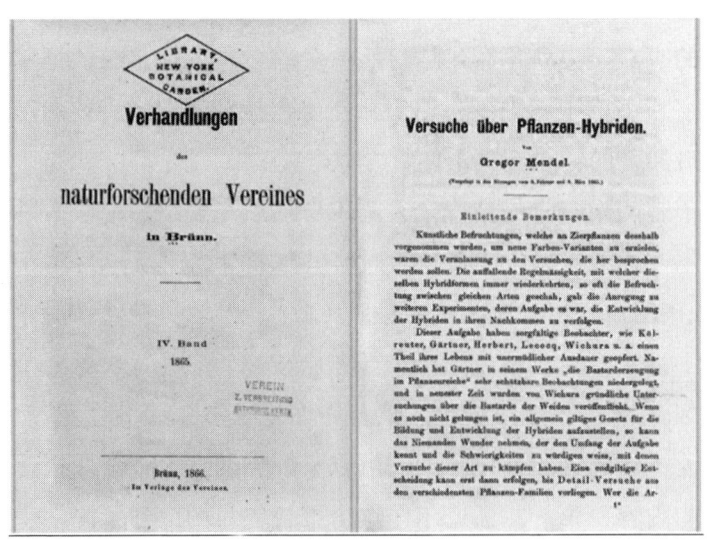

孟德尔豌豆研究的论文首页（来源：www.biodiversitylibrary.org）

遗憾的是，这100多份交流到各地的1866年的《布尔诺自然研究学会会刊》，并没有引起科学界对孟德尔研究的注意。一个证据就是，在接下来的30年里，孟德尔的论文被引用的次数屈指可数。

第一位引用了孟德尔的豌豆研究论文的科学家是来自德国吉森大学的植物学家赫尔曼·霍夫曼。在1869年出版的《确定物种和品种价值的研究对达尔文假说批评的贡献》一书中，他5次提及了孟德尔的豌豆研究论文。其中他谈到孟德尔对豌豆进行了6年的观察研究，并且从花卉生物学和杂交技术方面对孟德尔的论文进行了一些点评，同时也提到了杂交种的后代回归亲本的倾向这一现象。但遗憾的是，对于孟德尔用数学的方法对杂交种及其后的表型进行分析，以及孟德尔发现的遗传规律，霍夫曼没有做任何的提及。

第二位引用孟德尔豌豆研究论文的是来自瑞典乌普萨拉大学的植物学家布隆伯格。在1872年撰写的博士论文《关于显化植物物种中的杂交种的形成》里，布隆伯格这么写道：

"孟德尔做了这样的假设，当杂交种形成时来自两个亲本的性状都被传递给了它们，其中'显性'是那些在第一代中决定了杂交种外观的特征，而'隐性'则是在一开始的时候处于潜伏状态。"

虽然布隆伯格也没有提及孟德尔所用的数学方法以及所发现的遗传规律，但他却第一次正确地引用了孟德尔发明的"显性"和"隐性"两个关键的遗传学名词。

第三位引用孟德尔豌豆研究论文的是俄国年轻的植物学家斯玛豪森。1874年，25岁的斯玛豪森在圣彼得堡大学完成了他的博士学业。在他的博士论文《关于植物杂交：来自圣彼得堡的研究》里，斯玛豪森讨论了显性和隐性现象以及杂交种的性状分离比例。而且他还进一步强调了孟德尔数学分析方法的重要性：

"在我自己的论文即将印刷的时候，我有机会了解到了孟德尔的'植物杂交实验'。但是，我认为有必要给予这篇文章直接的关注，因为作者的方法和他展示工作成果的严谨性应该得到充分的关注以及进一步的发展。作者把数学层面的精确度和实验结合，目的是精确地检测杂交种受精后不同类型的数量以及这些类型个体之间的比例。"

现在看来，当时年轻的斯玛豪森是在1900年以前唯一部分读懂了孟德尔论文里关键内容的人，他不仅引用了孟德尔的研究，而且做了不错的解读。但有些可惜的是，这位年轻的植物学家的点评并没有在科学界得到关注。等到孟德尔在20世纪初被发现并名扬天下之后，才有人发现早在1874年这个俄国年轻人曾经相对恰当地评价过孟德尔的工作。不过遗憾的是，虽然斯玛豪森部分意识到了孟德尔的工作的重要性，但在将博士论文的工作用德语写成科学论文发表时，他自己又把那段对孟德尔的研究的评论给精简掉了。而且在他于1878年成了基辅大学的植物学教授之后，也并没有去验证孟德尔的发现，从而丢失了"孟德尔发现者"这一荣誉。

上面提到的三位科学家虽然较早地引用了孟德尔的豌豆研究，但这些论文要么只提及了孟德尔论文里不重要的部分，要么这些引用和评论没有得到同行关注。所以，这些引用对孟德尔的研究的传播几乎没有起到任何作用。

真正对孟德尔的论文的传播起到了作用的引用来自德国人维尔汉姆·奥尔伯斯·福克。福克是德国不来梅人，大学学医但后来也从事植物学研究，所以有着医生和植物学家的双重身份。1881年，福克发表了他的学术巨著《植物杂交》，这是一部在杂交研究领域集大成的作品，介绍了有关豌豆、菜豆以及山柳菊等实验常用植物的杂交进展情况。在这部著作里，福克一共提到了孟德尔18次，但对孟德尔的工作并没有做出合适的解读，以至于后来被不少人诟病。但无论如何，福克对孟德尔的引用还是起到了作用。在后来被认为是"孟德尔发现者"的三个人里，其中的两个就是通过福克的这本书才知道孟德尔的。

说到这里要插入一个涉及达尔文和孟德尔两人的传说：孟德尔把

自己的《植物杂交实验》的单行本也寄给了达尔文，但达尔文并没有对其进行阅读，从而错过了将孟德尔的发现融入进化论的机会。这个传说因为被美国人海尼格写入了孟德尔传记《花园里的修道士》而广为传播。和之前为孟德尔写传记的其他作者的学者身份不同，海尼格是一名科学作家，为了让孟德尔的传记显得更有吸引力，海尼格在传记中添加了一些戏剧性的元素，其中就包括了一些不实的内容。如果把其他学者为孟德尔写的传记比喻成《三国志》，那海尼格的版本就像《三国演义》。而有关达尔文错过孟德尔的故事就是这样的内容，因为没有任何证据表明孟德尔把论文寄给了达尔文，也没有任何证据表明达尔文通过其他途径得到过孟德尔的论文。这个虚构的传说的根源，可能还是和福克有关，因为达尔文拥有并读过福克的《植物杂交》一书，但该书中提到孟德尔的工作那几页，达尔文却没有去展开阅读。而后人在虚构故事的时候，可能就是在这一事实的基础上演绎出来的。

随着时间的流逝，学界对孟德尔的研究愈加淡忘。1890—1900年的这十年间，孟德尔的名字在美国植物学家利伯提·海德·贝利发表的论文里被提到过两次，但贝利提到孟德尔时所引用的还是福克的那本书，而不是孟德尔自己的论文。

所以，虽然布尔诺自然研究学会的会刊被交流到了100多个研究机构和学术团体，但大多数都在图书馆里蒙尘，几乎没有人关注。比较戏剧性的是，也是因为极少得到使用，这卷会刊在不少图书馆里都保存良好。等到20世纪孟德尔的价值被发现之后，这本1866年出版的会刊又成了各图书馆的珍藏。

布尔诺自然研究学会的主题包罗万象，会刊在交流后很可能不会直接到达植物学家的手里，可能有人会觉得这也是孟德尔的研究被同行忽视的原因。但这个理由看来也不成立，因为即便是孟德尔亲自寄给同行植物学家的论文单行本，同样也没有引起重视。

在孟德尔提交给布尔诺自然研究学会的论文手稿首页的左上角，有学会秘书尼塞尔标注的"40份抽印本"的字样。抽印本是将发表在刊物的论文单独抽出来编印成的小册子，也就是论文的单行本。孟德尔预订了40份抽印本的目的，是想亲自寄给他知道的这个领域的同行，以吸引他们对自己研究的关注。

1866年，奥地利和普鲁士之间爆发了战争，普鲁士军队占领了布尔诺，整个城市的生活受到了极大的影响。虽然自然学会的每个月的例会依然定期召开，但学会的会刊迟迟得不到出版。直到圣诞节过后，孟德尔才收到了他预订的那些抽印本，随后他立即把它们寄了出去。在寄出的每一封信里，都附上了他自己真诚又谦卑的文字。比如，他在1866年12月31日给德国慕尼黑大学植物学家内格里寄出的抽印本里，附带的书信就是这样开头的：

"尊敬的先生：

鉴于阁下在野生植物杂交种的检测和分类领域公认的卓越地位，我有责任也很乐意向您提交一些人工授粉实验的报告，以供您参考……"

至于孟德尔当时寄出了多少份抽印本，又把它们分别寄给了哪些同行？这已经无从考证。目前所知道的是，当年孟德尔预订的那些抽印本可能有13份依然存在，其中5份有着相对清晰的来源和去处。

其中的两份是在布尔诺当地发现的，现在都保存在当地的摩拉维亚博物馆。第3份曾经为荷兰阿姆斯特丹大学植物学家胡戈·德·弗里斯所持有，德·弗里斯得到的这份抽印本是来自荷兰生物学家拜耶林克的馈赠。拜耶林克曾经做过植物杂交的研究，后来更换了研究领域，于是将自己持有的这份抽印本送给了正在进行植物杂交实验的德·弗里斯。至于1851年才出生的拜耶林克是如何得到这份抽印本的，则是一个无法考证的问题。现在这份抽印本被保存在阿姆斯特丹的植物学研究所里。

剩下的两份可以肯定是由孟德尔亲自寄出的，而且有明确的收信人。

一份是寄给植物学家安东·约瑟夫·克纳，现在保存在瑞典的乌普萨拉大学。克纳当时是奥地利因斯布鲁克大学的教授，在植物的嫁接和杂交领域做出过优秀的工作。孟德尔当时寄给克纳的信虽然在后来丢失了，但根据在没有丢失前上面克纳所做的标记来看，克纳在1867年3月5日给孟德尔回了一封信。但颇为让人不解的是，当克纳在1898年去世后，他的秘书在他的办公室里发现了没有被裁开的孟德尔当年寄给他的论文，也就是说克纳没有阅读过孟德尔的论文。至于没有读过孟德尔的论文的克纳在回信时给孟德尔写了些什么，的确是一件令人好奇但却无从考证的事情。

另一份寄给的就是上面提到的德国慕尼黑大学的植物学家内格里，现在保存在德国蒂宾根的马克斯普朗克研究所。1817年在瑞士苏黎世出生的内格里只比孟德尔大5岁，当时两人在植物学界的地位却差距甚大。出身于医生家庭的内格里原本是在大学学医，后来换成了自己更加感兴趣的植物学，25岁那年在苏黎世大学获得了博士学位。内格里所取得的成就可以列出一个长长的清单：1842年，25岁的内格里在世界上首次准确地描述了细胞分裂；1846年，他最早将植物细胞壁与内部物质区分开来，并将后者命名为原生质；1849年，32岁的内格里就在德国慕尼黑大学获得了终身教授的职位；1857年，内格里首次描述了家蚕佩布林病的病原体——微孢子虫；另外，内格里对物种进化的原理也有深度的思考，提出了以内在驱动力为主的假设，并在1884年出版了关于生命进化理论的巨著《生命进化的机械生理学理论》。

年轻有为的内格里在当时的植物学界颇为瞩目，就连孟德尔在维也纳大学的老师昂格尔教授也是他的仰慕者。所以孟德尔在信中说内格里在野生植物杂交领域享有公认的卓越地位，这既没有夸大，也不是奉承。

和克纳不同，内格里仔细阅读了孟德尔的论文，并就植物杂交实验和孟德尔保持了长达8年的通信。1905年，内格里的学生、后来孟德尔发现者之一的卡尔·科伦斯将孟德尔写给内格里的10封书信整理并以《格雷戈尔·孟德尔写给卡尔·内格里的书信，1866—1873》为题发表。通过这些书信，我们可以了解到作为当时一流植物学家的内格里对孟德尔的豌豆杂交实验结果的看法。

孟德尔写给内格里的第一封信是在1866年的最后一天发出的，随信附有论文的抽印本。两个多月后的1867年的2月25日，内格里给孟德尔写了回信。孟德尔没有大学学位，也没有在大学工作过，而且还是业余时间进行研究。在发表《植物杂交实验》这篇论文之前，孟德尔没有发表过任何植物学的研究论文。所以，当时的他在植物学研究领域就是一个无名之辈，自己的论文能够得到一流的植物学家内格里的关注并给予亲笔回信，这让孟德尔欣喜不已。

尽管在孟德尔死后，修道院将和他有关的绝大部分文字材料都付之一炬。但内格里当年给孟德尔的回信里有极少部分却奇迹般地被保留了下来。比如，内格里给孟德尔的第一封信的最后一页就保留了下来，其中有他评价孟德尔豌豆杂交实验结果的文字：

"……在我看来，总的来说，用豌豆进行的实验还没有结束，而应该只是刚刚开始。近来所有实验者的错误在于，他们在毅力方面远远落后于之前的科勒鲁特和盖特纳。我很高兴看到您没有犯这个错误，您正在追随上面两位著名前辈的脚步。但您应该超越他们，在我看来，只有在一个研究对象的实验里穷尽了所有方向的情况下，杂交种的理论才能取得进展。到目前为止，我们还没有完整的一系列实验可以为最重要的结论提供不可辩驳的证据。如果您有库存的杂交种的种子，您自己又不用来播种的话，我很乐意在我们的花园里培养它们，看看在其他条件下稳定性的变化。因此，我希望收到A，a（Aa的后代），AB，ab，Ab，aB（AaBb的后代）。如果您同意，我想请您尽快把种子寄给我，并提供种子来源的准确细节。当然，我把选择权留给你，需要说明的是我没有太多的时间和空间可以支配……"

从这段文字来看，内格里不仅仔细地阅读了孟德尔的论文，也给了孟德尔一些鼓励。更让人意外的是，内格里居然主动向孟德尔要了一些豌豆种子，想去部分重复孟德尔的实验。在收到内格里的回信之后，孟德尔在4月18日写下一封长达近四千字的回信。从这封信的开头部分来看，内格里在上次回信的同时还寄给了孟德尔几篇植物杂交领域的相关论文和书籍。面对领域里一流专家的支持和鼓励，孟德尔自然是感激不尽。

从孟德尔的回信里，还可以推断出一些内格里的回信中缺失部分的信息，即内格里对孟德尔的豌豆实验的结果提出了两点主要的质疑：第一，如果交杂种 Aa 产生植株 A，而该植株 A 又只产生 A，则是否可以得出已经获得类型的稳定性的结论？第二，数字表达式被视为只是经验性的，因为它们不能被证明是合理的。

对于内格里对他的豌豆工作提出的质疑，孟德尔首先表示了理解，然后对这两个问题做了具体的回应。对于第一个关于稳定性的问题，孟德尔做了长篇的回复，其中内容主要包括两点。第一，孟德尔认为，作为一名实验型工作者，他必须将类型的稳定型定义为在实验观察期间保持一个性状。他关于一些杂交种后代中纯种繁殖的陈述仅包括所观察的那些世代，并不涵盖这之外的情况。第二，实验范围之外的世代，他无法对类型的稳定性做出准确的判定，但是他倾向于认为，在豌豆的杂交后代中，亲本性状的分离是完全的，因此也会是永久性的。

对于第二个关于数字表达式的问题，孟德尔的回答则简要得多。只有下面一段话：

"我对单个性状的实验都得出了同样的结果：从杂交种的种子所培育出的植株中，有一半带有杂合特性（Aa），而另一半则以同样的数量接受亲本特性A和a。因此，平均而言，在四株植物中，两株具有杂合特性Aa，一株具有亲本特性A，另一株具有亲本特性a。因此，2Aa＋A＋a 或 A＋2Aa＋a 就是一对可区分性状的杂交实验的简单发展系列。同样，以实证的方式表明，如果两对或三对可区分性状在杂交中结合起来，其发展系列是两个或三个简单系列的组合。到这一步为止，我不认为我会被指责离开了实证范畴。"

从现在的眼光来看，孟德尔的回复算得上是合情合理，在权威内格里面面前表现得有理有节。内格里对孟德尔的回复的反应不得而知，因为他没有就这一问题再发表看法。不过从内格里提出的这两点质疑来看，他也同样没有理解孟德尔论文中最为关键的内容，因为他既纠结于性状在杂交种中的稳定性，也轻率地否定了孟德尔的数学分析方法。

内格里没有读懂孟德尔论文的另外一个证据，则体现在他向孟德尔要的杂交种的类型上。内格里能够有兴趣去亲自动手验证孟德尔这个无名小辈的发现，这本身是一件很难得的事情。但作为领域里的权威，他应该挑出其中最为关键的实验去重复才对。但内格里没有做到这一点，因为他要的种子是"A，a（Aa杂交种的后代），AB，ab，Ab，aB（AaBb杂交种的后代）"。从其中代表性状的字母符号可以看出来，他要的都是杂交种中的稳定类型，包括单对性状和两对性状的杂交种。也就是说，内格里想做的实验，目的还是想验证杂交种中的稳定性状是否在后续世代中能一直保持稳定，也就是想验证他对孟德尔的第一个质疑。

关于内格里想要的种子，孟德尔是这样回复的：

"我非常遗憾不能给阁下寄去您想要的豌豆品种。正如我在上面提到的，这些实验一直进行到1863年（包括1863年）。当时，为了获得种植其他实验植物的空间和时间，这些豌豆实验被终止了。因此，这些实验的豌豆种子已经无法获得。只有一个关于开花时间差异的实验还得以继续进行，这个实验的种子可以从1864年的收获中得到。这些是我收集的最后一批豌豆种子，因为豌豆象鼻虫带来的破坏，我不得不在第二年放弃这个实验。在实验的最初几年，这种昆虫在植物上很少被发现，1864年它造成了相当大的损害，并在第二年夏天大量出现，几乎只有四分之一或五分之一的种子得以幸免。在过去的几年里，布尔诺附近停止了豌豆的种植。"

从上面的文字里可以看到，内格里想要的那几个类型的豌豆杂交种的种子没有了，所以孟德尔无法提供。但孟德尔还是给内格里寄过去了一些杂交种的种子，虽然不完全是内格里想要的类型。他在信中还做了以下说明：

"之前（注：指1864年最后一个豌豆实验）剩下的种子仍然有用，其中有一些我预计是稳定的品种；它们来自杂交种，其中有两对、三对和四对可区分性状的组合。所有的种子都来自杂交种的第一代，即从原始杂交种的种子中直接培育出来的植株。要是完全按我自己的意愿来说，我对遵从阁下的要求将这些种子寄去做实验还是有所顾虑的。我担心这些种子的活力会有部分丧失。此外，这些种子是在豌豆象鼻虫已经很猖獗的时候获得的，我不能排除这种甲虫可能会转移花粉而导致污染发生的可能。另外，我必须再次提到，这些实验植物是为了研究开花时间的差异。在收获时虽然也考虑到了其他的差异，但不像主要实验中那样小心。我在包装编号上添加的另一张纸上写上了说明，这是我在收获时用铅笔在信封上为每株植物所做的副本。显性性状被指定为A、B、C、D、E、F、G，隐性性状被指定为a、b、c、d、e、f、g，这些性状在下一代中应该保持不变。因此，从那些只具有隐性特征的植物的种子中，预期会出现相同的植株（就所研究的性状而言）。"

V. Abkömmlinge der Hybriden: bcDg + BCdG

B. Albumen gelb   b. A. grün
C. Samenschale braun   c. S. weiß
D. Hülse gewölbt   d. H. eingeschnürt
G. Achse lang   g. A. kurz

923   Bb c D G
924   b C d G
925   Bb c D g
926   B c D G
930   Bb c D G
932   B c D G
933   B C d G
946   Bb c D G
961   B c D g
968   Bb C d g
976   Bb c d g   ein grünen constant?
978   Bb C D g
979   B C D g
985   B C d G
986   Bb C d G
993   B C D G
997   Bb C D G
1002   b c D g
1003   B C D g
1005   b C D g
1010   b C D G
1012   B C D G
1017   Bb C D g
1020   Bb c D g

孟德尔给内格里提供的豌豆杂交种子时附带的信息（来源：Weiling F. 1991.）

　　也就是说，孟德尔对自己手里有的种子其实不太满意，但考虑到实验被重复和验证的重要性，他还是把这些种子寄给了内格里。另外，孟德尔也委婉地希望内格里不仅去证明杂交种中不变性状的稳定性，同时也去验证其中可变性状的传递情况。

但遗憾的是，孟德尔的这封几千字的长信没有得到内格里的回复。从后来两人的进一步通信情况来看，内格里也没有用孟德尔寄过去的豌豆种子开展任何实验。一个可能的解释是，孟德尔没有寄给他想要的豌豆种子，而他也没有时间和兴趣去做孟德尔所推荐的实验。作为一个山柳菊研究的专家，他更想看看孟德尔当时正在进行山柳菊的杂交实验的结果，因为如果在豌豆中发现的遗传规律正确的话，那么它也应该在其他植物种适用，包括当时植物研究领域的热门物种山柳菊。

那么，孟德尔将会在山柳菊中验证他的发现吗？

第 8 章　异花让我愁

在继续讲述孟德尔的植物杂交，尤其是山柳菊的杂交工作之前，这里先要澄清一个长期以来的误解，即孟德尔开展山柳菊杂交工作是内格里建议或要求的结果。这是不符合事实的，孟德尔早在和内格里取得联系之前就开始了山柳菊的杂交工作，这一点在他写给内格里的第一封信中写得很明白：

"我选择了山柳菊、蓟和路边青三个属的植物开展进一步的实验。在前两种植物中，由于花小而且结构特殊，人工授粉非常困难和不可靠。"

说到这里需要对山柳菊这种特殊的植物物种做一些简单的介绍。山柳菊在植物分类上属于菊科、山柳菊属，广泛分布于整个北半球。山柳菊最为明显和独特的地方是它的花色的多样性，拥有从黄色到红色的各种过渡类型（见下图）。

在19世纪达尔文的进化论提出后，物种之间的过渡类型成了研究热点，因为它们被认为是物种的进化的关键证据。而花色丰富而且稳定的山柳菊，则被认为是拥有多种过渡类型的属种，而受到众多植物学家的偏爱。上一章里提到的几位知名植物学家，包括福克、克纳和内格里，都无一例外地从事过山柳菊的研究。当孟德尔想用一些性状丰富的植物去验证豌豆中的发现的时候，第一个想到的也是山柳菊。

　　　　　　　　　　　　　　　　　　　　孟德尔传：被忽视的巨人

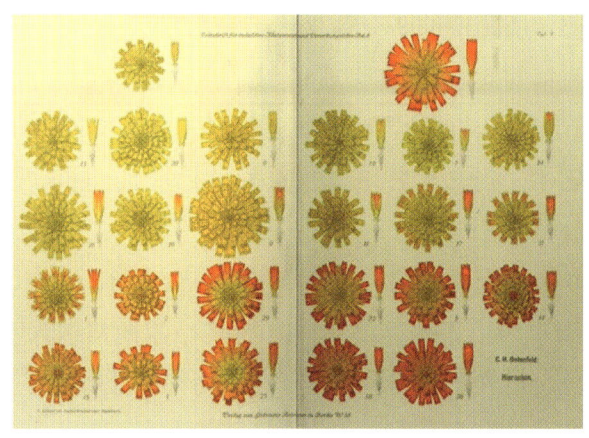

山柳菊的花（来源：Ostenfeld, CH. 1910.）

　　虽然山柳菊在花色上十分丰富，吸引了大量的植物学家的关注，但对它进行人工授粉却很不容易，因为它的花极小。我们看到的一朵完全开放的山柳菊的花朵的直径大约2厘米，但它实际上是一个花序，由几十甚至上百朵小花组成。所以要对山柳菊进行人工授粉，不仅需要有耐心，更需要一双巧手和很好的视力。

　　尽管孟德尔在之前的豌豆和菜豆的研究中积累了大量的人工授粉经验，但他对山柳菊的第一次人工授粉看上去并不成功。在同一封信中，孟德尔给内格里描述了这三种植物杂交的初步结果，对于其中的山柳菊，他是这么写的：

　　"在上一个夏天，我试图将山柳菊属的 *H. Pilosella* 与 *H.pratense*、*H.praealtum* 以及 *H. auricula* 进行杂交，还将 *H. murorum* 与 *H. umbellatum* 以及 *H. pratense* 进行杂交，而且我的确获得了有活力的种子。然而，尽管采取了力所能及的预防措施，还是发生了自花受精。从幼苗的外观来看，它们不太可能是所预期的杂交株。"

　　也就是说，孟德尔第一次的山柳菊杂交实验做了五组不同的杂交，通过人工授粉也获得了一些种子。但这些种子培育出来的幼苗看上去并不是孟德尔所预期的杂交种，更像用来杂交的母本。

在这封信的最后，孟德尔还真诚地向内格里求助：

"……恐怕在我的实验过程中，特别是在山柳菊的研究方面，我会遇到许多困难，因此我满怀信心地向阁下求助，请求您在我需要您的建议时不要拒绝……"

孟德尔主动用其他物种来开展实验，希望验证他在豌豆种的发现，这一点得到了内格里的高度认同。尤其是孟德尔纳入实验的山柳菊，更是内格里自己钟爱的物种，他对这个物种已经研究了多年，而且也做了一些山柳菊杂交方面的工作。在给孟德尔的回信中，他这样写道：

"……您将其他植物纳入你的实验的想法非常好，我相信您通过进一步的不同表型研究会获得很不一样的结果（关于遗传特征的）。如果您在山柳菊的杂交方面能取得成功，那将是特别理想的结果，因为山柳菊很快就会成为在过渡类型方面最有名的属种。我特别推荐包括 *H. Pilosella*、*H. Auricula*、*H. praealtum*、*H. pratense*、*H. aurantiacum*、*H. cymosum* 的这一组，以及包括 *H. murorum*、*H. vulgatum*、*H. glaucum*、*H. alpinum*、*H. amplexicaule*、*H. prenanthoides*、*H. tridentatum* 的另外一组山柳菊品种用于实验。但不要试图将第一组的植物与第二组的植物结合起来杂交，这会是一种徒劳。不幸的是，对山柳菊来说人工授粉几乎是不可行的。如果您有那些花粉发育不良的植株（有时会发生），或者通过人工制造的花粉发育不良的植株，这会是比较理想的情况。蓟属植物的杂交和山柳菊也差不多。我想向您询问你所在地区的山柳菊品种的情况。但既然如您所说，您很少出远门，我就不打扰了。

致以最崇高的敬意

真诚的，

内格里

慕尼黑，1867 年 2 月 25 日"

从内格里的回信来看，他不仅肯定了孟德尔用山柳菊和蓟属等植物开展进一步的实验的想法，也坦诚地分享了他自己在山柳菊杂交上的一些心得，包括哪些品种的山柳菊之间可以杂交，哪些不能杂交。对于孟德尔提到的山柳菊杂交不成功的问题，内格里提到自己也遇到了同样的麻烦，并给出了一些解决的办法：采用花粉发育不良（自然发生和人工干预都行）的母系亲本来进行人工授粉。从内格里给出的解决办法来看，他和孟德尔在这一问题上的看法一致，都认为山柳菊杂交的不成功是因为它容易自花受精，所以采用没有合格的花粉的母系亲本将能够帮助解决这一问题。两人想法的一致，让未来的合作有了基础。内格里提出希望了解一些关于孟德尔所在地的山柳菊资源的信息，更让进一步的合作成了可能。

1867年的4月18日，孟德尔给内格里写了一封近四千字的回信，除了回应内格里对豌豆实验结果的质疑外，他还向内格里汇报了一些最新的工作进展。他不仅描述了山柳菊、蓟和路边青属的杂交情况，还提到了同时在进行杂交实验的其他物种，包括柳穿鱼、旱金莲、玉米、婆婆纳、堇菜、委陵菜和苔草等属的植物。豌豆实验的结果给了他动力，在不同的植物中验证豌豆中的发现，成了这一阶段的目标。

因为内格里在信中提到希望了解当地的山柳菊资源情况，虽然他同时也礼貌地说不愿烦扰很少出门的孟德尔，孟德尔在回信中还是积极地提供了布尔诺当地的山柳菊的信息：

"总的来说，这个地区的山柳菊资源贫乏，可能是因为还没有被充分搜寻的缘故。在接下来的夏天，我希望有时间去从布尔诺向东延伸几英里到匈牙利边境的那片有沙质褐色土壤的乡间漫游。在这个地区还有其他几种罕见的植物。就山柳菊而言，摩拉维亚高原也可能还是一个陌生的土地。如果我在明年夏天发现任何值得注意的东西，我将马上把它寄给您。"

因为写信的时候依然是4月，山柳菊杂交的实验并没有什么进展。可能是因为这个原因，内格里并没有对这封信进行回复。等到夏季过去，又一年的杂交结果出来之后，孟德尔在当年的11月16日给内格里写了第三封信。

在信的开头部分，孟德尔首先说明了为什么在夏天的时候没有去野外实地考察的原因：

"不幸的是，我在自然环境中研究当地的山柳菊的项目只在非常有限的范围内开展了。这主要归咎于时间不足，而且我的身体不再适合进行植物学的实地研究，因为上天赐予了我过多的体重，这在长期的徒步旅行中很容易觉察到，而且由于万有引力定律的作用，在爬山时尤其明显。如果不可能像我原本希望的那样给您寄去野生的山柳菊，请允许我提交给您一些我在花园里收获的样本。"

就像他在课堂上一样，孟德尔在给内格里的信中也适时地展现出了他幽默的一面，把肥胖和万有引力联系起来。说到这里让人难免想起孟德尔年轻时的一件轶事：他在兹奈姆文理中学担任中学代课教师期间，一次布尔诺的主教到学校视察，他暗地里嘲讽主教"体重大于智慧"，结果这句话后来传到了主教那里。孟德尔当时应该没有想到，自己的体重在中年时也慢慢成了一个问题。不过对孟德尔来说，体重无论如何都不会大于智慧。

接下来孟德尔进一步描述了山柳菊杂交实验的进展情况。他首先提到了之前开展的一个杂交实验里所获得的一个真正的杂交种的进一步发展情况，这个杂交种自花受精结果后得到了28粒种子，但由这些种子所培育出的幼苗看上去几乎没有变化。因为在豌豆中，杂交种自花受精所得到的后代总是有变化，显性和隐性性状以3：1的比例出现。所以，山柳菊杂交种的自花受精的后代间没有变化，这一结果和豌豆中的发现不一致，也是让孟德尔有些不解的地方。

孟德尔也提到了抑制母系亲本花粉发育和到达花柱上（就像内格里之前建议的那样）的人工授粉方案的效果。在这个实验里，他剪掉了一个年轻的、未完全发育的母本山柳菊品种头状花序的一半以上的总苞片，只留下上面的10~12个小花蕾，然后用细针将小花蕾割开，让花柱完全暴露出来。之后，立即用父本山柳菊的花粉进行授粉。在进行这样的处理后，孟德尔得到了四颗发育良好的种子，在春天播种后发现，其中三个植株完全像它们的母本，而第四株则很不相同，展现出了真正杂交种的表型。所以孟德尔认为，通过这种处理，从收获的种子中得到了一个真正的杂交种。

虽然通过这次杂交只收获了一粒真正的杂交种，但这粒种子顺利发芽、生长健康，并且开花期间表现良好。这让孟德尔对来年这个杂交种的自花受精的后代的情况又充满期待，就像在信中末尾写的那样：

"我迫不及待地等待着即将到来的夏天，因为有几个可育的杂交种将首次在花中展示它们的后代。我已经注意它们可能会大量出现，只希望它们会回报我的期待，并提供许多关于它们生活史的信息。"

内格里对孟德尔的这封信也没有回复，可能是结果还未确定，他也不便发表评论。几个月后的1868年2月9日，孟德尔给内格里写了第四封信。因为还是冬天，和前一年秋天相比没有任何的实验进展可以交流。写这封信的目的，是想请内格里帮忙获得一些用来做杂交实验的山柳菊品种。布尔诺当地的山柳菊资源贫乏，可以用来杂交的品种有限，他希望得到更多的品种。这封信很短，全文如下：

"尊敬的先生：

在过去的两年里，我在山柳菊的人工授粉方面已经积累了一些经验，我打算对这个属的植物进行一些系统性的实验，这些实验将集中到主要山柳菊品种之间的杂交上。我拥有 *Piloselloids* 亚属的典型物种，除了极少数的例外，但我缺少几乎所有 *Archieracia* 亚属的物种。我想购买这些缺少的实验材料，但去哪里买是我无法回答的问题。在这种困境中，我鼓起勇气向阁下求助，希望能得到所需的信息。

我想要的物种是 *H. cymosum (genuinum)*、*H. alpinum*、*H.amplexicaule*、*H. glanduliferum*、*H.piliferum*、*H. villosum*、*H. glaucum*、*H. porrifolium*、*H.*

humile、*H. tridentatum*、*H. praenanthoides* 以及 *H. albidum*。

H. glaciale、*H. alpicola* 和 *H. staticifolium* 这三个种也会很受欢迎。我非常希望收到上述物种的种子、植株，或者二者都有。如果现在能播种，还期望这些植物能在今年夏天开花。在重复我的请求时，我很高兴地补充一点，如果实验成功的话，我将把干的或活的杂交种标本寄给您。

格雷戈尔·孟德尔

老布尔诺圣托马斯修道院

布尔诺，1868 年 2 月 9 日"

孟德尔的信写得一如既往的礼貌，没有直接求内格里提供样本，而是请他指点到哪里才能购买到这些品种。而且他还提前承诺，要是实验成功的话，他会把杂交种的标本寄给同样也在做杂交实验的内格里。这封信还给出了一个重要的信息，就是孟德尔计划把更多的资源，包括实验时间和空间投入到山柳菊杂交的实验中。这也意味着，他要相应地减少其他植物的杂交实验。5 月初的时候，内格里终于第二次给孟德尔回了信，并随信寄来了一些山柳菊的种子，并且还承诺将会再寄一些活的山柳菊品种来。

在等待内格里回信的这段时间里，孟德尔个人的职业生涯发生了一个非常重要的变化：46 岁的他被提拔到修道院的院长和教长的位置。孟德尔收到内格里的种子后，立即在 5 月 4 日写了一封感谢信，其中除了表示感谢外，也提到了这件大事：

"最近，我的生活发生了一个完全出乎意料的转变。3 月 30 日，我这个等闲之辈被所属的修道院的管理机构选举为终身负责人。原本在一个非常谦卑的实验物理教师的位置上的我，发现自己进入了一个非常陌生的领域，我需要一些时间和努力才能在其中感到自如。这并不妨碍我继续开展我所喜爱的植物杂交实验，一旦在我熟悉了我的新职位之后，我甚至希望能将更多的时间和注意力投入到这些实验中。"

因为写信的时间是5月，新一年的杂交种幼苗已经又长了出来，孟德尔对这些山柳菊进一步的发育情况充满了期待，并在信中表达了出来。值得注意的是，在这封信的末尾签名的地方，孟德尔第一次也是唯一一次用了"圣托马斯修道院院长和教长"这个自称。自从当选为院长后，孟德尔就不再在市立实科中学当代课教师。和处于大学教授位置的内格里相比，之前只是修道士和中学代课教师的孟德尔地位明显低下，但在当上修道院院长之后，两人的社会地位已经几乎相等。

不知道是否是因为这种关系的变化，还是因为活的山柳菊品种的样本已经准备到位，几天后内格里就给孟德尔回复了一封长信，信中自然少不了祝贺之词，更重要的是寄来了至少19种不同品种的山柳菊幼苗。这种微妙的关系变化也体现在了孟德尔给内格里的回信上。在5月12日收到内格里寄来的信和山柳菊样本的当天，孟德尔要外出开始一个漫长的巡视，他匆匆地给园丁指示，让他将每种山柳菊都用盆栽一个样本，剩余的种在花园里。直到6月12日，孟德尔才有时间给内格里回了信。在信的开头，孟德尔也修改了对内格里的称呼，把"尊敬的先生"改成了"尊敬的朋友"。

除了向内格里寄来的活的山柳菊表示感谢，孟德尔还告诉内格里，5月初寄来的山柳菊种子已经部分发芽，而5月中旬收到的山柳菊活的幼苗则遇到了一些问题，盆栽的植株有些因为浇水过多而死亡，不过露天栽培的生长良好。

接下来孟德尔报告了一些有关山柳菊杂交的进展，这也是关键的内容，总结起来主要是两点。

第一，去年获得的一个杂交种自花受精后产生的112个植株已经在开花，但所有的植株看上去都差不多，之间没有变化。这一结果和上一年的结果一样，杂交种自花受精的后代没有变化，长得都像杂交种本身。

第二，从去年的人工授粉中，又获得了五个不同杂交的杂交种。

它们播种后在今年生长良好，目前正在开花或即将开花。无疑这又是新的希望，来年这五个杂交种自花受精的后代将提供关键的实验信息。

和之前的信同时都谈及了其他物种的杂交情况不同，在这封信里孟德尔只提到了山柳菊杂交的结果。在信的末尾，孟德尔也对杂交种在来年的发展情况充满期待，并向内格里承诺将寄给他所有的杂交种：

"明年春天，我最关心的是将所有杂交种及其各自的亲本以活的标本的形式寄给您。您在未来支持和增加我的实验植物群的善意提议，唤起了我最热烈的感激之情，同时也激励我尽可能充分地利用您所提供的材料。"

虽然实验在最初的3年并不如意，但孟德尔在内格里的支持下信心满满，开展了大规模的山柳菊实验，以期获得一个令人信服的结果。那么，1868年收获的五个不同的杂交种，它们自花授粉的后代在接下来的1869年的发展情况又是怎么样的呢？

这一点在1869年4月孟德尔给内格里的第七封信里没有提及，因为它们还没有生长好。孟德尔写这封信的主要目的是给内格里寄去上一年承诺的各种杂交种的样本，包括山柳菊、蓟和路边青。内格里也回了信，同时又给孟德尔寄来了一些山柳菊的活体样本。两人的交流越来越多，但实验却没有因此而有所突破。在这一年的6月布尔诺自然研究学会的例会上，孟德尔报告了他开展了几年的山柳菊实验的结果。这个报告也被收入在学会1869年的文集里，并在随后的1870年发表，不过这一次孟德尔没有预订论文的抽印本。

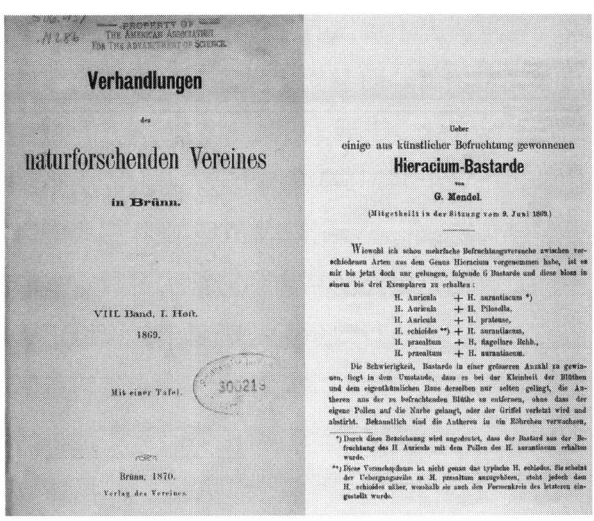

山柳菊杂交论文（来源：www.biodiversitylibrary.org）

根据这篇论文，孟德尔在山柳菊杂交中的发现总结起来大致有如下四点：

1.山柳菊的杂交受母系亲本的自花受精的影响很大，很难获得真正的杂交种。在已经开展的诸多山柳菊的杂交组合里，只有6组杂交里获得了真正的杂交种，而且每组也只有1~3个样本。

2.和豌豆杂交中第一代杂交种的表型完全一致不同，山柳菊的第一代杂交种差异很大。如果将这些杂交种的性状与两个亲本的相应性状相比较，会发现其中一些代表了两个亲本的中间形态；而另一些则非常接近其中一个亲本的特征。

3.这些杂交种自花受精的后代没有变异，在表型上和杂交种保持一致。这一点再次和豌豆中的结果不同，因为豌豆的杂交种自花受精的后代存在变异，显性和隐性的表型以3：1的比例出现。

4.亲本的花粉不能阻止杂交株的自花授粉。这又一次和豌豆不同，豌豆的杂交后代可以接受亲本的花粉受精。

总的来说，这项研究不仅没有在山柳菊上确认豌豆中的发现，二者的结果还几乎完全相反。而且就像孟德尔自己说的那样，这项工作与开始时相比几乎没有什么进展，只是一个处于初始阶段的实验结果。

至于为什么要把这个并不成功的初步结果发表出来，而不是像他在豌豆实验里那样去"十年磨一剑"，孟德尔在作报告的时候给出的理由是因为他不确定自己是否还有精力和时间去进行更多的实验。作为当时的修道院的院长，他的行政事务越来越多，可以用于开展实验的时间相应变少。其实还有一个理由孟德尔在作报告的时候没有提，就是那年的5月发生了一起实验事故：山柳菊的花非常小，这让在自然光线下进行人工授粉有些困难，于是他借助了一个凸透镜的帮助，并没有考虑这会有什么危害。因为那年的山柳菊实验很多，最后孟德尔发现自己的眼睛出现了异常的疲劳，还伴随着视力的剧烈下降，以至于在接下来的6个月都无法从事山柳菊的杂交工作。好在经过6个月的休息后，他的视力又慢慢恢复了过来。

这一点信息是孟德尔在1870年夏天写给内格里的第八封信中提及的，这封信也很长，记录了一些论文中没有来得及收录的结果，但所发现的基本上还是和之前一样，没有什么新的进展。但这封信中有一段很少引起人注意但却非常重要的文字：

"在前几年的实验中，涉及紫罗兰属、玉米属和紫茉莉属的实验去年已经结束。它们的杂交种的表现与豌豆的杂交种完全一样……"

也就是说，孟德尔在1866年发表《植物杂交实验》论文发表之后，他又成功地在紫罗兰、玉米和紫茉莉等属的植物中确认了他之前在豌豆和菜豆中的发现。

但令人遗憾的是，内格里对信中的这段文字视而不见，依然固执地聚焦在山柳菊上。和几年前两人刚开始通信的时候不同，内格里这时对两人的合作变得越来越积极，甚至会主动来信询问实验的进展。但孟德尔对山柳菊的杂交的兴趣却越来越小，因为即使增加了更多的实验样本，所得到的结果依然和之前一样：与豌豆以及其他物种截然不同，这让他渐渐相信山柳菊可能是一个例外，虽然他不知道其中的缘由。

写到这里需要插入一个故事，这是一项孟德尔从未发表过但却很有趣的一项研究。就在恢复视力的 6 个月的时间里，孟德尔停下了所有的实验，只有一个例外，因为他认为这个实验重要得无法推迟。这一重要的实验有一个背景，当时法国植物学家诺丁和英国生物学家达尔文提出过一个观点，即一个花粉粒不足以使胚珠受精。其中诺丁还为这个观点提供了一定的实验证据，他用紫茉莉进行的实验表明胚珠受精需要至少三粒花粉。

因为多年从事植物杂交的工作，并且对植物的花粉的内在属性有着较深的理解，孟德尔对这一观点产生了怀疑。于是在 1869 年夏天，也就是他的视力严重下降的时候，孟德尔也用紫茉莉作为实验植物去做了一次实验。他先分离出单一的紫茉莉花粉，然后用它们去让胚珠受精。在这样的单一花粉粒受精实验中，孟德尔获得了 18 颗发育良好的紫茉莉种子，而且这些种子也都顺利发芽长成了植株，和那些自然授粉所得到的紫茉莉植株在生长力上没有什么显著的分别。一年后，孟德尔谨慎地重复了这个实验，获得了同样的结果。所以，这两次的实验表明：单粒花粉足以让植物的胚珠受精。

在证明了单粒花粉足以让胚珠受精后，孟德尔还利用紫茉莉开展了进一步的实验，目的是探讨两个花粉粒是否可以同时参与一个卵细胞的受精。为了检测这一点，孟德尔做了一个非常巧妙的实验设计。他先选出三个分别有着稳定的深红色、黄色和白色花朵的紫茉莉品种；接着确认深红色 × 黄色以及深红色 × 白色这两个杂交组合所产生的杂交种在其颜色性状稳定而且相互不同；再用深红色品种的紫茉莉以这样一种方式进行了人工授粉，即在每个柱头上同时放置两粒花粉：一个来自黄色紫茉莉，一个来自白色紫茉莉。由于深红色 × 黄色

和深红色 × 白色杂交种的花色是已知的，所以通过观察这样的杂交种的花色就可以达到实验的目的。如果在已知的两种杂交种颜色之外出现了第三种颜色，那么就证明红色紫茉莉同时接受了两粒花粉的受精。后来实验的结果表明，这样的杂交并没有导致第三种颜色的产生。也就是说，两粒花粉不能同时让一个胚珠受精。

通过这两个实验，孟德尔实际上证明了这么一个规律：有且只有一粒花粉让一个植物卵细胞受精。虽然现在这一观点已经成为常识，但孟德尔是第一个用实验证明这一点的人。只是他没有把这一结果发表出来，仅仅在给内格里写信的时候顺便提及。虽然结果没有正式发表，但这个实验同样表明了孟德尔严谨的科学态度，还体现了他强大的设计实验的能力，这一点尤其表现在他如何去证明两粒花粉是否可以同时参与一个卵细胞受精的实验里。

回头继续说山柳菊，孟德尔写给内格里的最后一封信是在1873年11月，这时他已经终止了山柳菊的杂交实验，把自己手头上还有的一些山柳菊样本都随信寄给了内格里。在这之后，内格里在1874年曾经两次写信给孟德尔，但都没有收到回复。两人长达8年的通信，到此画上了一个句号。

因为豌豆中的发现已经在多个物种中得到了重复，这让孟德尔坚信自己是对的，也相信有一天人们会认同这一点。至于山柳菊杂交实验中遇到的种种问题：为什么难以获得杂交种？为什么杂交种的表型不一致？为什么杂交种自花受精的后代又没有变异？则一直困扰着孟德尔。

1910年，丹麦植物学家奥斯滕菲尔德重复了孟德尔的山柳菊杂交实验，终于解开了这些谜团。原来，山柳菊以无性生殖(孤雌生殖)为主。也就是说，在绝大多数情况下，山柳菊的后代是由亲本的卵细胞(注：没有经过减数分裂，拥有整套染色体)直接发育而成，只有极少数情况下需要卵细胞和花粉的结合来繁殖后代。所以，对山柳菊进行人工授粉的时候后，外来的花粉很难和卵细胞结合，这让获得杂交种变得极为艰难；正因为是以孤雌生殖为主，有着稳定性状的山柳菊品种不一定是纯种，而不是纯种的两个品种杂交所得到的杂交种就不会在表型上一致；至于杂交种自花受精的第一代在表型上没有变化，是因为这不是真正的自花受精，而是孤雌生殖。

在答案揭晓之后，我们再回头看孟德尔所发表的山柳菊杂交论文的最后一段时，就会发现其实孟德尔当时曾经做过一个大胆的猜测，而且有点靠近正确答案：

"根据维丘拉的观点，柳属植物的杂交种像纯种一样繁殖，没有变化。在山柳菊属中，我们也遇到了类似的情况。根据这些情况，我们是否可以大胆地做一个猜测：柳属和山柳菊属的多样性与它们的杂交种的独特的行为有关。这个猜测目前还是一个疑问，有待去解答。"

只是鉴于当时科学界对孤雌生殖没有任何概念，就是内格里这样研究了山柳菊一辈子的专家都没有察觉，孟德尔自然也无能为力。山柳菊杂交的实验到此也就结束了，从此不会再有人去触及，但内格里和孟德尔之间长达8年的交往，却成了科学史上一段令人唏嘘的往事。

第9章　学者抗苛政

自从1870年后，孟德尔对山柳菊的兴趣越来越小，但对另一个物种的研究却越来越多，这个物种就是蜜蜂。

除了以植物学家闻名于世外，孟德尔还是一名昆虫学家，虽然他在该领域只在1853年和1854年发表了两篇不重要的论文，其中的主题分别是两种农业害虫。当时年轻的孟德尔之所以研究它们，主要是出于农业经济上的考量，为了防止它们给当地的农业所带来的损害。因为这两篇论文都出自他的青年时代，也是个人科研生涯的起步阶段，论文不仅内容单薄，而且还因为其中存在一些错误的描述，受到了包括他的老师科勒等学者的善意批评。

在1854年以后，孟德尔将全部的精力投入到了植物杂交的实验里，利用十几种不同属的植物开展了长达十几年的系列实验。到1871年左右，绝大部分实验已经尘埃落定，结果也基本明了：包括豌豆在内的多个物种都符合孟德尔所发现的遗传规律，但包括山柳菊在内的极少数物种却不能。

也是从这个时候开始，孟德尔再次转向了昆虫研究，具体说是关于蜜蜂的研究。作为奥匈帝国摩拉维亚省的首府，布尔诺有着较为发达的动植物育种产业，其中就包括蜜蜂养殖，还专门成立了蜜蜂养殖协会。孟德尔对蜜蜂的研究，应该是从1871年开始的，因为这一年修道院建了一座蜂房，还有蜜蜂过冬用的地下室。孟德尔研究蜜蜂的主要目的是提高布尔诺当地的蜂蜜的产量和质量。而他主要采用的策略是通过对不同品种的蜜蜂进行杂交，期望获得优良的品种。

为了更好地让蜜蜂进行杂交，孟德尔不仅采用了来自埃及、意大利、塞浦路斯蜜蜂品种，而且发明了一些独特的方法和设备。遗憾的是，尽管他在其中投入了不少的精力，孟德尔在蜜蜂杂交上的实验不算成功，没有达到通过杂交的方法来提升养蜂业的目的，也没有在这个主题上发表任何科学论文。

在优化蜜蜂品种的同时，孟德尔也顺便对蜜蜂进行了基础科学层面研究，采用的同样也是定量分析的方法。但因为蜜蜂杂交的不成功，这些研究也基本无果而终。倒是他发明的两个和杂交无关的小技术，在某种程度上起到了一定的作用。一是孟德尔改善了让蜜蜂过冬的方法，避免蜂巢在冬天的地下室里变得潮湿和长霉；二是孟德尔发明了一种运输蜜蜂的装置，可以避免长途运输对蜜蜂带来的伤害。

除了实验研究，孟德尔也积极参与当地养蜂协会的活动。孟德尔是摩拉维亚养蜂协会的会员，也是该协会的共同创始人之一。1871年孟德尔被选为该协会的副主席，经常主持会议，也积极和外界开展交流。一个例子就是1871年9月，孟德尔和协会主席兹旺斯基博士一起代表布尔诺协会参加了在基尔举行的德意志养蜂人协会的巡回会议。因为协会经费有限，只能支持一个人前往参会，作为协会副主席的孟德尔是自费去的。

尽管孟德尔在对蜜蜂的研究中获得了不少快乐，但作为一名昆虫学家而言，他所取得的成绩是非常有限的，即使考虑到时代的因素，也只能说是平淡无奇。而且关于蜜蜂的研究，在进行了几年后也停止了下来。

在1873年11月写给内格里的最后一封信的开头部分，孟德尔就这样描述过他的情况：

"……山柳菊又一次枯萎了，我只是匆匆地去看过它们几次。我不得不如此完全地冷落了我的植物和蜜蜂，这让我真的不高兴……"

随着社会地位的提高，作为修道院院长和教长的孟德尔得到了越来越多的社会兼职：

1870年，他被选入摩拉维亚西里西亚农业、自然和区域研究促进会的中央委员会。

1871年，他当选为布尔诺养蜂协会副主席。

1873年，他应州长的邀请担任摩拉维亚聋哑人学院的负责人。

繁重的修道院行政事务，还有多方的兼职让他只有极少的时间去从事科学研究。等到一年后的1874年，这剩下的一点点时间也没有了，因为这一年发生了一件事，让孟德尔陷入了一场与政府旷日持久的抗争里，直到他去世时都没有完结。

和当时大多数不关心世俗事务的神父不同，孟德尔不仅积极地参与当地的民间活动，而且在政治上也相当活跃。在政治倾向上，他支持的是德意志自由党，总是在选举中为之投上庄重的一票。可给他带来麻烦的，偏偏就是这个他所支持的政党。

1874年春天，德意志自由党在帝国参议院提出了一项新的税法，其中的主要内容如下：

"用法律去规范对宗教基金的捐款，从而满足天主教礼拜的需要以及提高牧师的日常收入。为了达到这一目标，教区和普通社区的团体必须向宗教基金缴纳税款，缴纳的额度按团体全部财产的价值（包括其持有的任何基金会，但不包括存在于图书馆、科学和艺术收藏中的财产）为基础来计算。"

换句话说，这项新的税法是为宗教基金筹集款项，目的是满足天主教活动的需要和提高神职人员的报酬。而作为宗教团体的圣托马斯修道院，同样也要为此纳税。

该项提案在投票中获得了宪法规定的多数票，在1874年5月7日由皇帝批准，并在当年的帝国规章制度里的第51条上公布。一年后的1875年3月25日，这项新的税法开始实施。孟德尔所在的圣托马斯修道院在两个月前就收到了命令，要求对修道院的财产进行统计，以便计算该缴纳的宗教基金税的额度。孟德尔遵照这项命令，于5月16日提交了修道院资产统计结果：修道院的动产为516701荷兰盾，不动产为260850荷兰盾。但除此之外，孟德尔既没有统计修道院的收入，也没有上报修道院里的支出情况。

政府在受到修道院呈交的数据后，根据上述法律做了精确的计算，拥有以上资产的圣托马斯修道院在接下来的5年里每年需要缴纳7336荷兰盾的宗教基金税。1875年10月10日，当地政府勒令修道院执行这项命令。

这道执行令在修道院引起了轰动，和孟德尔一样，大多数神父都认为这是政府对修道院资产的侵犯。孟德尔是一个遵纪守法的人，但他认为这一新的税法与他所崇尚的国家基本法律相冲突，所以他对其有效性有异议。同时修道院的其他神父也提醒孟德尔，说他在上任院长时曾宣誓承诺要保护修道院的资产，这更让孟德尔下定了与政府抗争的决心。因为执行令上注明了如果不服可以上诉这一条款，孟德尔从此开始了他坚韧不拔的上诉旅程。

1875年11月1日，孟德尔代表修道院向省长办公室提交了第一份上诉书。在提交上诉书的同时，顺便提交了2000荷兰盾的捐款。但他对这笔捐款做出了如下说明：摩拉维亚宗教基金需要加强，所以这是他代表修道院的自愿捐款。也就是说，虽然为宗教基金捐了2000荷兰盾，但这不是缴纳宗教基金税，因为他不认为这个税法是合法的。孟德尔还同时声明，这已经是修道院所能忍受的最大极限。

几天后孟德尔就得到了回复，省长办公室驳回了修道院的上诉。勒令修道院在30天之内支付当年该缴纳的宗教基金税。不过政府方面也善意地提出，如果宗教基金税的额度计算有问题，可以拿出量化的证据来进行再次上诉。省长办公室的回复本来留有了余地，甚至可以说是某种暗示，即如果孟德尔能够重新评估一下修道院的资产，扣除掉修道院支出的部分以及一些不需要纳税的部分，就能把该支付的宗教基金税降低到一个修道院可以接受的水平。但孟德尔没有这么做，他不理解或不想理解其中的暗示，而是认定了新的宗教基金税不符合国家的基本法律，所以选择了和它斗争到底。

在孟德尔的性格里，有着很不相同的两面。一面是温顺，这充分体现在他和家人、同事、学生和贫穷百姓的交往里；另一面是坚毅，当这种性格体现在他从事的科研里，被认为是坚韧不拔，成就了伟大的科学发现。但当这种性格体现到他的政治生活中，则可能被认为是顽固不化，并给他的生活带来无尽的烦恼。

他在给省长办公室提交的第二封上诉信中，他再次表示：

"上次的 2000 荷兰盾是自愿的捐款，圣托马斯修道院没有义务来支付宗教基金税……"

孟德尔的不通人情让当时摩拉维亚的省长波辛格男爵有些难堪。一方面，鉴于孟德尔在布尔诺宗教界和科学文化界的地位，省长不想因这件事和孟德尔交恶；另一方面，孟德尔的顽强抵抗已经伤害到了国家的权威，又不得不进行处理。最后省长就这个问题直接向文化和教育部报告，请求给予处置意见。就在向文化和教育部的报告中，省长也依然在为孟德尔辩解，认为孟德尔这样抵抗宗教基金税更可能是为了维护修道院的利益，而且修道院可能也的确无法支付那么高的税款。不过作为国家官员的省长，波辛格男爵也坚决认为孟德尔关于"宗教基金税不合法"的观点是错误的，并认为孟德尔之所以持有这种观点可能和他当时的精神状态不太好有关。

和摩拉维亚省政府的犹豫不同，文化和教育部在这个问题上表现得非常坚决，果断地对省长下达了如下指令：

"……请阁下在修道院院长继续拒绝支付税款的情况下，采用合法的强制手段……"

1876年1月，省政府再次勒令修道院支付宗教基金税，并声明如果再次拒绝支付，将会强制执行。在修道院的内部，对于这件事已经有了不同的观点，当初那些提醒孟德尔要保护修道院资产的神父，已经不再支持孟德尔和政府的抗争。但政府的严厉却更加激发了孟德尔的斗志，即使在失去了修道院大多数神父的支持的情况下，他选择了一往无前。

3个月后，布尔诺市政府查封了圣托马斯修道院，强制收取宗教基金捐款。孟德尔又一次愤然抗议……

面对无所畏惧的孟德尔，摩拉维亚省政府想尽各种办法让孟德尔就范，包括各种奖励和惩罚，但孟德尔软硬不吃，选择了抗争到底。在双方都不妥协的情况下，这场争斗演变成了一场持久战：政府方面不断地扣押修道院的资产，包括它的庄园、糖厂等；孟德尔则不停地抗议，从质疑宗教基金税的合法性，到抗议扣押修道院资产的合法性。

即使在这样的旷日持久的争斗的环境里，有一项研究孟德尔还一直在坚持，不是植物杂交实验，也不是蜜蜂的品种改良，而是气象观测和研究。

除了植物学家和动物学家的身份，孟德尔还是一名气象学家。如果按所工作时间跨度来计算，气象学是孟德尔投入时间最多的领域。这一点在他所发表的论文的数量上也体现了出来，在他30年的科研生涯所发表的12篇论文里，其中有8篇都是关于气象学的论文，如下：

1.《关于布尔诺气象条件的图表概述》，1863年。

2.《1863年摩拉维亚和西里西亚的气象观测》，1864年。

3.《1864年摩拉维亚和西里西亚的气象观测》，1865年。

4.《1865年摩拉维亚和西里西亚的气象观测》，1866年。

5.《1869年摩拉维亚和西里西亚的气象观测》，1870年。

6.《1870年10月13日的龙卷风》，1871年。

7.《1879年6月布尔诺的降雨和风暴》，1879年。

8.《1882年8月15日在布尔诺和布兰斯科的风暴》，1882年。

布尔诺地区的气象观测始于1848年，由普利马琉斯·奥利克斯科博士负责。1861 年布尔诺成立了自然研究学会，孟德尔就是其中的创始会员。在学会成立的第一次大会上，学会秘书提议在当地几个地方建立气象观测站。早在这之前，孟德尔就是一名业余的气象观测者，他每个月都会观测气压、气温和云量的数据，这些数据也被添加到奥利克斯博士的每月气象报表中。因为之前就参与过气象观测，孟德尔应学会的要求对收到的气象数据进行分析和总结。

在孟德尔接管气象观测数据处理后，他用自己独特的方式（也就是用图表的方法）对这些数据进行总结和汇编，写成论文发表在 1863 年的学会的第一册会刊上，这就是他的第一篇气象学论文。

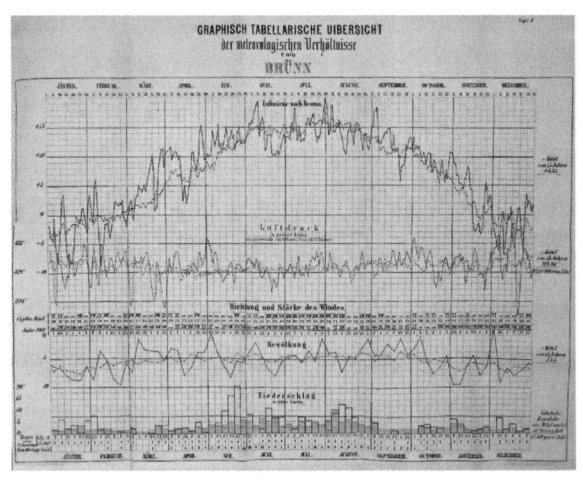

孟德尔用图表的形式总结 1862 年布尔诺地区的气象情况（来源：www.biodiversitylibrary.org）

在这篇论文里，孟德尔将过去 15 年（尤其是 1862 年）布尔诺的几个气象指标（包括地气热、气压、风向和强度、多云度、平均降水量、雷雨天数等）以图形和表格形式显示了出来。在孟德尔接管了这些数据的分析后，当地的气象学研究也就进入了另外一个阶段，他所建立的这些直观的统计方法也成了后来的范式。1865 年，奥地利气象学会成立，在该领域活跃多年的孟德尔也成了该协会的创始会员。

　　　　　　　　　　　　　　　　　　　　　　孟德尔传：被忽视的巨人

在接下来的 1863 年、1864 年、1865 年、1869 年，孟德尔也同样为当年的气象观测做了类似的总结和汇编，只不过采用的是整个摩拉维亚和西里西亚地区的数据，这就是他接下来的四篇气象学研究论文。孟德尔剩下的三篇论文和上面的五篇有所不同，不再是对当地气象观测人员获得数据的总结和汇编，而是真正自己个人对发生在布尔诺的龙卷风（1870 年）和雷雨风暴（1879 年和 1882 年）的观察和描述。

比如在 1871 年当地自然研究学会会刊上发表的论文里，孟德尔描述的就是 1870 年 10 月 13 日发生在布尔诺的龙卷风，下面是文中的部分文字：

"上个月 13 日（注：这篇论文在前一年的 11 月学会例会上宣读），我们在布尔诺有机会观察到罕见的龙卷风现象……就在这一天，离下午两点还有几分钟的时候，突然间空气变得异常黑暗，只剩下一片昏暗的暮色。同时，大楼的各个部分都出现了剧烈的震动，以至于闩上的门突然被撞开，沉重的家具开始移动，瓦砾从天花板和墙壁上掉下来。伴随着的是难以形容的吼叫声、窗玻璃的咔嚓声、屋顶瓦片和石板的撞击声，这是一首真正的地狱交响曲……幸运的是，这个地狱般的场面在片刻之后就结束了……尘埃稍稍散去后，我透过窗户看了一眼，很快就发现了敌人：那是一股旋风，形状与我从插图和描述中了解到的一样……这场龙卷风所带来的损害巨大，在老布尔诺的教堂里，有 1300 扇窗户被砸……，这种空袭的效果确实令人惊恐……所有的瓦片都被带走了，甚至连横梁都被损坏了……空桶、横梁、木板等像轻飘飘的稻草一样被带入空中……"

作为一名气象学家，孟德尔没有把这一次龙卷风的观测停留在描述性的层面。他从导致的破坏中计算出龙卷风路径的宽度，并从持续时间和直径中计算出它的大致速度，之后又进一步写道：

"龙卷风旋转的方向是可以确定的。它发生的方向与躺着的钟的指针移动的方向相同，即从东到南到西。最近的气象学为北半球一般的旋转风暴确立了一个规律，即旋转应该总是发生在与时钟指针的运动相反的方向上，就像在台风和飓风中观察到的那样。因此，我们的龙卷风是一个例外……"

这是布尔诺地区历史上第一次对龙卷风的描述，无疑是珍贵的史料。

除了上面提到的发表的8篇论文，孟德尔还有一些没有发表但值得一提的研究结果。

比如，孟德尔在很长一段时间内特别关注对太阳黑子的观察，而且把黑子出现的规律和天气联系起来，这让他成了研究二者关系的先驱之一。同样，孟德尔多年来（直到1883年）每天三次测定空气中的臭氧含量，并将其输入他的表格中，并分析臭氧和气候的关系。还有，孟德尔本人在1865—1880年期间对地下水位进行了极其仔细的测量。通过检测圣托马斯修道院的修道院水井水面到井沿的距离，将地下水位的数值精确到厘米水平。他原来在实科中学的学生、后来的气象学教授约瑟夫·利兹纳尔将这些结果写成论文《论地下水位的变化，根据1865—1880年孟德尔教长在摩拉维亚进行的测量》发表。

1878年，深陷和政府斗争中的孟德尔又多了一个兼职，他接替了年迈多病的奥利克斯科博士，成了布尔诺地区气象观察的负责人。两年前，他还当选成为摩拉维亚抵押银行的董事。虽然身兼数职，孟德尔这个气象观测负责人并不是只做领导工作，从布尔诺气象观测记录本上，可以看到他依然还在很多气象观测上亲力亲为。

自1875年与政府抗争开始，孟德尔一直在不断地写着抗议信，上面一封就写于1882年3月，依然是漂亮流畅的书体，但表达的却是愤怒和抑郁的心情。

孟德尔1882年3月5日写的抗议书的末页（来源:Iltis H. 1924）

1883年5月4日，孟德尔最后一次向省长办公室发出了一封抗议信，在信中他依然坚持了宗教基金税不合法的观点，同时也提出奥古斯丁教派的修道院不是国家财产，而是属于基金会，应当是私人财产，所以不应该缴纳宗教基金税。就像他在抗议信中提到的那样：

"……圣托马斯修道院没有任何法律义务做出这样的贡献，而且这种义务从来没有存在过……"

1883年6月，省长办公室对孟德尔失去了耐心，向孟德尔的顶头上司——布尔诺主教提出请求，要求对孟德尔进行干预，换句话说就是希望免去孟德尔的院长职务，从而彻底解决这一问题。就在布尔诺主教还在犹豫着是否要做出干预的时候，这个长达近10年的抗争竟然自己消停了。因为孟德尔病了，而且身患绝症。

第 10 章 巨人抱憾归

　　孟德尔患上的是布莱特病，表现为肾肿大、蛋白尿，还伴有高血压和心脏病。现在已经无从考证孟德尔患上这种病的主要原因，但孟德尔进入中年之后的肥胖可能是其中的一个因素。另外，为了应对肥胖，孟德尔在医生的建议下吸食烟草，每天要抽20支左右的雪茄，即使到后来心脏出现了明显的反应后，也没有把烟完全戒掉。布莱特病是一种慢性肾炎，在之前的几年里，孟德尔就已经出现过一些零星的症状，比如心跳容易过快，每分钟的脉搏经常达到120次以上。但这都不影响工作，时年61岁的修道院院长和教长的孟德尔，还在和政府就宗教基金税问题进行缠斗，依然身兼数职，每天照例记录观测天气；虽然不再进行植物杂交实验和蜜蜂研究，但又在为培育优良的果树努力。

　　下面这封写于1883年4月4日的信，就是写给当时在维也纳大学学医的两个外甥的，其中就提到了需要老家海因岑多夫优良果树品种的事情：

　　"我亲爱的准医生们！

　　因为假定你们将通过布尔诺返回老家，我这次没有向维也纳发送任何邮政包裹。不过，我满怀信心地期待着你们的到来，如果你们能提前一天以明信片的方式通知我到达的时间，那就太好了。

在美妙的3月，你们在维也纳的感受如何，我大概可以猜到。布尔诺的情况当然也好不到哪里去；我的仆人约瑟夫说，我们的鼻子冻得像3月正在开放的紫罗兰一样。在过去的39年里，平均气温只有一次比今年更低（1845年），所以今年可以得到这个排名位置：39年中的第38位。

如果你们能以我的名义请阿洛伊斯·斯图姆[①]给我寄一些嫁接植物，包括一棵Günsbirne[②]、两棵Quaglich[③]和三棵来自奥斯吉丁花园的好苹果树。你们就算是帮我一个大忙，我很高兴随时准备为之做出感谢。

带着全心的热情问候和亲吻，你们的舅舅格雷戈尔。"

也就是说，在疾病恶化前的两个月，孟德尔还计划将老家一些优良的果树品种引进到布尔诺，来对当地的果树进行改良。根据他的园丁的说法，这也是孟德尔在生命中的最后几年一直在做的事情。这里顺便提一下，老家海因岑多夫那些优良的果树品种，大多是孟德尔的父亲当年在自家的果园里培育的。

所以，当年6月疾病的恶化，以至于到了无法工作的程度，这也是孟德尔自己始料未及的事情。因为病得严重，他不得不把修道院里所有的事务交给院里的资产管理人安布罗斯·波杰神父打理。波杰神父以修道院院长得了重病为由，向政府申请暂时搁置有关宗教基金税的纠纷。政府方面也看出来孟德尔的来日无多，所以就同意了这一申请，宗教基金税的纠纷从此暂停。

为了恢复健康，那年夏天的时候，孟德尔去了摩拉维亚东部的温泉小镇罗兹瑙休养了一段时间。回来后身体好像变好了一些，这让他看到了希望。但不久之后，病魔再度出现，病情开始急速恶化。不仅

①孟德尔姐姐的儿子，在老家海因岑多夫当农民。

②一种梨树。

③另一种梨树。

肾和心脏都出了问题，而且全身浮肿，最后还出现了贫血。修道院的工作还是波杰神父在打理，老家寄来的果树由园丁照看着，孟德尔此刻能做的，只是用颤抖的手记录下每天气象观测的数据，直到生命结束前的最后一个星期。

1884年初，孟德尔走到了生命的尽头。这位贫苦的山村少年、和蔼的代课教师、杰出的生物学家、备受人尊敬的修道院院长的生命并不算短，但依然走得太匆忙。

如果要用一种方式来回顾他的一生，最好莫过于去读他在不同时期写下的文字。

孟德尔从来不写日记，他写得最多的是科学实验记录和论文手稿，其次就是作为修道院院长所写下的公文。而这些文字留下来的极少，因为其中绝大部分被继任院长给烧毁了。在孟德尔去世后，拉姆博塞克神父被选举成了修道院新的院长。这位和孟德尔同年进入修道院的神父，曾经和孟德尔像兄弟一样相处过，但后来两人的关系渐行渐远。拉姆博塞克当上院长后不久，他把孟德尔的两个外甥招来讨论如何处理孟德尔的遗物的事情，主要就是孟德尔留下来的大量的文字材料，包括公文、科学实验记录，以及和亲戚与友人的书信。而且拉姆博塞克主动提议，最好的方法就是烧毁掉。于是，在孟德尔的两位外甥挑出了一些他们认为值得保留的文字外，剩下的绝大多数都化为了灰烬。

拉姆博塞克之所以急着要烧毁孟德尔的文字，是想在宗教基金税的问题上和政府达成和解。和孟德尔的抗争不同，拉姆博塞克承认了宗教基金税的合法性。为了让和政府长达8年的纠纷画上句号，他主动烧毁了大部分和孟德尔相关的文件。同时，修道院也重新核算了自己的资产和支出情况，并向政府提出了减免宗教基金税的申请。政府相关部门在进行进一步的核算之后，发现修道院的收入并没有达到需要纳税的标准，于是不仅免除了圣托马斯修道院在接下来的10年（1891—1900）宗教基金税，而且还退还了之前强制执行的税金。这样的结局既让政府维护了自己的权威，也让修道院保住了自己的利益，可谓两全其美。可能唯一不安的，是孟德尔那颗不屈的灵魂。

所以孟德尔的文字保留下来的极少，而且大多是他写的家书以及给友人的书信。保留这些文字的地方，不是他所工作了一辈子的修道院，而是老家海因岑多夫的家人，以及和他通信8年之久的内格里。

这些文字前面的章节里已经摘录了一些，剩下的也就寥寥无几，如果把这些剩下的文字按时间顺序串联起来，就可以帮助我们再一次回顾这位伟人的一生。

现存孟德尔写下的最早的文字，是他在文理中学上学时写下的两首诗，主题都是赞美古登堡所发明的印刷术。这两首诗由他的妹妹精心地保管着，然后传给了她的后人。在韵律上，孟德尔的这两首诗采用的是类似古希腊抒情诗的风格。第一首较短，只是对印刷术发明的赞颂（见第一章）。另外一首则不仅歌颂了印刷术的发明，还积极地探讨了人生的意义，让人可以读到少年孟德尔的心境：

"人类到底为何而生？

一个深不可测的智者，

为何要向冰冷的尘埃

注入生命？当然

至高无上的创造者，如此圣洁

他将世界控制在手心

尘埃中的蠕虫并非盲目

而人类，也非完全徒劳。

拥有，思想和精神

目标，也就注定崇高。

不停地劳作，

培养和锤炼他的力量，是人的命运。

但这项桂冠，带着对心智教育的真诚和热忱，

进入到，知识王国神秘的深处

理解、探寻、发现，

在力量的积蓄中

伟大的发明开始萌芽、生长，

最后它为芸芸众生

带来无尽的福祉。

是的，这顶桂冠永不凋谢。

时间的旋涡可能

将几代人带入深渊。

而天才出现的时刻，

奇迹就将在废墟上出现

变革风暴多么辉煌，

欢乐之声久久回响！

那将是如何的热情，

庆祝伟大的工作 王的加冕！

后人将会如何地感激啊，

一旦他们知道，

向古登堡的艺术致敬！"

就在这篇探讨人生意义的文字里，写出了"拥有思想和精神，目标也就注定崇高"这样的诗句的孟德尔，该是一个志向如何远大的少年。如果再考虑到当时他深受生存之苦的境遇，这种志向的远大就更上一层。不过少年孟德尔应该没有想到，自己有一天能够做出比古登堡还要伟大的发现。少年时的孟德尔，想做的就是像他在诗中所写的那样："进入到知识王国神秘的深处，理解、探寻、发现。"所以当他在面临去修道院追求知识和回家经营农场两个选项时，毫不犹豫地选择了前者。

在成了神父之后，他的名字也从约翰·孟德尔改成了格雷戈

尔·孟德尔。走进修道院对于孟德尔来说并不是看破红尘，而是出身贫寒的他在追求知识和拥有家庭二者间的一个抉择。如果不是因为贫穷，天赋过人的孟德尔也能正常地接受高等教育，然后成为大学教授，从事自己喜欢的研究的同时过着正常的家庭生活。出家后的孟德尔并没有因此对家庭有任何的埋怨，反而更是充满理解和感激，并用实际的行动做出了回报。这部分反映在他给家人的信件里，虽然这些家书保存下来的不多，但他对家人的爱依然跃然纸上。比如这封写于1851年圣诞节期间的家书：

"亲爱的父母亲！

我沮丧地听说土豆病害在您所在的地区传播。几乎在整个北欧和中欧，这种疾病对田地和地窖造成了很大的破坏。

无论如何，以前的潮湿年份应该是罪魁祸首。随着粮食价格的不断上涨，贫穷人口的贫困日益加剧，就连买土豆也成了问题。当局会告知您对腐烂的土豆的处理方法。最好的办法是把健康的土豆和腐烂的土豆分开。前者应晒干，存放于干燥处。而后者应摊开并干燥以防止进一步腐烂，至少还可以将其用作牛饲料。

您充满感恩的儿子格雷戈尔"

写上面的信的时候，29岁的孟德尔还在维也纳大学学习。就是在这一段时间里，他得到了诸多领域的科学家的指点，学到了最新的科学知识和理念。为以后的研究工作打下了坚实的基础。

回到了布尔诺后，孟德尔在布尔诺实科中学有了一份比较稳定的代课教师职位，然后开始了著名的豌豆杂交实验。1857年，也就是他正式开展豌豆杂交实验的第二年，孟德尔的父亲在老家去世了。从此在孟德尔的家书里，开头从"亲爱的父母亲"变成了"最亲爱的母亲"。

孟德尔于1859年写给母亲的家书（来源：Richter, O. 1943）

"最亲爱的母亲！

……我和我们的修道院里没有什么重要的新情况，只是有两个新学员到了，一个是从布尔诺来的林登塔尔神父，另一个是来自巴伐利亚王国的外国人温克尔迈耶神父。但并非所有地方都像这里一样和平和安静。不幸的是，意大利爆发了一场战争，其血腥程度也许是前所未有的。数以千计的人已经丧生，甚至在西里西亚有征兵的军团也已经参加了战斗……

由于一纸盾已经只值58个带有两个浮雕十字架的银币了，它最终将与我们的货币关系如何还是个问题，让我们希望，在最需要的时候，总能得到帮助……

这里是姐夫阿洛伊斯所关注的最近一周的农产品市场的价格。小麦4荷兰盾43克朗；谷物3荷兰盾60克朗；大麦2荷兰盾93克朗；燕麦2荷兰盾55克朗。冬季和夏季的谷物的价格都很好，水果则只是一般。

我向您，亲爱的母亲，姐姐、姐夫、妹妹、妹夫，和我们家的王子和公主，以及其他的朋友，送上我最热烈的问候和亲吻。

您永远充满感激的儿子格雷戈尔

布尔诺，1859年7月25日"

1862年，孟德尔的豌豆杂交实验已经进入了尾声，那一年他的母亲去世了。1865年，孟德尔前后为期10年的豌豆试验结束了，并在布尔诺自然研究学会上宣读了他的结果。在父母相继过世后，孟德尔并没有减少和家人的联系，只是写信的对象变成了妹夫辛德勒，比如下面这封写于1866年的家书。因为当时赶上普鲁士和奥地利两国发生了战争，布尔诺被普鲁士军队占领，普鲁士人不仅带来了侵略，也带来了霍乱。在这封给妹夫的信里，孟德尔就描述了当时布尔诺惨淡的状况：

"亲爱的妹夫！

我在7月3日收到了约翰（注：特蕾西娅的大儿子）帅气的信。当我想在7月10日回信时，邮件已不能被顺利投递了，由于普鲁士人的快速推进，邮政网只到了胡尔林。从那时起，书面通信被完全切断，直到8月的第二个星期才重新开放，这是很不正常的。我在21日才收到你通知我小安娜的出生信，邮戳是'维也纳，17日'。这封信是12月由奥德劳（注：孟德尔家乡的小镇）寄出的，经过维也纳来到布尔诺。起初我很担心你们地区的情况，但在7月底，我从一个来自新蒂奇（注：孟德尔老家所在的库兰钦地区首府）的人那里听说，他通过匈牙利来到布尔诺，说库兰钦地区的战争损失比摩拉维亚和西里西亚的大部分地区都要小。如果你们知道敌人给我们祖国的大部分地区带来的不幸，你们必须认为自己非常幸运。7月12日，5000个普鲁士人占领了布尔诺。普鲁士的国王也来了，并在这里住了5天。普鲁士军队的驻扎是一个非常令人压抑的过程，仅我们的房子就接收了94匹马以及随行的船员和16名军官。然而，这只持续了2天。在接下来的三个星期里，人数上升到40~50人，所有这些人都必须由修道院免费提供食物。只是到了最近，士兵们才有了自己的食物，在这里住的人也减少了；我们的家（注：指修道院）目前只住着10个士兵和4个军官。我们希望能在下周二之前摆脱这一麻烦。我们在西维兹迪茨和夏迪茨的两个庄园也受到了同样程度的影响；我们修道院受到的损失非常大，但很难指望得到任何赔偿。

总体来说，周边地区的村庄比城里的情况还要糟糕。任何地方可以见到的马、牛、羊和家禽都被大量带走，同时被大量掠走的还有饲料和粮食。因此，即使是原本最富有的地主也几乎变成了乞丐。这些穷人必须得到帮助，才能避免他们在赤贫中度过冬天。即使是现在，设在村庄里的岗哨也还在。士兵们睡在床上，而村民们则不得不在地板上或马厩里凑合。

普鲁士人还带来了霍乱，这种可怕的疾病在过去六个星期里使我们的生活变得苦不堪言。到目前为止，有近1000名当地居民死于该病，而普鲁士人也有2000多人死亡。这个疾病仍然频繁发生，尤其是在天气变化的时候；不过，我们希望随着普鲁士人的离开，这种瘟疫也会离开我们。葬礼上禁止敲钟和播放音乐，以便让已经够沮丧的人们不至于持续受到惊吓。这种瘟疫在城市附近的村庄肆虐得最厉害，完全绝户或只剩下一个人的家庭并不罕见。到目前为止，我们的家还好；虽然我们中的一些人和家仆在这里也生病了，但他们很快就恢复了健康。唯一的例外只有安塞姆神父的母亲，她在感染后死了。几乎没有人不曾受到这种疾病的影响。它的主要表现是腹泻和一种特殊的恶心感。如果出现这些前兆，那么就必须给予最大的关注和医疗帮助。

除了普鲁士军队和霍乱这两个最不受欢迎的客人之外，还有第三个不速之客，即食物的缺乏。在被占领的最初几天，有时会出现最基本的必需品都没有的情况。这个问题后来通过其他地区的供应得到了充分的补救。

从这一切你会看到，我们在布尔诺过得很不开心。上天保佑，事情会很快好转。我很高兴约翰在学校表现得那么好。我希望他能让我知道他明年的计划。我向彼得斯多夫的神职人员表示最热烈的问候。

问候并亲吻你们，亲爱的妹夫和阿洛伊斯姐夫，两个姐妹和你们的所有家人。

你真诚的兄弟格雷戈尔。"

虽然战乱和瘟疫让1866年布尔诺的社会生活失去了秩序，发表有孟德尔《植物杂交实验》论文的会刊的印刷一再延误，直到年底的时候才得到了出版。但布尔诺自然研究学会的每月例会依然坚持在进行，孟德尔的植物杂交实验更是没有停歇。对孟德尔来说，从事科学研究的动力并不是名利，而是在其中得到的快乐。这时候他已经开始用多个物种开展杂交实验，期待确认豌豆中的发现，其中就包括山柳菊。在1867年给内格里写的一封信中，孟德尔分享过他做研究的态度和心情：

"正如必须预期的那样，实验进展缓慢。刚开始时需要一些耐心，但后来当几个实验同时进行时，情况就会有所改善。从春季到秋季，每天都有令人感兴趣的发现，给这些植物的照顾也因此得到了充分的回报。此外，如果我通过我的实验能成功地加速这些问题的解决，我会倍感高兴。"

1868年，因为院长纳普神父在上一年去世，修道院需要在来年选举一位新的院长。修道院当时一共有13位神父，其中一位生病不能参加选举，所以新院长就是在剩下的12人中产生，也由这12人投票决定。因为每换一次院长都要向政府缴纳一笔不小的费用，所以修道院一般会尽量挑选年轻的神父去担任院长这一职位，通过延长院长的任期来避免修道院的财产流失。

当年孟德尔46岁，正是年富力强的年纪，而且因为他待人真诚和善，在修道院的同事中颇有人缘，所以他被选为院长是一件大概率的事件。在选举前，孟德尔在给家人的信中提到了这件事，他谦逊地说自己对院长这个位置不敢奢望。但也提到如果当选就会给家人发电报，说明他也明白自己的确有当选的可能。

"亲爱的妹夫！

在关于约翰尼是否会在假期回家的事情，我告诉你他已经在渴望再次见到你们所有人了。他一定会回来的，但到达的日期还不确定，这一点他将在以后通知你们。我对他的表现和他的勤奋非常满意，希望他今后能继续如此。

下周一（3月30日）上午，我们修道院终于要选举一位教长了。因为其中一位神职人员福尔根茨神父患了严重的神经性发热，我们只有12名选民。我们中的哪一个会成为幸运儿，仍然很不确定。如果我被选中（这一点我不敢奢望），你将在星期一下午收到我发的电报。如果你没有收到电报，那就是其他人当选。预选举将会在周日举行，除此之外没有其他新闻。

格雷戈尔向你、姐妹和姐夫阿洛伊斯以及你们的家人致以最热烈的问候。"

1868年圣托马斯修道院院长选举情况(左，附带12位投票人的签名)以及当选院长后的孟德尔（来源：Iltis H.1924.
和 Richter, O. 1943）

　　　　　　　　　　　　　　　　　　　　　　　孟德尔传：被忽视的巨人

最后的选举结果是孟德尔获得了12个投票人中的11票，因为他自己没有选自己，实际上是相当于全票当选。远在家乡海因岑多夫的家人，也如期收到了电报。

从这封家书里也看得出来，孟德尔当时正在努力帮助家人获得更好的教育机会，从而避免后辈重复发生在自己身上的苦难。他一直记着年轻时妹妹资助自己上学的事情，并且在后来给予了巨大的回报。特蕾西娅和丈夫辛德勒育有三个儿子，大儿子约翰（也是孟德尔出家前的名字），二儿子阿洛伊斯，小儿子费迪南德。等妹妹的大儿子约翰（就是信中的约翰尼）在家乡完成了小学教育之后，孟德尔把他带到了布尔诺上中学。

在他的监护下，妹妹特蕾西娅的大儿子在布尔诺上完了中学，然后在布尔诺技术学校找到了一个工作，只是他不幸地年纪轻轻就去世了。特蕾西娅的另外两个儿子阿洛伊斯和费迪南德也同样被孟德尔带到了布尔诺上中学，后来还在孟德尔的继续资助下去了维也纳大学读书。对妹妹的三个儿子，孟德尔就像一个慈祥和蔼的父亲，一个忘年交的朋友。三个外甥在布尔诺上学期间，他们就住在修道院对面的广场附近，经常在修道院花园或公寓里与舅舅见面。在周日的下午，也就是孟德尔有空暇的时间段里，他们会一起聊聊位于西里西亚的故乡，或者下一盘国际象棋。等到外甥们长大之后，他们也成了孟德尔家书的通信对象。

孟德尔留下的最后一篇文字，就是写给外甥阿洛伊斯的书信。1883年12月，身患重病的孟德尔步入了生命中的最后时光，在那年的圣诞节后，也就是他去世的11天前，他给外甥阿洛伊斯写下了这封信，没有悲苦和伤感，依然是满满的温情，还有一丝有点夸张的幽默：

"亲爱的阿洛伊斯！

根据费迪南德的调查结果，今年可以对你提起简易的诉讼，用完全合法的形式判罚你在圣诞节期间到布尔诺服刑，在这种情况下你可以提前两天申请地牢的使用权。由于你目前还没有自愿认罪，所以会出现强制的情况，对此我们会进一步通知你。

就我的个人感受而言，我必须承认，我并不反对，尤其是这次，我非常希望能够与你讨论一个重要的专业问题。

向费迪南德致以最美好的问候，我祝愿他在今年的圣诞节期间，在解剖、考试等方面一切顺利。

希望能很快在布尔诺的地牢里见到你本人！

你永远忠诚的舅舅格雷戈尔。"

在信中孟德尔提到要和当医生的外甥阿洛伊斯谈论一个重要的专业问题，可能指的是他自己的疾病。身患重病的孟德尔知道自己来日无多。在接到孟德尔的信后，阿洛伊斯匆匆赶到了布尔诺。已经大学毕业并当上了医生的阿洛伊斯知道舅舅已经步入了他生命中的最后时光，但他依然没有想到，这一次就是最后的告别。

1884年1月6日凌晨1点半左右，孟德尔离开了这个世界，这一天是星期天。

当天，圣托马斯修道院发布了如下讣告：

"带着十分悲痛的心情，摩拉维亚布尔诺的圣托马斯奥古斯丁修道院谨此发布其尊敬的修道院院长，受人爱戴的格雷戈尔·约翰·孟德尔先生去世的消息。

孟德尔先生还是弗朗茨-约瑟夫帝国和皇家勋章获得者，摩拉维亚省抵押银行的董事，奥地利气象协会的创始成员，摩拉维亚西里西亚农业、自然和区域研究促进会的中央委员会委员，以及其他学术和应用协会的会员等。

1822年7月22日出生在西里西亚的海因岑多夫。上帝在孟德尔先生经历了漫长的苦难之后，发出神圣的旨意，于1月6日周日凌晨1点半将他从尘世中召回。

1月9日上午9点，将在合议庭教堂举行庄严的祝福仪式和神圣的弥撒，然后逝者的遗体将被埋葬在布尔诺中央公墓，永远地安息。

愿他安息！

布尔诺，圣托马斯修道院，1884年1月6日。"

对孟德尔的去世，当地媒体《布尔诺每日通信》也有报道：

"星期五，他仍然忙于科学研究，并口述了他的气象学观察结果。不幸的是，在同一天上午，他长期以来的心脏状况恶化到如此程度，以至于医生放弃了一切改善的希望。1月6日，星期天，在凌晨2点左右，这位可敬的先生咽下了他的最后一口气……贫穷失去了一个伟大的施主，人类失去了一个最崇高的人物、一个自然科学的热情朋友和促进者、一个模范的牧师。"

相比于修道院所发的讣告，新闻媒体的报道写得更有感情，"星期五，他仍然忙于科学研究……这位可敬的先生咽下了他的最后一口气……"让人动容"一个伟大的施主、一个最崇高的人物、一个模范的牧师"也是一点都不夸张的评价。

相比于修道院和报社，和孟德尔有过交往的人的评价就更具体一些。

孟德尔在实科中学当代课教师时期的学生，后来在维也纳当探长的朗格先生在《布尔诺每日通信》上发表了一篇回忆老师孟德尔的小文，他这样写道：

"从那时起（注：指1860年），有些人可能还记得孟德尔教授，这位有些呆板、健康、紧绷、步伐整齐的绅士，他通过金色的眼镜看待世界和生活……他的面容看上去有些粗糙，但却被一种高尚、杰出的精神所点缀和照耀，这种善良的特质为他赢得了人心。此刻，我恍惚还能看到他就在眼前，充满爱意地凝视着我们，我恍惚还能听到他温暖的声音……"

气象学家、布拉格大学的教授利兹纳尔也曾经是孟德尔的学生，后来还与一直从事气象学观测的孟德尔成了同行和合作者。对于亦师亦友的孟德尔，利兹纳尔有过这样的感叹：

"我很幸运，我的老师是孟德尔，是他唤醒了我对自然科学的渴望和热爱。"

修道院年轻的克莱门斯神父，他这样描述了孟德尔：

"他张开手，对所有来的人都很温和，他如父如兄、亦师亦友。不公正迫使他战斗，直到厌倦了争斗，心力交瘁，他才离开。"

1884年1月9日，是布尔诺市人告别孟德尔的日子。当天的弥撒结束后，在教堂前分发了为孟德尔祈祷的画像和传记，作为对这位仁慈的教长的纪念，这些纪念品受到了市民的追捧。之后，数以千计的哀悼者跟随隆重的葬礼队伍来到布尔诺中央公墓，孟德尔的遗体被葬在位于公墓东北角的修道院墓室里。

在送行的队伍里，有孟德尔在世时因为宗教基金税而斗争的对象、摩拉维亚省的领导，有众多大学和中学的教授，有孟德尔的学生，有许多天主教神父、新教牧师和犹太教拉比，有孟德尔所支持的诸多协会的成员，有家乡海因岑多夫议会和消防队的代表……特别值得一提的是，前来的哀悼者里还有许多穷人，因为在他们最困难需要帮助的时候，这位仁慈的教长往往是唯一的救星。

前来哀悼的人都知道，他们失去了一位善良的朋友、仁慈的教长、优秀的教师；但不幸的是，其中没有一个人明白，世界失去了一位伟大的科学巨匠。

就像当地报纸上新闻里写的那样，对于孟德尔在科学领域的贡献的描述是"一个自然科学的热情朋友和促进者"，主要指的是他作为布尔诺自然研究学会会员、奥地利气象学会的创始会员，以及摩拉维亚西里西亚农业、自然和区域研究促进会的中央委员会委员的贡献。而对孟德尔个人的研究，没有人觉得值得一提。

作为神父、教师、社会活动家的孟德尔在这一天安息了，作为科学家的孟德尔却没有。毫无疑问，充满爱心的孟德尔是一位慈爱的神父、优秀的教师、积极的社会活动家，但最适合他的身份还是科学家。遗憾的是，孟德尔所做出的发现，整个世界只有一个人能够理解，这个人偏偏还是他自己。这就引申出来一个有趣的问题，孟德尔自己如何看待自己的研究？尤其是山柳菊实验失败后，他如何看待之前在豌豆中的发现？是一直坚信，并未陷入了迷茫，还是否定了自己？

这个问题是有答案的，那就是他一直坚信自己在豌豆中的发现是对的，只是不知道如何解释山柳菊中的意外。之所以孟德尔会一直如此坚信，是因为豌豆实验一次次验证了他提出的科学假设，在整个长达近10年的实验系列里无一例外。而且，同样重要的是，他在豌豆之外的多个物种里验证了豌豆中的发现，包括菜豆、玉米、紫茉莉以及紫罗兰。

而且，孟德尔的这种坚信也是有人证的。

布尔诺自然研究学会的秘书尼塞尔是孟德尔的朋友，他有时会去修道院看望孟德尔。根据尼塞尔回忆，大约是1871年，一次他去修道院拜访孟德尔的时候，两人在花园里的山柳菊和蓟等实验植物旁边聊天，孟德尔就提到"相信自己的时代会到来"。

十几年后，也就是孟德尔去世之前，修道院里年轻的巴里纳神父曾经和孟德尔有过一次谈话，其中孟德尔这样总结了他自己的生活："虽然我的生命里有过很多悲苦的时刻，我必须充满感激地承认生活中美好的一面。我的科学研究工作给我带来了太多的开心和满足，而且我确信我的工作将很快得到全世界的承认。"

历史证明孟德尔的坚信是对的，只是他自己没能等到这一天的到来。

第 11 章　价值终闪耀

在孟德尔去世 16 年后，历史进入了 20 世纪。就在新世纪的第一年，世界终于结束了对孟德尔的忽视。荷兰植物学家胡戈·德·弗里斯、德国植物学家卡尔·科伦斯以及奥地利植物学家埃里克·切尔马克在 1900 年分别发表关于植物杂交的研究论文，各自部分重现了孟德尔的发现。值得一提的是，当以上三位科学家在进行实验的时候，他们都以为自己做出了惊人的新发现，并为之暗喜不已。但后来他们明白过来，自己发现的并不是一个全新的世界，而是在这个世界里像高山一样屹立良久的孟德尔。

从此遗传学进入了孟德尔的时代。

如果说孟德尔的发现让《布尔诺自然研究学会会刊》为世人所知，那么"发现孟德尔"的三篇论文则让人记住了《德国植物学会通报》，因为上面三位植物学家的论文都由这个刊物发表，虽然德·弗里斯也把论文投给了《法国科学通报》，切尔马克也在同年的稍晚一些时间在《奥地利农业试验杂志》发表了一个更为详细的版本。在那个年代，这种一稿多投并不算学术不端。

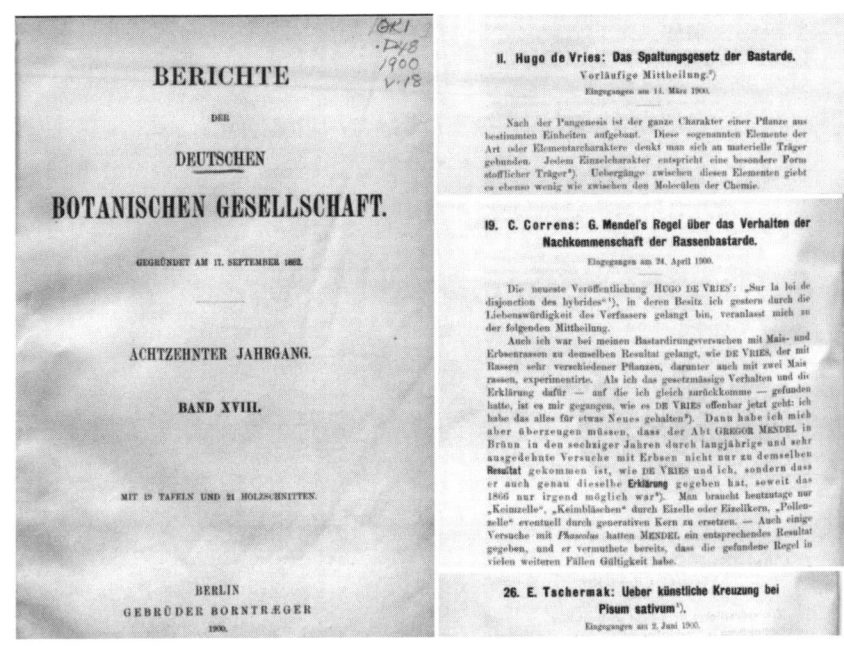

1900年发表了三篇"发现孟德尔"的论文的《德国植物协会通报》（来源：www.biodiversitylibrary.org）

因为孟德尔的发现的重要性，"发现孟德尔"也成了一项极为重要的荣誉，以至于现在人们提到上面三位科学家的时候，首先想到的都是他们作为孟德尔发现者的身份。但与此同时，"三位科学家在1900年发现了孟德尔"这一说法容易给人这样一种印象，即他们做出了和孟德尔一样的发现，而且三人在这一问题上的贡献差不多。

这是一种错觉，既不公平也不符合史实，而且还掩盖了这个过程中一些令人嘘唏的故事。要还原这段真实的历史，必须澄清两个主要问题：第一，他们三人分别在多大程度上重现了孟德尔的发现？第二，三人当中谁对"发现孟德尔"的贡献更大？

要回答这两个问题，我们先要明确孟德尔的主要发现是什么，这是做出以上判断的基石。关于孟德尔的具体工作，在本书的第6章已经做了详细的描述，在这里就只做简要的总结。

孟德尔发现的遗传学定律上了中学教科书，即分离定律和自由组合定律。而其中的分离定律更为重要，因为其中涉及的是决定性状的基因的发现，而自由组合定律所涉及的只是基因之间的关系。

就像本书的第6章中谈到的，根据F3代中的表型结果，孟德尔把F2中的3∶1的比例从杂交种的内在属性上分解成了1∶2∶1，并根据这一比例推导出了以下公式：

$$(A+a)(A+a) = A(A) + 2Aa + a(a)$$

这个公式表示的就是遗传学第一定律——分离定律。在推导出这个规律后，孟德尔又做了一系列的实验，通过更多的性状、物种和世代对以上规律进行了确认，也通过研究多对性状的关系发现了自由组合规律，从而成就了那篇划时代的论文。总之，孟德尔最关键的贡献是把3∶1分解成了1∶2∶1。正是因为这一分解，孟德尔通过表型触摸到了基因型，发现了决定性状的基因的存在。

现在我们可以来具体看三位植物学家的发现，看看他们的研究和孟德尔发现的关系。三位植物学家按发表论文的时间来排序，分别是德·弗里斯、科伦斯、切尔马克。为了让这个故事的叙述更有逻辑，我们从最后一位切尔马克说起。

人们通常说"最后的但不是最重要的"，但这句话在这里行不通，因为最后发表论文的切尔马克对"发现孟德尔"的贡献就是最小，甚至可以说几乎没有。

还是用事实说话，先看看切尔马克的研究都做了些什么。

埃里克·切尔马克算是出生于奥地利的一个学术世家，父亲老切尔马克是维也纳大学的地质学教授，奥匈帝国科学院院士；外公爱德华·芬兹尔也是维也纳大学的教授，而且就是孟德尔当年的植物学的老师。

1896年，25岁的切尔马克从德国哈勒大学获得了植物学博士学位。两年后的1898年在比利时的根特开展了豌豆的杂交工作，并在1900年

6月在《德国植物学会通报》上发表了那篇"发现孟德尔"的学术论文。

之所以要把他发表论文的时间精确到月，是想让读者对切尔马克所开展的豌豆研究的工作量有个大致的估量。孟德尔的研究要十年磨一剑，一个重要的原因是豌豆是一年生的植物，观察一代就是一年。所以1898年才开始杂交工作，1900年豌豆还没有成熟的6月就发表论文的切尔马克只能研究两代豌豆的杂交情况。

比较幸运的是，切尔马克研究的也是豌豆种子的颜色和性状，这让他在实验的当年就可以获得杂交F1代的结果，第二年又得到了杂交F2代的结果。关于这两代豌豆杂交种的表型，他在论文里做了这样的描述：

"然而，在人工生产的异型异种杂交产物中，首先提到的性状（黄色和光滑的形状）几乎毫无例外地是显性的，而后者（绿色和带皱纹的形状）则总是以纯隐性性状出现，仅在极少数情况下呈现出'混合物'的表型。而在第一代杂交种的种子中，显性性状以纯合的形式出现在大多数个体上，而隐性性状以纯合的形式出现在少数个体上。在第一种情况下几乎存在绝对的优势，在第二种情况下仅仅是占优势（按固定比例）。两种性状的结合在这里也很罕见，但也许没有前一种情况那样稀少。携带显性性状的种子与携带隐性性状的种子的比例约为3∶1。"

如果把以上信息提炼一下，可以做一个简单明了的表达：杂交第一代基本上全部表现出显性性状，杂交第二代显性性状和隐性性状的比例约为3∶1。这也是孟德尔在豌豆杂交的F1代和F2代中的发现。但这里需要一提的是，从后来切尔马克发表在《奥地利农业试验杂志》上的详细结果来看，他在F2代中得到的这一比例更接近2.5∶1。

年轻的切尔马克在描述结果时不仅显得拖泥带水，还有些逻辑混乱，而且文章里还出现了一些前后矛盾的地方。实际上，他开展这一实验最初目的是研究杂交优势，即为什么杂交株几乎总是在茎的高度、种子质量和植株活力上超过自交所产生的植株。至于其中F2代中显性性状和隐性性状接近3：1的比例，纯属一个意外的收获。

当然，意外的结果也有可能带来重要发现，这样的例子在科学史上不胜枚举，但切尔马克的个案应该不在其中。因为从这篇论文来看，他不但没有重现孟德尔最关键的结果，也没有真正理解孟德尔发现的意义。

上面提到，孟德尔的发现最关键的部分是通过杂交F3代的表型将F2代里出现的3：1这个比例分解成了1：2：1，从而推出了A+2Aa+a这个公式。而切尔马克的实验只进行了两代，也只观察到了近似3：1这个比例，所以他的实验并没有确认孟德尔的关键结果。发表这样一个不完整的结果，恰恰说明他很可能没有真正理解孟德尔的研究，否则应该至少要将研究进行到第三代，去确认3：1这个比例是否可以分解成了1：2：1，然后才将这个相对完整的结果发表。

切尔马克对孟德尔发现的不了解的另一个证据，来自他论文里这段涉及孟德尔发现的描述：

"通过豌豆上的实验，我证实了孟德尔所确立的'遗传中的性状有规律的不对等'的原则。同样，科尼克、科伦斯和德·弗里斯对玉米的研究以及德·弗里斯在其他物种杂交中的观察也完全证实了这一点。"

通过这段话我们可以看到，在切尔马克看来孟德尔所发现的规律是"遗传中的性状有规律的不对等"，即杂交第二代中显性和隐性性状的数量不一致。也因为这个原因，他把连3：1这个比例都没有观察到的科尼克也拉入了确认孟德尔发现的行列。

分析到这里可以做一个总结：一方面，切尔马克并没有确认孟德尔的关键发现，这意味着他的研究对"发现孟德尔"来说并不是一个充分条件；另一方面，即使没有切尔马克的这项研究，孟德尔的价值也同样会在1900年被发现，也就是说他的研究对"发现孟德尔"来说也不是一个必要条件。

既不充分也不必要，切尔马克的"孟德尔发现者"这一称号实在难符其实。在现在的学术界，认为切尔马克不应该共享"发现孟德尔"这一荣誉已经成了主流的观点。而且需要指出的是，第一个提出"三人共同发现孟德尔"这一说法的人正是切尔马克自己。就在那篇论文的后记里，他这样写道：

"在我看来，科伦斯、德·弗里斯和我本人同时'发现'了孟德尔是特别令人高兴的事情。"

在把切尔马克微不足道的贡献讲完后，现在可以进入更加精彩也是最为核心的问题：谁对发现孟德尔的贡献更大，德·弗里斯还是科伦斯？

卡尔·科伦斯(左)和胡戈·德·弗里斯(右)（来源：维基百科）

和切尔马克简短而且不完整的工作不同，德·弗里斯和科伦斯都进行了长期的研究，虽然不像孟德尔那样十年磨一剑，但也都将杂交实验进行了至少6年。他们都在多个植物物种的杂交F2代里观察到了3：1

这个比例，也都通过杂交F3代的表型将F2代的3∶1的比例分解成了1∶2∶1，重现了孟德尔的关键发现。两人的区别是德·弗里斯的实验对象没有豌豆，而是玉米等其他十个物种，科伦斯的研究对象则是玉米和豌豆。

所以，无论是德·弗里斯还是科伦斯，他们各自独立的工作都成了发现孟德尔的充分条件，这一点毫无异议。在论文发表时间上，德·弗里斯要比科伦斯早一个多月，按照学术界的惯例，这两个人可以共享"发现孟德尔"这一荣誉，而德·弗里斯则占有优先权。

但事情并不那样简单，实际上是颇有争议的，甚至可以称得上是一个世纪悬案。

欧洲很小，具体到植物杂交领域就更小，三篇发现孟德尔的论文都发表在一个杂志就是一个证明。当时在这个领域的学者，多少都和孟德尔有些渊源，除了上面提到的切尔马克，科伦斯也是如此。

1864年，也就是孟德尔在布尔诺讲述他的发现的前一年，科伦斯出生在德国的慕尼黑。父亲是德国人，母亲来自瑞士，因为双亲去世都很早，科伦斯不得不去远在瑞士的小姨家居住并完成他的中学学业。1885年，21岁的科伦斯中学毕业，回到了故乡慕尼黑上大学。在这里，他遇到了和孟德尔保持了8年通信的著名的植物学家内格里，并成了内格里的门生。获得植物学博士3年后的1892年，28岁的科伦斯双喜临门：在生活上，他迎娶了自己的妻子伊丽莎白，也是导师内格里的外甥女；在工作上，他在图宾根大学获得了植物学讲师职位，并在那里工作了10年。

就是在这10年里，科伦斯做出了他一生中最知名的工作：发现孟德尔。

科伦斯开始他的植物杂交实验的时间是1894年，开始用的实验植物是玉米。和切尔马克一样，科伦斯的实验的最初目的也不是研究性状的遗传规律，只是在实验的过程中意外发现了杂交F2代种的分离现象，但和切尔马克不同，科伦斯从这个意外的发现入手，从玉米转向更加适合研究的豌豆，用数年的时间重现了孟德尔的关键发现。

虽然内格里是和孟德尔联系最为密切的主流植物学家，但因为他并不看好孟德尔的工作，科伦斯在跟随内格里学习的时候也就没有听说过孟德尔。当他发现了 3∶1 这个比例，并将它分解成 1∶2∶1 的时候，他为自己的"全新发现"激动不已。但就在这时候，他通过福克的《植物杂交》一书了解到了孟德尔和他的工作。在通读了孟德尔的长篇论文之后，科伦斯陷入了深深的沮丧之中。他原本以为自己发现了一个全新的世界，结果却发现几十年前孟德尔就已经走进了这个世界。

1900 年 4 月 21 日，就在纠结着是否要把论文写出来宣布自己发现了孟德尔时，科伦斯接到了一位荷兰同行寄来的一篇论文。这位荷兰同行就是阿姆斯特丹大学的植物学教授德·弗里斯，他刚刚在《法国科学通报》上发表了一项《关于杂交种的分离法则》的研究，要和他的德国同行分享。

1848 年出生的德·弗里斯也算是出身名门，父亲老德·弗里斯在 1872—1874 年间担任过荷兰的首相。德·弗里斯自己也是年轻有为，22 岁就在莱顿大学获得了博士学位。1881 年，为了防止德国柏林皇家农业学院抢人，阿姆斯特丹大学在德·弗里斯 33 岁生日那天送给了他一个珍贵的礼物：终身正教授的职位。

虽然论文是法语，科伦斯不仅当天就读完了全文，而且第二天就把自己的论文也写了出来，他自己的论文是这样开头的：

"因为作者的好意，我于昨天收到了胡戈·德·弗里斯的最新论文《关于杂交种的分离法则》，这促使我作出如下声明……"

科伦斯之所以要这样不吐不快，在一天之内把自己过去 6 年的工作总结出来，是因为德·弗里斯的论文让他惊呆了。一方面，德·弗里斯论文里的发现几乎和他自己的一样：多年的植物杂交实验结果，发现了杂交 F2 代中的 3∶1 这个比例，并通过 F3 代的表型将它分解成了

1∶2∶1，唯一不同的是所用的植物不尽相同；另一方面，德·弗里斯在整篇论文里都没有提到过孟德尔，就好像是在描述他自己的全新的发现一样。

敏锐的科伦斯还发现，德·弗里斯的论文里使用了"显性"和"隐性"这两个词。而这两个由孟德尔在1865年发明的名词，在过去的几十年里从来都没有人使用过。在德·弗里斯自己1900年之前的论文里，描述相应的东西时用的则是"活跃"和"潜伏"。显然，科伦斯觉察到了德·弗里斯可能已经知道了孟德尔，但却有意无意地没在论文里提及。

作为科学家的科伦斯此刻显示了自己严谨的一面，在没有确切的证据时只在自己的论文里做了非常慎重的表达：

"在对玉米和豌豆不同品种的杂交实验中，我得出了与德·弗里斯相同的结果。在德·弗里斯的杂交实验里，他用了许多不同种类的植物品种，其中包括两个玉米品种。当我发现这些现象的规律性以及对其的解释（我将在下文中提及）时，在我身上发生了与德·弗里斯相同的事情：我以为我发现了新的东西。但后来我说服了自己，早在19世纪60年代，布尔诺的修道院院长孟德尔不仅像我和德·弗里斯一样通过对豌豆进行了持续多年的大量杂交实验获得了相同的结果，而且还给出了完全相同的解释。今天，我们只是用"卵细胞"或"卵核"代替"生殖细胞"或"生殖囊"，这只是用"生殖核"代替"花粉细胞"而已。孟德尔也在利用菜豆开展的几个实验中得到了相同的结果，因此他猜想所发现的规则可能同样适用于许多其他情况。"

同时，科伦斯也没有忘记在文中适时地提出自己的证据：

"在许多配对中，一个性状或其基本因子比另一个性状或其基本因子强得多，以至于只有前者表现在杂交植株中，而后者根本就不出现。这一个可以被称为显性，另一个可以被称为隐性基本因子。孟德尔以这种方式命名它们，而奇怪又巧合的是，德·弗里斯现在也这样做了。

例如，子叶的黄色对绿色是显性的，红色的花对白色的花是显性的。"

这一段话，让每一个人都能读懂科伦斯的潜台词，估计当德·弗里斯看到时也会十分难堪。

当然，科伦斯这篇论文的主要目的并不是要质疑德·弗里斯，而是要表达对孟德尔的重要发现，这一点在他的论文的标题《关于品种杂交后代行为的孟德尔法则》里就可以体现出来。也是因为这一点，科伦斯的论文采取了一种特别的写作方式，没有像一般论文一样强调自己的实验结果，而是重点突出孟德尔法则。

科伦斯先是介绍了孟德尔的关键发现，主要包括七点，即孟德尔第一个实验系列种的结果，也就是涉及分离定律部分的内容。

接下来，科伦斯才呈现了自己的结果，说明自己的结果完全重现了孟德尔的发现。这还没完，接下来科伦斯所做的，是对孟德尔的发现进行提炼和升华：

"孟德尔总结道：'豌豆杂种形成卵细胞和花粉细胞，在其内在构成上，以相等的数量代表了因受精结合而产生的性状组合中所有的稳定类型。'我们可以用本文中使用的术语来描述：在杂交种的生殖细胞的形成过程中，亲本性状的基本因子间的所有可能的组合都可能产生，但同一对性状的两个基本因子永远是分开的。每个组合以大致相同的频率出现……我称之为孟德尔定律。它包括德·弗里斯的'分离法则'，也包括它所有可以从这个定律推导出来的东西。"

换句话说，孟德尔发现了遗传法则，但他自己没有把它提炼成文字，科伦斯帮他做了，而且为之命名为"孟德尔法则"。同时科伦斯还声明，德·弗里斯发现的所谓的"分离法则"其实只是孟德尔法则的一部分。

因为火车的普及，欧洲的邮路在1900年的时候已经非常通畅，科伦斯的论文手稿两天后就从图宾根到达了柏林，并在当年《德国植物学会通报》会刊的第4期上发表。

故事讲到这里，形势对德·弗里斯已经相当不利，因为他有故意隐瞒之嫌。如果真是这样，即使德·弗里斯的实验结果毫无问题，也要背上欺世盗名的千古骂名。但事情很快就有了变化，论文在5月份排版印刷之前，科伦斯在文章的后面加上了一个后记：

"与此同时，德·弗里斯在这个系列文集（今年的第3期）中发表了一些有关他的实验的更多细节。他在那里提到了孟德尔的研究，而这些研究没有在'报告'中提及。"

其中这个系列文集指的是《德国植物学会通报》，"报告"指的是《法国科学通报》。利用这个植物杂交的结果，德·弗里斯先后发表了两篇题目相同的文章，用现在的学术标准来说是学术不端、一稿多投。但在当时符合学术规范，因为两篇论文并不完全一样，他先发在《法国科学通报》的论文简要一些，之后立即又在《德国植物学会通报》发表了一个更为详细的结果。德·弗里斯寄给科伦斯的是《法国科学通报》的那个版本，里面的确对孟德尔只字未提。但在当年《德国植物学会通报》3月刊上发表的论文里，德·弗里斯在论文的最后总结时提到了孟德尔：

"从这些和许多其他实验中，我得出结论，孟德尔发现的豌豆杂交种的分离定律在植物界具有普遍适用性，并且对于研究特定性状的构成单位具有根本的重要性。"

对于德·弗里斯这两篇论文的不同，后人大多做了这样的解读：德·弗里斯在《法国科学通报》上发表的论文没有提到孟德尔，但在他把这篇论文寄给科伦斯之后，科伦斯把这一点指了出来，随后德·弗里斯就在《德国植物学会通报》上发表的论文里做了改变。

这样的解读合情合理，而且德·弗里斯上面那段关于孟德尔的话就是论文的最后一段，很突兀地放在那里，就像是临时续上的一段本不该存在尾巴。但这个解读并不符合事实，因为德·弗里斯在《德国植物学会通报》上的论文是发表在当年的第3期上，上面明确地标注着杂志社收到德·弗里斯的稿件的时间是3月14日，而科伦斯读到德·弗里斯的论文的时间却是4月21日。

也就是说，如果《德国植物学会通报》杂志没有在这个问题上疏忽或造假的话（比如把德·弗里斯原本应该在后记里的文字放到正文里），那么德·弗里斯在论文里承认孟德尔的原创性发现就是一个主动的行为，而不是在科伦斯提醒下的被动结果。主动和被动在这一问题上有着天壤之别，因为事关德·弗里斯是否真的在欺世盗名。

如果真是德·弗里斯自己主动加上去的，那么他为什么在之前的那篇论文里对孟德尔只字不提呢？

一种解释是他发表了第一篇论文后才看到孟德尔的研究，于是就在第二篇论文里承认了孟德尔的原创性。这里涉及一个重要的问题，即德·弗里斯是在什么时候看到了孟德尔的论文？对于这一点，德·弗里斯自己没有给出一个明确的回答，但他的助手和继任者斯托普斯教授后来给出了答案。孟德尔在1866年发表了《植物杂交实验》后，自己预订了40份抽印本并把它们寄给了该领域的世界各地专家，其中一份不知道通过何种渠道到了荷兰生物学家拜耶林克教授的手里。和德·弗里斯几乎同龄的拜耶林克也做过一些植物杂交工作，但后来换了研究领域，所以在1900年初把他持有的那份孟德尔论文的抽印本寄给了做植物杂交的德·弗里斯。

斯托普斯教授所提供的这点信息，还有德·弗里斯在论文里用了孟德尔发明的"显性"和"隐性"两个名词，证明德·弗里斯在《法国科学通报》上发表论文之前就读过孟德尔的论文，只是在第一篇论文里故意没有提，但在随后的第二篇论文里却补上了。为什么德·弗里斯改变了主意，至今还只能是一桩悬案。

从目前有的史料和德·弗里斯的学术轨迹来看，以下可能是一种解释：刚开始读到孟德尔的论文的时候，德·弗里斯认为这一发现非常重要，于是产生了据为己有的想法；但后来他认为孟德尔的发现其实意义不大，于是改变了主意。

说到这里要介绍一下德·弗里斯的学术成就。年轻时就十分优秀的德·弗里斯在获得了阿姆斯特丹大学的终身教职后依然勤勉，而且也有做出一番事业的雄心，他的学术生涯在40岁到达了顶峰，除了做出了"发现孟德尔"的工作外，还形成了自己的两大理论：细胞内泛生学说和突变理论。尤其是其中的突变理论，在1901年正式提出后还产生不小的影响，因为他为物种的进化的驱动力提供了一种和达尔文不一样的解释。

在1900年的德·弗里斯看来，自己即将提出的突变理论才是更为根本和普适的法则，而孟德尔法则只是适用于个别的情况。在他于1900年稍晚一些时候发表的两篇论文里提到孟德尔时就有这样的表达：

"这项法则并不新鲜。它在30多年前就被提出来了，是一个特殊的案例（豌豆）。格雷戈尔·孟德尔在《布尔诺自然研究学会会刊》中题为'植物杂交实验'的论文中推导出了这一法则。孟德尔在这里不仅进行了单对性状的杂交，也开展了两对性状的杂交。"

"这些法则的基本部分……早在很久以前，孟德尔就已经为一个特殊案例（豌豆）制定了。它们被遗忘了……并被忽视了。"

等到突变理论提出来受到一定的欢迎之后，德·弗里斯进一步确信了自己的理念，尽管孟德尔法则在此时已经得到了越来越多的认同。1910年，布尔诺为孟德尔的雕像竖立举行了庆祝活动，1922年又为孟德尔100周年诞辰举行了规模更大的庆典，两次庆典都向三位孟德尔的发现者发出了盛情的邀请。切尔马克和科伦斯欣然赴约，唯独德·弗里斯断然拒绝。他给出的理由是孟德尔不配这样的荣誉：

"我不能理解为什么学术界如此热衷为孟德尔举行庆典。盛赞孟德尔就像一个潮流，也只有那些不太懂行的人才会去跟随，但这种潮流注定会消失。这些庆典还充满了民族主义的情绪，而且是反英格兰

（尤其是反达尔文）的，这也是我所不认同的。"

后来的事实证明，德·弗里斯是错的，在历史的长河里消失的是他提出的细胞内泛生学说和突变理论，而他所不看好孟德尔法则却成了永恒。

科伦斯则不同，不仅在1900年发表论文时主动把标题定为《关于品种杂交后代行为的孟德尔法则》，而且在推介和弘扬孟德尔法则上也不遗余力。他整理和出版了《孟德尔写给内格里的书信》这一极其珍贵的科学文献，在学术上也发现了细胞质遗传现象，为孟德尔的染色体遗传提供了有力的补充。

总之，对于上面三位"孟德尔的发现者"，大致可以做一个这样的总结：切尔马克知道孟德尔，但没有完全读懂他的论文；德·弗里斯读懂了孟德尔的论文，但没有理解它的价值和意义；科伦斯既读懂了孟德尔，也意识到了他的发现的划时代意义。

到这里，"发现孟德尔"这段公案也就写完了，但孟德尔的发现还需要做一点重要的补充。20世纪初的科学中心在欧洲，尤其是在德国，所以大多数重要的科学文献都是德语，孟德尔的发现也是如此。《植物杂交实验》以及后来"发现孟德尔"的三篇论文都是用德语发表的。将孟德尔的发现介绍到英文世界，无疑加速了"发现孟德尔"的进程。

而把孟德尔介绍到英文世界的过程中，贡献最大的应该是英国剑桥大学的生物学家威廉·巴特森。在他1894年出版的《变异研究材料》一书中，巴特森就研究生物遗传机制的策略发表过这样的观点：

"我们了解真相的唯一方法是开展系统性的育种实验，这一类研究可能需要更多耐心，也需要比任何其他形式的生物学研究都要多的资源。但这样的研究迟早都要进行，只有那样我们才会开始了解它。"

巴特森在这本书里所指出的策略，实际上正是孟德尔30多年前做的事情。但需要说明的是，巴特森在写这本书的时候并不知道孟德尔。1900年，精通德语的巴特森读到了德·弗里斯和科伦斯发表在《德国植物学会通报》上的论文，也因此知道了孟德尔。1900年5月8日，在前往利物浦参加皇家园艺学会会议的大东方铁路列车上，巴特森拜读了孟德尔的《植物杂交实验》论文。当看到早在30多年前孟德尔就已经进行了自己在1894年提倡的那个系统性实验时，巴特森震惊了，但也马上意识到了孟德尔的发现的重要性，于是他临时重写了即将在皇家园艺学会会议上发表的报告，专门介绍孟德尔的工作。

1902年，巴特森进一步写成了《孟德尔遗传法则》一书，将孟德尔的论文翻译并推介到英文世界。与此同时，巴特森自己的实验室也用不同的物种（包括植物和动物）确认了孟德尔的发现。而且需要一提的是，巴特森还在1905年发明了"遗传学"一词，为孟德尔开创的现代遗传学命名，也为"发现孟德尔"画上了一个完美的分号。

说是分号而不是句号，是因为孟德尔价值的发现还未结束，开创现代遗传学只是其中的上半部分。随着遗传学的发展，孟德尔的价值也随之进一步地体现了出来。

如果把生命科学领域的科学家按照贡献大小来排座次，排在第一位的毫无疑问是达尔文。第二把交椅的评选可能会有些争议，多个颇有竞争力的科学家都足以出现在候选人名单上，但大概率胜出的很可能还是孟德尔。孟德尔在生命科学史上的地位之所以仅排在达尔文之后，是因为他的发现不仅导致了现代遗传学的诞生，而且完善了进化论，而后者更为关键。

在19世纪的科学界，人们对于达尔文提出的物种在不断进化的观点基本认同，但对于自然选择在进化过程中的核心作用则有不同的看法。换句话说，科学界基本上认同物种的进化，但对进化的驱动力则有不同的见解。有人（比如内格里）认为进化的主要动力是物种的内在的，是物种自己有要变好的潜能。也有人（比如德·弗里斯）认为是物种突变的结果，这里的突变指的是导致物种变换的大变化。之所以在进化的驱动力上存在争议，部分是因为达尔文的自然选择学说在当时并不完善，它无法在原理上让人信服，主要就是无法说明用来供自然选择的差异性性状的来源。

达尔文的自然选择理论之所以后来压倒了其他学说，就是因为遇到了孟德尔。

在1900年，孟德尔的工作被重新发现后，就开始有科学家试着将孟德尔的基因论和达尔文的进化论进行融合，其中就包括"遗传学"一词的创造者巴特森。但真正将基因论和进化论成功融合的，还是英国科学家罗纳德·费希尔。费希尔是英国生物学家和统计学家，他的研究发现，自然选择可以通过改变等位基因的频率而导致物种的进化。从1918年开始，费希尔在这一领域发表了一系列的研究论文，并在1930年把这些论文结集成《自然选择的遗传学理论》一书出版。正是因为费希尔的这些工作，孟德尔开创的遗传学和进化论才有机地结合了起来。从这个角度上来说，费希尔是孟德尔的弘扬者。不过值得一提的是，质疑孟德尔所得到的过于接近理论值3∶1这个比例的，也正是费希尔。

因为自然选择的遗传学理论，费希尔和英国遗传学家霍尔丹以及美国生物学家赖特一起成为群体遗传学的奠基者。而群体遗传学的主要内容就是在基因水平上研究进化过程中的物种的适应、物种的形成以及种群结构的变化。群体遗传学的进一步发展，导致了现代进化论的诞生，其标志就是英国生物学家朱利安·赫胥黎于1942年写成《进化：现代综论》一书。从此，达尔文所提出的进化论进入了一个新的时代，其中的核心变化就是合理地融入了孟德尔的基因论。

为了说明达尔文的进化论和孟德尔的基因论的关系，以及二者在生命科学中的地位，大概可以采用这么一个比喻：生命科学是黑暗中的一座金碧辉煌的大厦，科学家的使命就是在看不见也摸不着的情况下去发现它是什么，达尔文通过他强大的洞察力指出它是一栋房子，而孟德尔则凭借他杰出的推理能力找到了大厦内部的支柱。

孟德尔的发现的价值的下半部分，就这样体现在了现代进化论里。如果把生命科学界杰出的科学家称为殿堂级的人物，那么达尔文和孟德尔都不应该算在里面，因为他们就是这座殿堂的建造者。

第 12 章　手稿也传奇

　　自从1900年三位植物学家发现了孟德尔之后，已经逝去了近20年的孟德尔重新引起了世人的关注，成了当之无愧的现代遗传学奠基人。从此遗传学进入了新的时代，"孟德尔主义"这一名字被发明了出来，后来才被更加正规的学术用语"遗传学"取代。而他的研究论文《植物杂交实验》的手稿，就是这一划时代的发现最好的物证，也无疑是科学史上最有价值的文献之一。

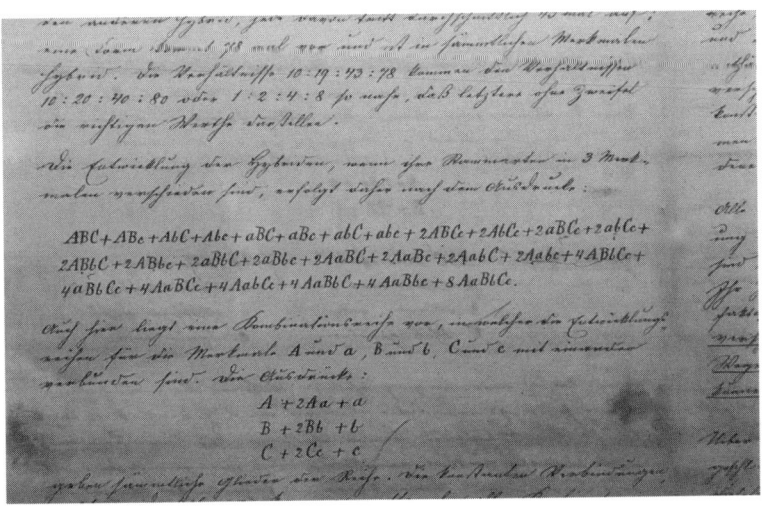

孟德尔手稿局部图(摄影：商周)

但在最初的近10年时间里，这份手稿却毫无踪影。

按照常理推测，这份手稿可能会在三个地方。一是布尔诺的圣托马斯修道院，孟德尔在这里工作了一辈子，这也是他开展豌豆实验和写成这篇论文的所在。二是在孟德尔的家人手里，虽然孟德尔没有结婚，更没有直系后代，但他供养了三个外甥上学且和他们保持了极好的关系。在孟德尔去世后，他的两个外甥曾经到圣托马斯修道院接收过一些孟德尔的遗物。三是布尔诺自然研究学会，因为《植物杂交实验》一文是在该学会的会刊上发表的，他们也可能保留了孟德尔当时提交的手稿。

英国剑桥大学的植物学家巴特森是孟德尔的坚定支持者，是他首先把孟德尔的发现介绍到了英文世界。巴特森也是第一批寻找孟德尔手稿的科学家之一，1902年他就和孟德尔的小外甥费迪南德·辛德勒有过通信联系，并咨询了关于孟德尔手稿的事情。关于孟德尔的手稿，费迪南德·辛德勒在给巴特森的信中用德语这样写道：

"或许就在这样的情况下，他自己销毁了本来想让我们为他出版的手稿，目的是不让敌人从中找到对付他的武器。"

其中的"这种情况"指的是孟德尔去世之前的一段时间，在心理和精神的健康上出现了问题，情绪不稳定；而"敌人"指的是在特殊宗教税上，孟德尔在政府中的对手。所以，从费迪南德·辛德勒提供的信息来看，孟德尔的手稿并没有保留在他的后人手里，甚至可能已经被孟德尔自己销毁了。

1905年，巴特森访问了布尔诺圣托马斯修道院。在这次访问之后，巴特森在给布尔诺当地年轻的植物学家，后来为孟德尔写传记的伊尔提斯的信中谈起过孟德尔手稿的情况。他失望地写道：

"这些手稿是否依然存在，我不能确定，但我所得到的印象是修道院里没有一个人知道它们。"

其中"这些手稿"指的就是孟德尔的论文手稿，包括《植物杂交实验》。从巴特森和伊尔提斯两人的这次通信来看，他们两人都在关注和寻找孟德尔手稿。当时两人都没有找到，而圣托马斯修道院方面对这份手稿一无所知，如果手稿依然存在，那么很有可能不在修道院。

既然没有保留在孟德尔后人的手里，修道院里也难觅踪影，那么会是第三种可能吗？即保留在布尔诺自然研究学会，但考虑到孟德尔当时已经名满天下，自然研究学会应该是布尔诺最早意识到这份手稿价值的团体，如果他们发现手稿依然在自己的手里，应该会自豪地公布出来。

难道手稿已经不再存在了吗？

这的确是有可能的，孟德尔已经去世了近20年。就像他的外甥辛德勒所提到的那样，孟德尔在去世之前可能就把手稿销毁了。在他去世之后，修道院的继任院长拉姆博塞克在与政府就宗教税的问题上采取了与孟德尔完全不同的做法，为了和政府达成和解，他烧毁了大部分的孟德尔相关的文件。就算《植物杂交实验》这份手稿在当时幸免于难，一项在当时的人看来没有什么价值的工作文件，在随后的20多年里也可能随时会被丢弃。

如果手稿真的不存在了，这种损失远远不是一个遗憾能形容的。

幸运的是，几年后手稿被发现了，而找到那份手稿的，正是上文中和巴特森通信过的伊尔提斯，第一位为孟德尔写传记的布尔诺当地的学者。

伊尔提斯1882年出生在布尔诺当地的一个犹太家庭，先后在苏黎世大学和布拉格大学学习植物学。1905年，伊尔提斯从布拉格大学获得博士学位后返回了布尔诺，成了当地一所中学的教师。1906年后，伊尔提斯兼任了布尔诺自然研究学会的秘书。在这个兼职的岗位上，伊尔提斯有了机会对学会历史上最伟大的科学家孟德尔进行更多的了解。1910年，伊尔提斯在布尔诺发起了孟德尔纪念基金会，还担任了国际孟德尔纪念会的秘书长。1924年，伊尔提斯撰写的孟德尔传记《格雷戈尔·约翰·孟德尔：生活、工作和影响》出版。这是有关孟德尔的第一部传记，也是最为经典的版本，因为里面收集了大量有关孟德尔的第一手资料。

在这部孟德尔的传记里，伊尔提斯提到了他发现孟德尔手稿的过程：在布尔诺自然研究学会图书馆的一个垃圾桶里，里面的纸张即将被用来焚烧，而孟德尔的手稿就在其中。这一戏剧性的过程为这份手稿的发现平添了一份传奇色彩，但也有学者对此表示了质疑，认为伊尔提斯有故弄玄虚之嫌。因为在1909年1月31日伊尔提斯写给巴特森的信中，他却是这样写的：

"……我在这里的自然研究学会的档案室里找到了孟德尔主要工作的原始手稿。"

不管如何，孟德尔的手稿被找到了。这份手稿是孟德尔亲手誊写并提交给学会出版的版本，一直被保存在学会的档案室里。在这份手稿的首页，有当时学会秘书尼塞尔标注的"40份抽印本"的字样。这个标记让人想起孟德尔把这些抽印本寄给世界各地同行，却又没有得到认同的往事，不禁嘘唏不已。

就在给巴特森的那封信里，伊尔提斯还询问了是否有可能把这份手稿卖给剑桥大学，他主动给出的要价是4000奥地利克朗。这里需要稍微说明一下，虽然是伊尔提斯发现了这份珍贵的科学文献，但他想出售这份手稿不是想为自己谋利，而是想在经济上为学会提供一些支持。巴特森很快就给出了回复，说他和几位生物学家商量过，都认为这是一个合适的价格。但不知道什么原因，这笔交易并没有进行。

10年后，依然还是学会秘书的伊尔提斯再次冒出了出售这份手稿的念头。这一次他询问的是美国的生物学家、冷泉港实验室的主任达文波特，给出的报价是6000美元。那时候的美国，工人平均月工资只有100美元，也就是说这个报价大概相当于一个工人5年的工资。对于一份只有几十页的手稿来说，这个价格听起来好像贵得离谱。但如果考虑到孟德尔的发现划时代的意义，这个价格就不仅不贵，而且是便宜得不可思议。关于这份手稿的市场价格，下面一点信息可能值得参考：2019

孟德尔传：被忽视的巨人

年7月29日伦敦佳士得拍卖行拍卖过一份私人收藏的孟德尔《植物杂交实验》论文的抽印本，也就是孟德尔自己预订的40份抽印本之一，最后成交价是35.2万美元。考虑到抽印本是印刷品，而且当年印刷了40份，那么如果孟德尔手稿出现在拍卖场，它的价格可能会是几千万美元，甚至更高。用现在的美国工人工资来换算，那就不是5年，而是5个世纪。但对买方来说非常遗憾的是，这笔交易当时没有达成。

假若当初伊尔提斯真的将《植物杂交实验》的手稿出售给了英国或美国，那么它现在可能就在另外一个博物馆里，也不太可能会再度回到布尔诺的圣托马斯修道院。从这个角度上来说，这笔交易没有成功是好事。但从另外一个角度来看，如果被出售到了英国或美国，这份手稿可能会得到更好的保存，至少不用再经历接下来的诸多磨难。

随着孟德尔在全世界被认同，他成了布尔诺甚至整个捷克的骄傲。

1910年，布尔诺竖起了一尊大理石的孟德尔全身雕像，这尊雕像至今依然保存在圣托马斯修道院里。第一次世界大战后，在伊尔提斯的倡议下，布尔诺圣托马斯修道院里建立了孟德尔博物馆。1922年是孟德尔100周年诞辰，当时已经属于捷克斯洛伐克共和国的布尔诺更是举行了盛大的庆典。

1910年在布尔诺竖起的孟德尔石雕像（来源：维基百科）

因为孟德尔，东欧小城布尔诺成了现代遗传学的诞生地。对待孟德尔的手稿这一珍贵的历史文献，布尔诺自然也是悉心地爱护。之前曾经两次想利用这份手稿为学会筹集经费的伊尔提斯，再也没有冒出过那样愚蠢的念头。从此这份珍贵的历史文献，就静静地躺在布尔诺自然学会档案室的保险柜里。

如果不是第二次世界大战的爆发，这份手稿或许就不会再有传奇的故事。

1939年，德国纳粹占领了捷克斯洛伐克，当时的伊尔提斯已经是布尔诺当地马萨里克高等学校的校长。像当时大多数犹太家庭出身的科学家一样，伊尔提斯选择了在德军占领布尔诺前出走。在爱因斯坦以及支援流亡学者的紧急委员会的帮助下，伊尔提斯一家在1938年秋天获得了前往美国的签证，赶在纳粹到来之前离开了布尔诺。到达美国的时候，伊尔提斯已经57岁，他在弗吉尼亚州的玛丽华盛顿学院找到了一个生物学教授的职位，在那里任教了12年。1952年，这位在布尔诺出生，对孟德尔研究最深的学者离开了人世。有一点巧合的是，晚年的伊尔提斯了解到，他的妻子居然是孟德尔的远方表侄女。孟德尔和他的研究者远方表侄女婿伊尔提斯，两人的生命在1882—1884年间在布尔诺有着从未谋面交集，从此都走进了历史。

回头说第二次世界大战期间的布尔诺，纳粹的到来带来了全方位的改变。在高等教育和研究方面，纳粹政府在布尔诺组建了德国技术学院，也成立了摩拉维亚自然科学与民族研究协会，原来的布尔诺自然研究学会就被并入了这个新成立的协会里。

对于当时已经名满天下的孟德尔，纳粹政府给予了高度的重视，并积极地利用起来。一方面，布尔诺的德国技术学院专门成立了一个工作组，任务就是收集和保护有关孟德尔的资料和文物。另一方面，纳粹党下奥地利分部的科学局也组建了一个关于孟德尔的工作小组。按照德国纳粹政府的计划，这两个小组计划在1942年合并成"孟德尔研究所"，目的是在伟大的科学家工作过的地方建立研究所去继承和发扬他们的工作，并用国家社会主义的精神去加以指导。

德国纳粹政府的"孟德尔研究所"项目有着一系列宏伟的计划，部分已经付诸实现，但整个项目没有最终完成，因为第二次世界大战结束了。1945年4月，苏联红军攻下了布尔诺，德国纳粹仓皇败退。

当新的政府接管了布尔诺自然研究学会后，人们再次想起了这份珍贵的手稿。可学会档案室的保险箱被打开的时候，里面却空空如也。

就这样，孟德尔的《植物杂交实验》手稿再一次离奇地消失了。

这份举世瞩目的手稿的消失引来了很多猜测，其中最荒谬的一种是伊尔提斯在1939年逃亡美国的时候随身带走了。之所以说这一猜测荒谬，是因为有证据表明手稿在1944年依然保存在布尔诺的自然研究学会的档案室里。在1944年出版的一本纳粹小册里，有一篇布尔诺德国技术学院的植物学教授写的《格雷戈尔·孟德尔，遗传科学的先驱》的文章，其中就有孟德尔手稿第一页的图片，而且还对图片的来源下做了如下注释："孟德尔关于杂交的著名工作的手稿的首页。经布尔诺自然研究学会领导的许可。"所以，1944年还保存在布尔诺科学研究学会的手稿在1945年不见了踪影，更有可能是和德国纳粹的败退有关。

1947年《自然》杂志上发表了一篇题为"孟德尔手稿失踪"的豆腐块文章，为这种猜测提供了一些证据。

文章很短，不到三百字：

"捷克斯洛伐克布尔诺动物技术研究所和农业学院的雅洛斯拉夫·克里策耐基博士已通知联合国驻捷克斯洛伐克救济和康复管理局代表团农业司长赫尔伯特·汉森博士，说孟德尔的手稿《植物杂交实验》已经消失。这份手稿自1910年以来一直由布尔诺自然历史学会保管，当时胡戈·伊提尔斯教授在该学会图书馆的一个废纸篓中发现了它。1939年，当德国人占领布尔诺时，布尔诺德国技术学院植物学教授奥托·里希特博士接任了马萨里克大学理学院植物生理学系主任。

这所大学的所有建筑和设施都移交给了德国技术学院。一些捷克助手被说服留在里希特手下工作。他们已经通知了克里策耐基博士，在里希特教授接管自然历史学会的公寓后，他将孟德尔的手稿放在公文包里随身携带。里希特也是研究孟德尔历史的学者，并在战争期间写了几本关于孟德尔的出版物。当德国人撤离布尔诺时，里希特消失了。人们认为他可能将孟德尔的手稿带到了德国或维也纳。目前，里希特教授和手稿的下落不明。希望官方能提供进一步的帮助来寻找这份应归还布尔诺的有意义的文件。"

根据这篇短文，当时可能带走这份手稿的人是奥托·里希特，布尔诺德国技术学院的一名植物学教授，同时还曾经是布尔诺自然研究学会的接管人。需要更正一下的是，《自然》杂志上的这篇短文错误地把关键人物里希特的名字写错了，这位教授的真实名字是奥斯瓦尔德·里希特。奥斯瓦尔德·里希特1878年出生于布拉格，1920年开始在布尔诺技术高等学校担任教授，并在1927年当上了这所学校的校长。1939年德国纳粹布尔诺政府组建了布尔诺德国技术学院，里希特继续在这里工作，并且深受重视。

除了是一名植物学家，里希特还是孟德尔的研究者，他利用职务之便收集了不少关于孟德尔的文物资料，包括孟德尔给家人写的信件。1943年，里希特出版了一部孟德尔的传记——《真实的约翰·格雷戈尔·孟德尔》。这是有关孟德尔的第二部传记，从名字就可以看得出来，里希特写的这部传记和之前伊尔提斯的版本有着完全不同的角度。在这本纳粹政府统治下出版的书里，作者加入了国家社会主义的意识形态，孟德尔和他的工作被做了不同的诠释。

回到孟德尔的手稿，作为布尔诺自然研究学会的接管人，并经常将孟德尔的手稿随身携带的里希特，是不是导致手稿在1945年消失的责任人呢？

里希特在第二次世界大战后举家离开布尔诺去了德国，战后在汉诺威兽医学院担任客座教授。在回忆起离开布尔诺的场景时，他自己有过这样的描述：

"在俄罗斯人袭击布尔诺的前两天，我遵照来自布拉格的命令离开了布尔诺镇，并将保险箱的钥匙交给了助理。"

至于孟德尔的手稿去向，他只字未提。

1955年，里希特在汉诺威去世，关于孟德尔手稿最重要的线索就此中断了。

1965年，学界为"发现孟德尔"100周年举行隆重的庆祝活动，但孟德尔手稿依然不见踪影。

1993年，捷克斯洛伐克联邦共和国解体，之后被分成了捷克和斯洛伐克两个国家。孟德尔的那份手稿，依然没有出现在大众的视野里。

从1945年失踪开始算起，时间已经过去了近半个世纪。如果手稿已经不复存在，无疑是莫大的损失；但如果它是静静地被保存在某个地方，那它的失踪可能反而是"塞翁失马，焉知非福"。因为第二次世界大战后，捷克进入了社会主义的阵容，成了亲近苏联的国家。在遗传学上，社会主义的捷克政府奉行的是苏联的李森科主义，孟德尔学说遭到了批判。所以，如果孟德尔手稿没有在第二次世界大战后消失，而是继续被保管在布尔诺的自然研究学会的档案室里，那么在奉行李森科主义的政府的统治下，它将会遭遇什么样的命运呢？

历史不容假设，但思考这一问题让人不安。

1992年，孟德尔手稿终于再一次出现在大众的视野里。这一年，德国达姆斯达特一家出版社出版了一部《回忆约翰·格雷戈尔·孟德尔》的书。里面有孟德尔手稿全文的传真版，该书的作者是瓦尔特·曼教授，他是孟德尔的妹妹特蕾西娅的后代，具体说就是孟德尔最钟爱的外甥阿洛伊斯·辛德勒的外孙。因为之前手稿从来没有以全文的形式发表过，这个传真版的出现说明手稿依然存在。

既然孟德尔的外甥曾经肯定地说过手稿不在他们手里，那么这份珍贵的手稿又如何再度出现在特蕾西娅的后人瓦尔特·曼那里的呢？

当时手稿的持有人不是瓦尔特·曼教授，而是克莱门斯·里希特神父。里希特是一位奥地利萨尔茨堡的奥古斯丁教派的修士，他得到该手稿的时间是1987年，来源是维也纳的奥古斯丁教区。在到达维也纳的奥古斯丁教区之前，从第二次世界大战结束之后的那段时间里，书稿则是由波希米亚的奥古斯丁教区保管。

当看到克莱门斯·里希特这个名字，人们自然会联想到奥斯瓦尔德·里希特，就是那位在第二次世界大战时期布尔诺自然研究学会的接管人、植物学教授、孟德尔的研究者，那位经常将孟德尔手稿随身携带的为纳粹政府工作的捷克人。虽然两人的名字都是里希特，而且都在捷克出生，但他们之间并无亲戚关系。

实际上，持有孟德尔手稿的克莱门斯·里希特神父还有一个身份，就是他也是孟德尔家族的后人。在2015年为一家学术杂志撰写的一篇评论和纪念孟德尔的文章里，里希特神父绘制了一张家族谱，详细说明了他和孟德尔的亲戚关系。简要地说，里希特神父是孟德尔姐姐维罗妮卡的后代，他和孟德尔的关系可以这样描述：克莱门斯·里希特的外婆是孟德尔的外甥女。

克莱门斯·里希特成了手稿的持有人后并没有声张，虽然在1992年曾经让同属孟德尔后人的瓦尔特·曼进行了出版，但对这份珍贵的手稿的归属，他迟迟没有做出决定。直到十几年后他才告知了孟德尔家族的其他后人，共同探讨把这份手稿变成家族共同财产的可能性。

第二次世界大战后，居住在捷克斯洛伐克的德意志人成了不受欢迎的群体，他们像难民一样迁回了德国，孟德尔的姐姐和妹妹的后代也是如此。经过几代人的努力，他们在德国扎根，也有了不错的社会地位，其中就有医生、教授、神父。但在20世纪90年代末，孟德尔的手稿已经成了无价之宝，如果它进入拍卖市场，所拍出的价格将十分惊人。这份手稿的潜在市场价格，对于孟德尔家族的后代来说，依然是一个难以抗拒的天文数字。

2001年，孟德尔家族的八个家庭一起成立了一个公司，宣布这份手稿将作为他们家族的共同财产，并将手稿保存在一个银行的保险柜里。孟德尔家族的这一举动引起了奥地利奥古斯丁教区的不满，他们认为这份手稿的所有权应该归该教区，克莱门斯·里希特之所以能持有这份手稿，是因为他是其中的修士，而不是因为他是孟德尔的后人。

手稿的重新出现，也引起了捷克方面的注意，他们认为手稿的所有权是布尔诺自然研究学会，所以手稿应该回归布尔诺。这一主张算得上是合情合理，但却遭到了奥地利方面的强烈反对。孟德尔这位当年在维也纳大学花名册上找不到名字的学生、两次在这里参加教师资格考试失败的中学代课教师，已经成了这所大学的骄傲，以及曾经的奥地利帝国时期的荣光。为了维护自己对孟德尔手稿的所有权，奥地利方面给出了这样的理由：孟德尔当时是向学会投稿，而在文章发表之后手稿就应该还给作者，因此所有权不应该是学会。

这场涉及三方的争论在2010年5月有了一个结果，在来自主教不断施加的压力下，克莱门斯·里希特说服了孟德尔家族从保险柜中取出了手稿，把它交给了奥地利奥古斯丁教区。面对一个巨大的财富泡沫的破灭，孟德尔后代族群里有人表示理解，也有人为此埋怨不已。

在手稿重新回到了奥地利后，捷克和奥地利两国围绕它进行了长达两年的艰难的谈判。2012年，这份手稿重新回归了布尔诺，成了位于圣托马斯修道院中的马萨里克大学孟德尔博物馆（以下简称孟德尔博物馆）的藏品。

位于当年孟德尔工作过的修道院内的孟德尔博物馆建立于2002年，2007年正式成了布尔诺马萨里克大学的一个机构。博物馆不大，由纵深方向排列的四个小房间组成。博物馆不仅小，里面展出更多的还是电子化的信息，有关孟德尔的实物非常有限。除了孟德尔当年研究植物用的显微镜和观察气象用的望远镜，博物馆内展出的孟德尔使用过的遗物里就只有一些园艺工具以及佩戴过的十字架和眼镜。

让整个布尔诺和捷克为之骄傲的孟德尔，他的博物馆的展览如此寒酸，也是实在出于无奈。就像上面提到的，孟德尔去世后，他的继任者烧毁了和孟德尔有关的大量文字材料，保留下来的就只是那些当时觉得还有实用价值的工具。但是，孟德尔手稿的回归，让这个寒酸的博物馆一下蓬荜增辉，这不仅是该博物馆的镇馆之宝，也是布尔诺和捷克的国宝。妥善地保存和呵护，自然不必多言。

但故事还没有结束。

2015年，手稿又一次神秘地从孟德尔博物馆消失了，而且出现在奥地利的维也纳。显然，奥地利方面对于3年前归还这份国宝级的手稿一事依然耿耿于怀。接下来又是艰难的谈判，最后手稿还是回归了孟德尔工作了一辈子的圣托马斯修道院，也是手稿诞生的地方。至于其中涉及多少外交的斡旋，多少利益的交换，没有人知道。

现在，这份由12张双页纸组成、正反两面书写、共计15000多个德语单词的手稿，就静静地被展览在修道院中的孟德尔博物馆里，向世人诉说它的艰辛和传奇。

曾经为这份手稿的归属权争论不休的捷克和奥地利也终于达成了和解，两国共同推出了一项"孟德尔的手稿计划"，目的是以该手稿为主题申请世界文化遗产。如果它能被联合国世界教科文组织在2022年顺利批准，那将是对孟德尔诞辰200周年最好的纪念。

附录：孟德尔的论文和通信

　　孟德尔通过豌豆杂交实验，发现了遗传学的第一和第二定律。在植物杂交这个主题上，孟德尔发表过两篇学术论文。第一篇就是1866年发表的《植物杂交实验》，在这项长达近10年的关于豌豆杂交研究里，孟德尔做出了划时代的发现。之后孟德尔尝试着用更多的植物去验证在豌豆中的发现，包括山柳菊、菜豆、玉米、紫茉莉等。其中菜豆、玉米、紫茉莉等植物都重现或部分重现了豌豆的结果，但耗时最多的山柳菊却完全不同。1870年，孟德尔发表的《关于人工授粉获得的山柳菊杂交种》这一论文，其中报道的是他在1866—1869年间开展的关于山柳菊杂交的初步研究。因为这两篇论文对我们理解孟德尔的发现至关重要，所以我对它们进行了全文翻译，所采用的底稿是德语原文。

　　在发表山柳菊的那篇论文后，孟德尔还继续对山柳菊以及多种其他植物进行了研究，虽然实验样本量增加了很多，但有关山柳菊的杂交实验依然没有取得任何突破性的进展，他也没有再将结果发表出来，这些实验的进展被记录在他和慕尼黑大学的植物学家卡尔·威廉·冯·内格里的通信里。这些书信首先由内格里的学生卡尔·科伦斯整理以《格雷戈尔·孟德尔写给卡尔·内格里的信，1866—1873》为题在1905年用德文发表，之后在1950年被翻译成英文发表在《遗传》杂志上，本文就是根据1950年出版的英文版本翻译而成的。

植物杂交实验

格雷戈尔·孟德尔

在1865 年 2 月 8 日和 3 月 8 日的会议上宣读

发表于布尔诺自然研究学会会刊第四卷（1865年文集），

第3~47页，1866年出版。

引　言

人工授粉的经验，例如，为了获得新的颜色变异而对观赏植物进行的授粉，促使了将在此处讨论的这项实验的进行。每当同种之间发生人工授粉时，相同的杂交类型的重复出现表现出了一种很明显的规律性，这为进一步的实验提供了动力，其目的是继续研究杂交种后代的发育情况。

一些细心的观察者，如科勒鲁特、盖特纳、赫伯特、勒科克、维丘拉和其他人，都为这一目标付出了不懈的努力，贡献了他们部分的生命。尤其是盖特纳，在他的作品《关于植物王国里杂交种的研究和观察》中记录了非常有价值的观察。最近，维丘拉也发表了他对关于柳树杂交的一些深入研究结果。当一个普遍适用于杂交种的形成和发展的法则还没有建立的时候，对于任何熟悉这一领域并了解其中困难的人来说，都不会对这类实验必然会面对巨大的挑战感到奇怪。只有当我们获得了在高度多样化的植物上进行的详细实验的结果时，才能得出最终的结论。那些在这一研究领域工作的人有这样一个共识：在所有进行的众多实验中，没有一项在开展的程度和方式上可以检测出杂交后代出现的不同表型的数量，或根据杂交后代的世代有把握地预测这些表型的发生情况，或确定它们之间的数量关系。开展这样一项意义深远的工作确实需要一些勇气，但这似乎是解决这一问题唯一正确的办法，它在生命形态的进化史上有着极其重要的意义。

这篇论文记录了这样一个详细的实验结果。这项实验实际上只限于一个小的植物类群，经过8年的时间后已经基本完成。本文里的实验设计和所开展的实验是否达到了预期的目的，将留给读者自己判断。

实验植物的选择

任何实验的价值和有效性都是由实验材料以及对其使用的合理性决定的，因此在本实验里，选择什么植物以及以何种方式进行实验就是一件重要的事情。

如果希望从一开始就避免出现任何有问题的结果，就必须尽可能谨慎地选择用于这类实验的植物。

实验植物必须符合以下条件：

1. 拥有稳定的可以区分的性状。

2. 杂交种在开花期必须容易受到保护，以免受到外来花粉的影响。

3. 杂交种和其后代在接下来的几个世代中，在可育性方面不会有明显的变动。

外来花粉的意外污染，如果在实验中发生而没有被发现，将导致完全错误的结论。某种形式的可育性下降或完全不育，就像发生在许多杂交种的后代身上的那样，会让实验变得非常艰难，甚至完全受挫。为了发现杂交种彼此之间以及它们与亲本之间的关系，就有必要对每个连续几个世代的个体进行全面观察和研究。

因为豆科植物具有独特的花形结构，从一开始它们就受到了研究人员的特别关注。用这个家族的几个成员进行的实验发现，豌豆属植物完全满足以上三个条件。该属的一些物种拥有稳定的、可以进行明确区分的差异性状，当它们的杂交种相互交配时，可以产生完全可育的后代。此外，外来花粉的污染不容易发生，因为它的受精器官被龙骨瓣紧密地包裹着，花药在花蕾内爆裂，所以在开花前柱头就已经被自身花粉覆盖。这种情况尤其重要。另外值得一提的优势是，这种植物在露天和盆中都容易栽培，而且生长周期相对较短。虽然人工授粉有些复杂，但几乎总是可以成功。要做到这一点，需要打开尚未完全发育的花蕾，把龙骨瓣去掉，然后用镊子小心翼翼地取出每个雄蕊，之后就可以立即在柱头上撒上外来花粉。

我从几个种子商那里获得了34个带有或多或少的区别的豌豆品种，并进行了为期两年的预实验。在其中的一个品种中，播种培育出来的植株绝大多数在形态上都相同，但有极少数几株有明显差异。但这些变种在第二年并没有再表现出变化，而且在形态上与从同一个种子商那里获得的另一个品种完全一致。因此，这些种子无疑只是偶尔混杂进去的。所有其他品种都产生了完全稳定和相似的后代，至少在这两个试验年中没有观察到明显的变异。在之后的整个实验期间，22个品种被选来授粉和培育，它们毫无例外地在性状上保持了稳定。

对这些豌豆品种进行系统的分类比较困难，也有一定的不确定性。如果采用最严格的物种定义，只有那些在同一条件下表现出完全相同特征的个体才属于同一个物种，那么这些品种中没有两个可以被归为一个物种。然而，在专家们看来，这些豌豆品种里的大多数属于豌豆(*P. sativum*)这一物种；而其余的或者是豌豆的亚种，或者是其他物种，如 *P. quadratum*、*P. saccharatum* 以及 *P. umbellatum*。然而，在分类系统中为这些品种做精细的定位，对于本实验的目的来说并不重要。到目前为止，人们发现要在物种的杂交种和品种之间划出一条清晰的界限，就像要精确区分物种和品种一样不可能。

实验的分组和安排

如果两种在一个或多个性状上有着稳定差异的植物中进行杂交，

那么正如许多实验所证明的那样，它们之间相同的性状会不变地传递给杂交种以及它们的后代；它们之间不同的性状在杂交种中会结合起来形成一种新的性状，而这种性状在杂交种的后代中通常是可变的。本实验的目标是观察研究每对可区分性状在杂交种中的变化，并推断出它们在连续几个世代的后代中出现的规律。根据实验植物中存在的不同的性状的数目，该实验本身也被相应地分解为同样多的单独实验。

用于杂交的各种品种的豌豆在茎的长度和颜色、叶子的大小和形状、花的位置、颜色和大小、花茎的长度、豆荚的颜色、形状和大小、种子的形状和大小以及种皮和胚乳蛋白的颜色方面都有差异。然而，所列举的性状里有一些并不允许进行明确的区分，因为这种区别的性质是"多一点或少一点"，而这往往难以界定。这样的性状不能用于单独的试验，因为实验里只能采用在植株中有着突出而且明确的性状。最终的结果必须说明，通过这些性状是否能在整体上观察到杂交结合的规律性行为，以及是否可以由此对那些非典型的性状做出判断。

被选入实验的性状如下：

1. 成熟的种子形状的差异。这些种子要么是圆形，表面出现的凹陷（如果有的话）总是很浅；要么是不规则的形状，表面有深深的皱纹（*P. quadratum*）。

2. 种子白蛋白（胚乳）颜色的差异。成熟种子的胚乳颜色为淡黄色、浅黄色或橙色，或者具有或多或少的浓绿色。这种颜色的差异在种子上清晰可见，因为它们的外壳是半透明的。

3. 种皮颜色的差异。要么是白色的，而白花往往经常与之相关；要么是灰色、灰棕色、革质棕色，带或不带紫色斑点，在这种情况下，花瓣的颜色是紫色的，而茎在叶腋处是红色的。灰色的种皮在沸水中会变成黑褐色。

4. 成熟的豆荚形状的差异。要么是饱满的形状，没有一点收缩地方；要么是在种子之间深深地收缩，还或多或少有些皱纹

（*P. saccharatum*）。

5. 未成熟豆荚颜色的差异。它要么是浅绿色到深绿色，要么是鲜艳的黄色，茎、叶脉和花萼也参与其中(作者注：有一个品种的豆荚颜色为美丽的棕红色，成熟时变成紫色和蓝色，关于这一性状的实验是在1864才开始的)。

6.花的位置的差异。它们要么是腋生的，即沿主茎分布；要么是顶生的，即在茎的顶端成束，几乎排列成一个假伞形花序的形式。在这种情况下，茎的上半部分在横截面上或多或少地变大了（*P. umbellatum*）。

7. 茎长度的差异。茎的长度在各种品种的豌豆中非常不同，但对每个品种来说都是一个稳定的性状，因为它在同一土壤中生长的健康植株中只发生微弱的变化。在关于这一性状的实验中，为了能够做出明确的区分，6~7英尺的高茎品种总是用来与0.75~1.5英尺的矮茎品种进行杂交。

在每个上述可区分性状上表现不同的两个亲本，通过人工授粉而结合的情况如下：

实验1：对15株植物进行了60次授粉。

实验2：对10株植物进行了58次授粉。

实验3：对10株植物进行了35次授粉。

实验4：对10株植物进行了40次授粉。

实验5：对5株植物进行了23次授粉。

实验6：对10株植物进行了34次授粉。

实验7：对10株植物进行了37次授粉。

从同一品种的大量植株中，只选择有活力的植株进行授粉。弱小的植株总会带来不确定的结果，因为在这些弱小的植株的第一代杂交种中，甚至在第二代中，一些后代要么根本不开花，要么只产生少量的劣质种子。

此外，在所有的实验里，都以这样的方式进行互交，即在一组授粉中作为种子植株的两个亲本之一，在另一组授粉中作为花粉植株使用。

这些植物种在花园里，有一小部分种在花盆里，并通过木棍、树枝和系于其间的绳子来保持植株自然直立的姿势。在每个实验中，在开花期间一些盆栽植株放置在温室里，用来作为花园中主要实验植株的对照，主要是考虑到花园里的植株可能受到昆虫的干扰。在那些访问豌豆的昆虫中，如果豌豆象鼻虫大量出现，可能会对实验造成损害。已知这种雌性甲虫会在花中产卵，同时会把龙骨瓣打开；在豌豆花中抓到的一只豌豆象鼻虫标本的跗节上，上面的花粉颗粒在显微镜下清晰可见。此外，这里还必须提到一种情况，这种情形可能会导致外来花粉的混入。在极少数情况下，原本正常发育的花朵的某些部分发生了萎缩，导致受精器官的部分暴露。有时龙骨瓣的发育也会有缺陷，由于这个原因，柱头和花药仍有部分未被覆盖。有时也会发生花粉未完全发育的情况，在这种情况下，雌蕊的花柱在开花期会逐渐伸延，直到柱头突出在龙骨瓣之上。这种特别的现象在菜豆属和山黧豆属的杂交里也发现过。

然而，外来花粉混入的风险在豌豆中是非常小的，而且在整体上不会对结果产生干扰。在经过仔细检测的一万多株豌豆植株中，只有极少数发生了外来花粉混入的情况。由于在温室里的植株中从未观察到这种情况，因此可以认为导致外来花粉混入的主要原因是豌豆象鼻虫，也许还有上面提到的花朵结构的异常。

杂交种的表型

之前在观赏植物上进行的实验已经表明，杂交种通常不完全是两个亲本之间的中间产物。对于一些比较直观的性状，如叶子的形状和大小、一些部位的短柔毛等，杂交种表现为两个亲本的中间产物的情形几乎总是可以看到；但在其他情况下，杂交种表现为两个亲本中的一个情形是如此明显，以至于很难或不可能找到例外的情况。

豌豆杂交的情况也是如此。在上面提到的七个性状中，每一个在杂交株里的表现都与亲本之一的表型非常相似，以至于另一个亲本的表型要么在杂交株中观察不到，要么难以认定。这一情况对于确定和区分杂交后代的形态具有重要的意义。在本文的进一步的讨论中，那些完全或几乎不变地传递给杂交株并因而代表了杂交株的表型被称为显性的；而那些在杂交株中成为潜伏的表型被称为隐性的。之所以选择"隐性"一词，是因为这种性状的表现形式虽然在杂交株中消退或完全消失，但在它们的后代中将会以原来的形式重新出现，这一点将在后面描述。

此外，整个实验还表明，显性的性状属于种子亲本还是花粉亲本植株是完全无关紧要的，因为在这两种情况下，杂交种的表型完全相同。盖特纳也强调了这一有趣的现象，即使是最有经验的专家也无法确定在一个杂交种中，两个亲本里的哪一个是种子或花粉亲本植株。

在本实验中使用的差异性状中，以下表型是显性的：

1. 圆形或扁圆的种子形状，有或没有浅的凹陷。

2. 种子胚乳的黄色颜色。

3. 种皮的灰色、灰棕色或革质棕色，结合紫红色的花朵和叶腋处的红色斑点。

4. 豆荚的饱满形状。

5. 未成熟豆荚的绿色，与茎、叶脉和花萼的颜色相同。

6. 花朵沿茎的分布形式(腋生)。

7. 更长的茎的长度(高茎)。

关于上面最后一个性状，必须说明的是，杂交种的茎长通常会比两个亲本里较长的那个还要长一些，这也许只是因为当茎的长度非常不同的两个亲本杂交时，杂交株的各个部分都会长得更旺盛一些。就如在多次进行过的实验里显示的那样，茎长分别为1英尺和6英尺的两个亲本的杂交无一例外地得到了茎长在6~7.5英尺的杂交株。在关于种皮颜色这个性状的实验里，杂交种子往往有更多的斑点，而且这些斑点有时会凝聚成蓝紫色的小斑块。这样的斑点经常在杂交种上出现，即使在它们的亲本都没有斑点的情况下也是如此。

在人工授粉后，种子形状和胚乳颜色这两个性状的表型就会很快呈现出来，因此在授粉实验的当年就能观察到。而所有其他性状的表型，则只有等到第二年才会表现在由杂交种子培育出来的植株上。

由杂交种产生的第一代

在这一代中，除了显性性状外，隐性性状也会充分地表现出来，而且二者出现的比例确定在3∶1左右，即在这一代的每四株植物中，有三株表现显性性状，一株表现隐性性状。这一规律毫无例外地适用于所有被纳入实验的性状。种子的皱形，胚乳的绿色，种皮和花的白色，豆荚的收缩，未成熟的豆荚的黄色，茎、花萼和叶脉的黄色，花序的伞状形式（顶生），以及矮茎，这些隐形性状都按照以上所给的数字比例重新在这一代里出现，没有任何本质上的偏差。而介于显性性状和隐性性状间的过渡表型，则没有在任何实验中观察到过。

由于雌雄互换的两种杂交方式所产生的杂交种是相同的，而且在它们的进一步发育中没有任何可以察觉到的差异，因此这些雌雄互换杂交的结果可以在每个实验里归在一起计算。对于实验里的每一对可区分性状，显性和隐形表型之间的比例如下：

实验1：种子的形状。在第二个试验年，从253个杂交种中获得了7324粒种子。其中有5474粒是圆形或偏圆形，1850粒是皱形。由此可以推断出二者比例为2.96∶1。

实验2：胚乳的颜色。258株植物产生了8023粒种子，其中6022粒为黄色，2001粒为绿色，因此它们的比例为3.01∶1。

在这两个实验中，每个豆荚通常都能产出两样种子。在发育良好的豆荚中，平均有6~9颗种子，有时所有的种子都是圆形的(实验1) 或都是黄色的 (实验2)；在一个豆荚上从未观察到超过5个有皱纹或5个绿色的种子。荚果在杂交株中是早期还是晚期发育，或者是从主茎还是从侧枝长出，似乎对上面两个性状没有什么影响。在一些少数植株中，最初形成的豆荚中只有极少数量的种子，而且同一豆荚里的种子几乎都只出现一种表型；但在随后发育的豆荚中，两种表型的种子却仍然保持着正常的比例。就像在单个豆荚中一样，这些表型的分布在单个植株中也存在一些差异。这两个系列实验中的前十株植物都可以用来举例说明：

植株	实验1 种子形状		实验2 胚乳颜色	
	圆形	皱形	黄色	绿色
1	45	12	25	11
2	27	8	32	7
3	24	7	14	5
4	19	10	70	27
5	32	11	24	13
6	26	6	20	6
7	88	24	32	13
8	22	10	44	9
9	28	6	50	14
10	25	7	44	18

关于两个种子性状在一株植物中分布的极端情况，在实验1里，有一株上观察到43个圆形种子但只有2个皱形种子，以及另一株上有14个圆形和15个皱形种子。在实验2中，有一株上有32个黄色的种子但只有1个绿色的种子，但也有一株有20个黄色和19个绿色的种子。

这两个实验对确定平均比例很重要，因为它们表明，在实验植株数量较少的情况下结果可能会出现非常大的波动。在计算种子时，尤其是在实验2中，需要注意一些问题。因为在许多植株的一些种子中，胚乳的绿色发育不佳，一开始可能很容易被忽略。造成这种部分绿色消失的原因与植物的杂交性质没有关系，因为它同样发生在亲本品种中。这种特殊性也只限于个体，不会被传递给后代，这种情形经常在生长茂盛的植株中出现。在发育过程中被昆虫破坏的种子往往在颜色和形状上也有所不同，但只要在分类上稍加练习，就很容易避免错误的发生。最后一点好像无须提及，就是豆荚必须留在植株上，直到它们完全成熟并变得干燥，因为只有到那个时候，种子的形状和颜色才会充分地表现出来。

实验3：种皮的颜色。在929株植物中，705株开紫红色的花，有灰褐色的种皮；224株开白色的花，有白色的种皮。这使得二者比例为3.15：1。

实验4: 豆荚的形状。在1181株植物中，有882株的豆荚呈现饱满的形态，299株呈收缩的形态。结果比例为2.95：1。

实验5: 未成熟的豆荚的颜色。试验植物的数量为580株，其中428株为绿色豆荚，152株为黄色豆荚。因此，它们的比例为2.82：1。

实验6: 花的位置。在858株植物中，651株是腋生的，207株是顶生的。二者比例为3.14：1。

实验7：茎的长度。在1064株植物中，787株的茎是高的，277株的茎是矮的。因此，二者比例为2.84：1。在这个实验中，矮小的植物被小心翼翼地挖出来，转移到一个特殊的花坛中。这种预防措施是必要的，否则它们会因为被高大的亲属植株覆盖而枯萎。即使还处在幼苗的状态下，它们很容易被辨认出来，因为它们有着较为紧凑的生长方式以及深绿色的厚叶子。

如果现在把整个实验的结果综合起来，我们就会发现，具有显性和隐性性状的植株的数量之间，平均比例为2.98：1，或近似3：1。

显性性状在这里可以有双重含义，即亲本显性性状或杂交显性性状。对于具体的个体来说，它的显性性状是属于哪一种，只有通过观察下一代的表型才能确定。作为亲本显性性状，它必须不变地传递给所有的后代；而作为一个杂交显性性状，则将会出现与杂交种的第一代后代相同的情形。

由杂交种所产生的第二代

对于那些在第一代中表现出隐性性状的类型，它们在第二代中不会再有变异，而且在接下来的后代中也会保持稳定。

那些在第一代中表现出显性性状的类型则不然。其中三分之二的后代以3：1的比例呈现显性和隐性性状，这与杂交第一代的情形完全相同，而只有三分之一的后代保持着稳定的显性性状。

分别进行的实验得出了以下结果：

实验1：在用第一代的圆形种子培育的565株植物中，有193株只产生圆形的种子，因此在这个性状上保持不变；但有372株同时产生圆形和皱形的种子，比例为3：1。因此，产生杂交型种子和产生稳定型种子的植株数量的比例是1.93：1。

实验2：从第一代胚乳蛋白为黄色的种子中培育出的519株植物，其中有166株完全是黄色的，而353株则以3：1的比例产生黄色和绿色的种子。因此，杂交型除以稳定型所得到的比例为2.13：1。

在下面的实验中，每个单独的实验都选择了100株在第一代中呈现出显性性状的植物，为了确保实验结果具有代表性，从每株植物上都采集了10粒种子进行培育。

实验3：36株植物的后代只产生了灰褐色的种皮；64株植物的后代部分产生灰褐色的种皮，部分产生白色的种皮。

实验4：29株植物的后代只有饱满的豆荚；但71株植物的后代的

豆荚部分是饱满的，部分是收缩的。

实验 5：40 株植物的后代只有绿色的豆荚；60 株植物的后代的豆荚部分为绿色，部分为黄色。

实验 6：33 株植物的后代只有腋生花；而 67 株植物的后代部分是腋生，部分是顶生。

实验 7：28 株植物的后代只有高茎；72 株植物的后代部分有高茎，部分有矮茎。

在以上每个实验中，都有一定数量的植株只表现出显性性状。对于确定显性性状的分离比例来说，前两个实验尤其重要，因为在这些实验中可以比较更多的样本。1.93∶1 和 2.13∶1 的比例合并起来的平均比例几乎正好是 2∶1。实验 6 给出了一个和这个比例相当一致的结果；在其他的实验中，比例或多或少地有些波动，鉴于 100 株试验植物的数量较少，这种波动是在预料之中的事情。鉴于实验 5 的结果显示出了最大偏差，这里的比例是 60∶40，这个实验被重复了一次，结果得到的比例是 65∶35。所以 2∶1 的这个平均比例似乎是确定的。由此证明，在第一代拥有显性性状的个体中，三分之二具有杂交属性，而另外三分之一则具有稳定的属性。

第一代中显性和隐性性状分布的 3∶1 这个比例，如果从显性性状的杂交特性或亲本特性这一意义来区分的话，那么它就会变成 2∶1∶1 的比例。由于杂交第一代成员直接产生于杂交种的种子，现在就很清楚了，对每个性状而言，杂交种的种子拥有两种不同的特性之一，其中一半将再次保持为杂交种的特性；而另一半则产生稳定的表型，其中的显性和隐性表型的数目大致相同。

由杂交种所产生的后续世代

杂交种后代的第一代和第二代中的发育和分离的比例关系，大概对所有后续的后代都适用。现在实验 1 和实验 2 已经进行了六代，实验

3和实验7进行了五代，而实验4、实验5和实验6已经进行了四代。这些实验从杂交的第三代开始只用少量的植株进行，但没有发现明显偏离这一规律的现象。在后续的每一代中，杂交种的后代都以2∶1∶1的比例分离为杂交型和稳定型。

如果用A表示两个恒定性状中的一个，比如显性性状，a表示隐性性状，Aa表示二者结合的杂交形式，那么这个表达式为

$$A + 2Aa + a$$

就显示一对可区分性状的杂交种后代系列的情况。

盖特纳、科勒鲁特和其他人所做的观察，即杂交种有重归亲本的趋势，也被本实验所证实。从本实验里可以看到，与成为稳定的形式相比，由一次授粉产生的杂交种的数量在后代中依代递减，但尽管如此，它们不可能完全消失。如果假定所有植物在各代中的繁殖能力相同，而且进一步考虑到每个杂交种形成的种子中，有一半再次产生杂交种，而另一半则以相等的比例持有稳定的两个表型中的一个，那么每一代的后代的数量比例可以通过以下总结表推算出来，其中A和a再次表示两个亲本性状，而Aa表示杂交形式。为简略起见，可以假设每一代中的每一植株只产生4颗种子。

世代	数　　量			比例
	A	Aa	a	A∶Aa∶a
1	1	2	1	1∶2∶1
2	6	4	6	3∶2∶3
3	28	8	28	7∶2∶7
4	120	16	120	15∶2∶15
5	496	32	496	31∶2∶31
n				$2^n-1 : 2 : 2^n-1$

例如，在杂交后代的第10代中，$2^n-1=1023$。因此，在这一代中出

现的每2048株植物中，有1023株具有恒定的显性性状，1023株具有隐性性状，只有2株是杂交形式。

同时多对可区分性状结合在一起的杂交后代

在刚才讨论的实验中，所使用的植物只在一个基本性状上有差异。下一个任务是研究当几对可区分性状通过杂交结合在一起时，所发现的规律是否也适用于每一对可区分性状。

至于这些情况下的杂交种的形态，实验表明，总是更接近于两个亲本植物中拥有更多显性性状的那一个。例如，如果作为种子亲本的植株有一个矮茎、顶生的白花和饱满的豆荚，而作为花粉亲本的植株有一个高茎、腋生的紫红色的花和呈收缩形态的豆荚，那么杂交种只在豆荚的形态上与种子亲本相似，而在其他表型上与花粉亲本一致。如果两个亲本中的一个只具有显性性状，那么杂交种在形态上就很难或根本不能与这个亲本区分开来。

有两个实验是用大量的植株进行的。在第一个实验中，两个亲本植株在种子的形状和胚乳的颜色上有差异；在第二个实验中，它们在种子的形状、胚乳的颜色和种皮的颜色上有差异。有关种子性状的实验，能以最简单和最确定的方式实现研究的目标。

为了便于理解，种子亲本的性状将用A、B、C表示，花粉亲本的性状将用a、b、c表示，而这些性状的杂交形式则用Aa、Bb、Cc表示。

实验1：

AB 种子亲本	ab 花粉亲本
A 圆形种子	a 皱形种子
B 黄色胚乳	b 绿色胚乳

受精的种子呈圆形和黄色，这与种子亲本的种子相似。利用它们

播种所培育出的植株产生了四种不同类型的种子，它们经常在一个豆荚里一同出现。总共从15株植物中获得556粒种子，其中有：

315粒	圆形和黄色
101粒	皱形和黄色
108粒	圆形和绿色
32粒	皱形和绿色

所有这些种子在第二年都用来培育成植株。在圆形的黄色种子中，有11粒没有发芽，3粒种子没有长成成熟的植株。剩下的植株中有：

38 株有圆形黄色种子	AB
65 株有圆形黄色和绿色种子	ABb
60 株有圆形黄色和皱形黄色种子	AaB
138 株有圆形黄色和绿色，皱形黄色和绿色的种子	AaBb

在皱形的黄色种子培育的植株中，有96株结出了果实，其中有：

28 株只有皱形黄色种子	aB
68 株有皱形黄色和绿色种子	aBb

在108颗圆形的绿色种子培育的植株中，有102株结出了果实，其中有：

35 株只有圆形的绿色种子	Ab
67 株有圆形和皱形的绿色种子	Aab

由皱形绿色种子培育出了30株植物，它们都结出了完全相同的种子，保持了不变的ab（皱形绿色）的表型。

因此，杂交种的后代以9种不同的形式出现，各种形式的数量非常不等。当这些结果被收集和整理后，可以发现：

38株	植物带有字母标志	AB
35株	植物带有字母标志	Ab
28株	植物带有字母标志	aB
30株	植物带有字母标志	ab
65株	植物带有字母标志	ABb
68株	植物带有字母标志	aBb
60株	植物带有字母标志	AaB
67株	植物带有字母标志	Aab
138株	植物带有字母标志	AaBb

所有的形式按照它们的属性可以归为三大类。第一类包括那些以AB、Ab、aB和ab代表的形式：它们只拥有不变的特性，在下一代不会再有变化。这些形式中的每一种都大约出现了33次。第二类以ABb、aBb、AaB和Aab代表：这些形式在一个性状上是不变的，在另一个性状中是杂交型，它们在下一代中只是在带有杂交型的性状上有变化。这些形式中的每一种大约出现了65次。第三类只包括AaBb一种形式，出现了138次：它在两个性状上都是杂交型，并且表现得与它所衍生的杂交种完全一样。

如果对属于这些类别的形式出现的次数进行比较，1：2：4的比例是明确无误的。实际数值33、65、138与按比例推算的数值33、66、132非常近似。

因此，这一发展系列由9个组合项组成。其中4个总是各出现一次，并且在两个性状中都是稳定的：形式AB和ab与亲本一致，另外两个是A、a、B、b之间组合中其他可能的稳定性状的组合。另外4个组合总是各出现两次，它们在一个性状中是稳定的，在另一个性状中具有杂交属性。最后一类出现了四次，并且在两个性状中都是属于杂交类型。因此，如果两种可区分性状结合在一起，杂交种的后代的形成可以总结为以下表达式：

$$AB + Ab + aB + ab + 2ABb + 2aBb + 2AaB + 2Aab + 4AaBb$$

这个表达式无可争议地是一个组合系列，它是由 A 和 a、B 和 b 这两个性状的表达式之间结合的结果。通过结合以下两个表达式：

$$A + 2Aa + a$$

$$B + 2Bb + b$$

我们可以得出该杂交系列的全部组合项。

实验2：

ABC	种子亲本	abc	花粉亲本
A	种子圆形	a	种子皱形
B	胚乳蛋白黄色	b	胚乳蛋白绿色
C	种皮灰褐色	c	种皮白色

这个实验的进行方式与前一个实验非常相似。在所有的实验中，它花费了最多的时间和精力。从24个杂交种长成的植株中共获得687颗种子，所有的种子都是有斑点的，颜色是灰白色或灰绿色，性状是圆形或皱形。在这些种子中，第二年播种后有639株开花结果。进一步的调查表明，它们包括：

8	植株	ABC
14	植株	ABc
9	植株	ABc
11	植株	Abc
22	植株	ABCc
17	植株	AbCc
25	植株	aBCc
20	植株	abCc

45	植株	ABbCc
36	植株	aBbCc
38	植株	AaBCc
40	植株	AabCc
8	植株	aBC
10	植株	aBc
10	植株	abC
7	植株	abc
15	植株	ABbC
18	植株	ABbc
19	植株	aBbC
24	植株	aBbc
14	植株	AaBC
18	植株	AaBc
20	植株	AabC
16	植株	Aabc
49	植株	AaBbC
48	植株	AaBbc
78	植株	AaBbCc

这个发展系列包括27项组合，其中8项在所有性状中都是稳定的，平均每项出现10次；12项在两个性状中是稳定的，而在第三个性状上表现出杂交属性，平均每项出现19次；6项在一个性状中是稳定的，在另外两个性状上拥有杂交属性，平均每项出现43次；最后1项在所有三个性状上都带有杂交属性，它出现了78次。10：19：43：78的比例与10：20：40：80或1：2：4：8的比例非常接近，后者毫无疑问代表了真实的数值。

因此，如果它们的亲本在三对可区分性状上有差异，那么杂交种的发展情况可以总结为以下表达式：

ABC + ABc + AbC + Abc + aBC + aBc + abC + abc + 2 ABCc + 2 AbCc + 2 aBCc + 2 abCc + 2 ABbC + 2 ABbc + 2aBbC + 2 aBbc + 2 AaBC + 2 AaBc + 2 AabC + 2 Aabc + 4 ABbCc + 4 aBbCc + 4 AaBCc + 4 AabCc + 4AaBbC + 4 AaBbc + 8 AaBbCc

这也是一个组合系列，它是由A和a、B和b、C和c这三对可区分性状的表达式结合的结果。这三个表达式

$$A + 2Aa + a$$
$$B + 2Bb + b$$
$$C + 2Cc + c$$

的结合产生该系列的所有的成员。其中出现的稳定组合与A、B、C、a、b、c所可能出现的所有组合一致；其中的两个ABC和abc与两个原始亲本相同。

除了以上两个实验外，还用数量较少的植株做了更多的实验。在这些实验中，其他可区分性状以两对或三对一起的形式结合起来形成杂交种，所有这些实验的结果都与前面两个实验的大致相同。因此，毫无疑问，对于实验中涉及的全部性状来说，存在一个普遍适用的原则：多对可区分性状结合在一起的杂交中，杂交种的后代包括一系列的组合项，而这个系列是由单独每对可区分性状的发展系列组合而成的。这个实验也证明，每对可区分性状在这个杂交组合实验里的行为都是独立的，与两个亲本中的其他可区分性状没有关联。

如果n代表两个亲本植株间可区分性状的数量，那么杂交所得到的系列的组合项数就是3^n，该系列的个体数量就是4^n，保持稳定性状的组合数量就是2^n。因此，举例来说，如果亲本植株在4个特征上有差异，那么这个杂交系列就会有$3^4=81$种组合，$4^4=256$个个体，$2^4=16$种稳定形式。换句话说，在每256个杂交种的后代中，有81个不同的组合，其

中16个带有稳定的性状。

豌豆中通过上述七个性状的组合而可能出现的所有稳定性状组合，实际上都通过反复杂交获得了。它们的总数量为$2^7=128$。这个事实也同时证明，即在一组植物的几个品种中出现的稳定性状，可以通过反复的人工授粉的方式，从所有根据组合法则而可能出现的组合中获得。

关于杂交种开花时间的实验还没有完成。然而，可以说明的是，它几乎正好处于种子亲本和花粉亲本的开花时间的中间位置，而且该杂交种在这一性状方面的表现，可能也同样遵循由以上其他性状的表现所确定的规律。为这个实验选择的两个亲本植株品种，必须在平均开花时间上至少相差20天。此外，播种时必须将种子放在土壤中的相同深度的地方，以便让它们同时发芽。还有，在整个花期，必须考虑到温度变化这一重要变量，以及由此可能导致的部分开花加速或延迟。可以看出来，这个实验有很多困难要克服，需要非常细心。

如果试着以简要的形式总结所得到的结果，我们就会发现，那些可以在实验植株中简易而准确地识别的性状，在它们的杂交组合中都表现得完全一样。每对可区分性状的杂交后代，有一半是杂交型，而另一半则是以相等的比例分别具有种子亲本和花粉亲本的特性。如果几对可区分性状通过授粉在一个杂交种中结合起来，所产生的后代则是各个单独性状发展系列之间结合起来所得到的一个组合系列。

本实验的所有性状在表现上的完美一致性允许并证明了这样的假设：同样的规律也适用于其他性状，而这些性状在植物中难以做出明确的区分，因此不能包括在以上单独的实验中。用不同长度的花梗为性状进行实验，总体上也得到了相当令人满意的结果，尽管这些性状的区分和归类不能以准确的实验所要求的那种确定性来进行。

杂交后代的生殖细胞

上述实验的结果导致了进一步的实验，这些实验的结果似乎可以提供一些关于杂交后代的卵细胞和花粉细胞的构成的结论。在豌豆中，一个重要的线索是，在杂交种的后代中出现了稳定的类型，而且这种情况也发生在相关性状的所有组合中。在过去的经验里，我们发现只有在卵细胞和花粉细胞具有相同的天性时才能形成稳定的后代，因此二者都具备了创造非常相似的个体的材料，正如纯种植株的正常受精一样。因此，我们可以肯定的是，在杂交植株中产生稳定类型的后代的过程中也必然有完全类似的因素在起作用。由于多种稳定的类型可以在一株植物上出现，甚至可以在它上面的一朵花上出现，因此似乎可以得出一个合乎逻辑的结论，即在杂交种的子房中形成了和可能的稳定组合所需要的一样多的卵细胞，在花药中形成了同样多的花粉细胞，而且这些卵细胞和花粉细胞在其内部构成上与对应于它们的花粉细胞和卵细胞保持一致。

事实上，只要我们同时假定各种卵细胞和花粉细胞在杂交种中平均形成的数量相等，那么从理论上就完全足以解释杂交种在不同世代的表现。

为了使这些假设得到实验证明，我们设计了以下实验。两种在形状和胚乳蛋白颜色上有差异的种子，通过授粉而进行杂交结合。

如果再次将不同的性状表示为A、B、a、b，那么就有：

AB	种子亲本	ab	花粉亲本
A	圆形	a	皱形
B	胚乳蛋白黄色	b	胚乳蛋白绿色

这些人工授粉的种子与两个亲本植株的几颗种子一起播种，并选择最强壮的植株进行反向授粉杂交。具体方案如下：

1	杂交种接受亲本花粉 AB
2	杂交种接受亲本花粉 ab
3	AB 亲本接受杂交种花粉
4	ab 亲本接受杂交种花粉

在这四个实验中，每一个都是对三株植物上的所有花朵进行授粉。如果上述理论是正确的，那么在杂交种上一定会出现 AB、Ab、aB、ab 形式的卵细胞和花粉细胞，就会导致这样的组合：

1	卵细胞	AB、Ab、aB、ab	与花粉细胞	AB
2	卵细胞	AB、Ab、aB、ab	与花粉细胞	ab
3	卵细胞	AB	与花粉细胞	AB、Ab、aB、ab
4	卵细胞	ab	与花粉细胞	AB、Ab、aB、ab

然后，从以上的单个实验里，只可能产生以下类型的后代：

1	AB、ABb、AaB、AaBb
2	AaBb、Aab、aBb、ab
3	AB、ABb、AaB、AaBb
4	AaBb、Aab、aBb、ab

此外，如果杂交种的卵细胞和花粉细胞的几种形式平均产生的数量相同，那么在以上每个实验中，4种组合形式应该以相同的比例出现。然而，在数字关系上完美的数据是不可预期的，因为在每次人工授粉过程中，即使在正常的情况下，有些卵细胞还是没有发育或随后死亡，也有一些成形的种子在播种后未能发芽。另外，所做的假设也仅限于这样一个前提，即所形成的不同类型的卵细胞和花粉细胞在数量上相同，要不然在每个单独的杂交实验里不可能得出那样完美的数据来。

第1个和第2个实验的主要目的是验证杂交卵细胞的组成，而第3

个和第4个实验则是为了证明花粉细胞的组成。正如上述表达式里所显示的那样，第1个和第3个实验以及第2个和第4个实验应该产生完全相同的组合形式。从人工授粉种子的形状和颜色来看，实验的结果在第二年应该已经部分显现了出来。一方面，在第1个和第3个实验中，形态和颜色的显性性状A和B出现在每个组合类型中，其中部分有稳定的属性，部分与隐性性状a和b杂交组合，因此它们必须在所有种子上都会留下自己的特性。如果理论是正确的话，所有的种子都应该呈现圆形和黄色。另一方面，在第2个和第4个实验中，一个组合在形态和颜色上都是杂交形式，因此种子是圆形和黄色的；另一个组合在形态上是杂交的，但在颜色上是稳定的隐性性状，因此种子是圆形和绿色的；第三个组合在形态上是稳定的隐性性状，但在颜色上是杂交形式，因此种子是皱形和黄色的；第四个组合在两个性状上都是稳定的隐性，所以种子是皱形和绿色的。在这两个实验中，预期会有4种种子，即圆形和黄色、圆形和绿色、皱形和黄色、皱形和绿色。

收获时获得的结果完全符合预期。

具体如下：

实验1：98粒种子无一例外是圆形黄色；

实验2：94粒种子无一例外是圆形黄色；

实验3：31粒圆形黄色、26粒圆形绿色、27粒皱形黄色、26粒皱形绿色种子；

实验4：24粒圆形黄色、25粒圆形绿色、22粒皱形黄色、27粒皱形绿色种子。

现在对实验的成功几乎没有疑问了，杂交下一代必将带来最后的证据。第二年，在第1个实验里收获的98粒种子中，有90粒种子长成了植株；第3个实验中有87粒种子开花结果。这两个实验收获如下：

实验1	实验3		
20	25	圆形黄色种子	AB
23	19	圆形黄色或绿色种子	ABb
25	22	圆形或皱形黄色种子	AaB
22	21	圆形或皱形，黄色或绿色种子	AaBb

在第2个和第4个实验中，用圆形和黄色的种子培育出的植株产生了圆形或皱形的、黄色或绿色的种子，AaBb。

用圆形绿色的种子培育出的植株产生了圆形或皱形的绿色种子，Aab。

用皱形黄色种子培育出的植株产生了皱形的黄色或绿色种子，aBb。

用皱形绿色种子培育出的植株，同样只得到皱形的绿色种子，ab。

虽然在这两个实验中，也有一些种子没有发芽，但前一年所得出的数字并没有因此而受到影响，因为每种类型的种子所产生的植株，就其种子而言都是彼此相似的，而与其他类种子所产生的植株不同。因而结果是：

实验2	实验4		
31	24	植物种子类型是	AaBb
26	25	植物种子类型是	Aab
27	22	植物种子类型是	aBb
26	27	植物种子类型是	ab

因此，在所有实验中，所有理论上的形式都出现了，而且数量几乎相同。

在进一步的实验中，花的颜色和茎的长度这两个性状被选择用来进行实验。如果上述理论是正确的，那么在实验的第三年，每个性状都应该在所有植物的一半中表现出来。A、B、a、b再次用于代表不同的性状。

A	紫红色的花	a	白花
B	高茎	b	矮茎

Ab与ab受精，产生了杂交种Aab。此外，aB也与ab受精，产生了杂交种aBb。第二年，杂交种Aab被用作进一步杂交的种子亲本，另一个aBb被用作花粉亲本。

种子植株	Aab	花粉植株	aBb
可能的卵细胞	Ab、ab	精子细胞	aB、ab

从可能的卵子和花粉细胞之间受精，应该产生四个组合，即：

$$AaBb + aBb + Aab + ab$$

由此可见，根据上述理论，在实验的第三年，所有的植物中：

半数应该有紫红色的花(Aa)	第1、3类组合
半数应该有白色的花(a)	第2、4类组合
半数应该有长茎(Bb)	第1、2类组合
半数应该有短茎(b)	第3、4类组合

第二年的45次授粉产生了187粒种子，其中只有166粒在第三年的播种后顺利生长开花。在这些第三代的植株中，以上四个类别的数量如下：

类别	花的颜色	茎	数目
1	紫红色	高	47 株
2	白色	高	40 株
3	紫红色	矮	38 株
4	白色	矮	41 株

于是：

紫红色的花	Aa	在 85 株植物上
白花	a	在 81 株植物上
高茎	Bb	在 87 株植物上
矮茎	b	在 79 株植物上

因此，之前所提出的理论在这个实验中也得到了令人满意的证实。

对于豆荚形状、豆荚颜色和花的位置等性状，我们也进行了小规模实验，所得到的结果非常相似。所有通过可区分性状的组合而可能出现的形式都如期发生了，而且数量几乎相等。

因此，实验已经证明了这个理论，即豌豆杂交种形成的卵细胞和花粉细胞，在它们的性质方面，有相同数目的代表着性状组合所产生的所有稳性类型。

杂交后代中形态的多样性，以及所观察到的它们各自的数量比例，在以上推导出的规律中得到了充分的解释。最简单的情况是由每对可区分性状的发展系列。这个系列用表达式 A+2Aa+a 来代表，其中 A 和 a 表示具有恒定不同的性状的类型，Aa 是二者的杂交类型。它把四个个体包括在三个不同组别里。在这些个体的形成过程中，花粉和卵细胞的形式 A 和 a 平均参与受精。这里每种形式出现两次，从而形成了四个个体。因此，这个受精过程里有：

花粉细胞	A＋A＋a＋a
卵细胞	A＋A＋a＋a

两种花粉中的哪一种与每个单独的生殖细胞结合，这是完全随机的。然而，根据概率法则，在许多次的平均情况下，总会发生这样的情况：每一种花粉形式 A 和 a 与每一种卵细胞形式 A 和 a 结合的频率总是相同的。因此，两个花粉细胞 A 中的一个将与一个卵细胞 A 相遇，另一个在受精时与一个卵细胞 a 相遇，同样，一个花粉细胞 a 将与一个卵

细胞A结合，另一个与卵细胞a结合。

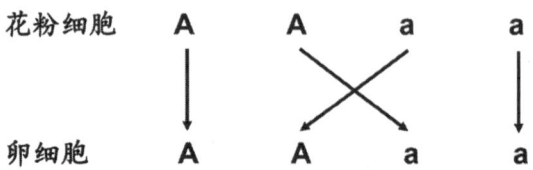

通过将相连的卵细胞和花粉细胞的关系用分数形式来表达，即花粉细胞在分数线以上，卵细胞在分数线以下，这样可以使受精的结果明确表示出来。然后我们可以得到：

$$\frac{A}{A} + \frac{A}{a} + \frac{a}{A} + \frac{a}{a}$$

在第一项和第四项中，卵细胞和花粉细胞是相同的，因此它们结合的产物必然是稳定的，即A和a；在第二项和第三项中，亲本的一对可区分性状的结合再次发生，因此由这样受精产生的个体与杂交种是相同的，因而这里再一次发生了杂交。这就解释了一个异常的现象，即除了两种亲本类型外，杂交种还能产生与自身相似的后代，A/a和a/A都能产生相同的结合体Aa。因为正如上所述，在授粉的结果中，花粉细胞或卵细胞具有两种性状中的哪一种并无区别。然后我们可以得出：

$$A/A + A/a + a/A + a/a = A + 2Aa + a$$

这里代表的是一对可区分性状的杂交种自花受精的平均结果。然而，在个别的花和个别的植株上，这一系列类型产生的比例可能会有不小的波动。除了两种卵细胞在种子器官中出现的数量只能被视为大致相当外，两种花粉中的哪一种可能使每个单独的卵细胞受精，也纯粹是一个机会问题。由于这个原因，单株植物的数值必然会有波动，甚至还有可能出现极端的情况，正如前面在关于种子形态和胚乳颜色的实验中所描述的那样。数目的真正比例只能通过从尽可能多的植株上得到的数值总和所推导出的平均数来确定；数目越多，就越可能消除偶然因素的影响。

在有两对可区分性状组合的杂交种的发展系列里，16个个体中包含9种不同的组合类型，即：AB + Ab + aB + ab + 2ABb + 2aBb + 2AaB + 2Aab + 4AaBb。在亲本植株A、a和B、b的不同性状之间，可能有四种稳定的组合，因此杂交种也会产生相应的四种形式的卵细胞和花粉细胞：AB、Ab、aB、ab，其中每种在受精过程中平均会出现四次，因此系列中包括16个个体。以下是受精的参与者：

花粉细胞	AB + AB + AB + AB + Ab + Ab + Ab + Ab + aB + aB + aB + aB + ab + ab + ab + ab
卵细胞	AB + AB + AB + AB + Ab + Ab + Ab + aB + aB + aB + aB + ab + ab + ab + ab

在受精过程中，每一花粉细胞类型以同样的频率与每一卵细胞类型结合，因此四个花粉细胞AB中的每一个都与卵细胞AB、Ab、aB、ab中的一个类型结合一次。以同样的方式，其余类型的花粉细胞Ab、aB、ab，与所有其他卵细胞结合在一起。因此，我们得到：

(AB)(AB) + (AB)(Ab) + (AB)(aB) + (AB)(ab) + (Ab)(AB) + (Ab)(Ab) + (Ab)(aB) + (Ab)(ab) + (aB)(AB) + (aB)(Ab) + (aB)(aB) + (aB)(ab) + (ab)(AB) + (ab)(Ab) + (ab)(aB) + (ab)(ab)

或

AB + ABb + AaB + AaBb + ABb + Ab + AaBb + Aab + AaB + AaBb + aB + aBb + AaBb + AaB + aBb + ab = AB + Ab + aB + ab + 2ABb + 2aBb + 2AaB + 2Aab + 4AaBb

当三对可区分性状结合在一起时，杂交种的发展系列也是以非常类似的方式表现出来的。杂交种形成八种不同类型的卵细胞和花粉细胞：ABC、ABc、AbC、Abc、aBC、aBc、abC、abc，每个花粉细胞类型再与每个卵细胞类型平均结合一次。

因此，杂交种中多对可区分性状的组合规律，它的根据和解释在于一个已经证明的原理，即杂种所产生的卵细胞和花粉细胞，有相同数目的代表着性状组合所产生的所有稳性类型。

其他植物的杂交实验

进一步实验的任务，是确定在豌豆上发现的规律是否也适用于其他植物的杂交种。为此，最近启动了几项实验。用菜豆属（*Phaseolus*）物种进行的两个较小的实验已经完成，在此可以提及。

用四季豆（*Phaseolus vulgaris*）和倭小豆（*Phaseolus nanus L.*）进行的实验得到了非常相似的结果。倭小豆除了有矮茎外，还有绿色的、饱满的豆荚；四季豆有一个10~12英尺的高茎和黄色的、成熟时是收缩的豆荚。不同形式的植物在不同世代出现的数量比例与豌豆实验相同。稳定组合的形成也是根据性状的简单组合规律进行的，这与豌豆的情况完全相同。所得到的有：

稳定的组合	茎	没有成熟的豆荚颜色	成熟豆荚形状
1	高	绿色	饱满
2	高	绿色	收缩
3	高	黄色	饱满
4	高	黄色	收缩
5	矮	绿色	饱满
6	矮	绿色	收缩
7	矮	黄色	饱满
8	矮	黄色	收缩

绿色的豆荚颜色、饱满的豆荚形状和高茎，与在豌豆中一样都是显性性状。

用两个非常不同的菜豆属品种进行的另一个实验只取得了部分结果。种子亲本是倭小豆（*Phaseolus. nanus L.*），这是一个相当稳定的品种，白色的花开在短的总状花序中，白色的小种子在直的、饱满和光滑的豆荚里；花粉亲本是多花菜豆（*Phaseolus multiflorus W.*），有高大的缠绕茎，紫红色的花开在很长的总状花序中，粗糙的新月形豆荚，大种子的桃红色的表面上有黑色的斑点。

杂交种与花粉亲本有着最大的相似性，只是花的颜色显得不那么浓烈。它的可育性非常有限，从17株植物中只收获了49颗种子，虽然一共开了好几百朵花，这些种子都是中等大小，有类似多花菜豆的图案，表皮颜色也没有明显的不同。第二年，从这些种子中培育出了44个植株，其中只有31株开花。倭小豆的特征，在杂交株中都是隐性的，在这一代里的各种组合中重新出现。但是，由于实验植物的数量很少，这些隐性性状与显性性状的比例与预期的比例有较大的偏离；但是在某些性状上，如茎长和豆荚的形状，比例几乎正好是1∶3，这与豌豆的情况相同。

尽管这个实验的结果在确定各种类型出现的比例方面不太成功，但它在杂交种的花和种子颜色方面发生显著变化的现象。在豌豆中，我们知道花和种子颜色的性状在杂交株的第一代和更多世代中没有变化，只显示一个或另一个亲本植株的特征。而在以菜豆属为研究对象的本次实验里，情况则明显不同。在杂交种后代的第一代植株中，只有一株可育性强的植株上出现了倭小豆的白色花和种子，但其余30株的花色都是从紫红色到淡紫色间的不同色调。种皮的颜色变化也不亚于花朵的颜色。没有一株植株是完全可育的，许多植株根本不结果，有些植株只从最后开出的花朵上结出果实，而这些果实最终并没有成熟，仅从15株植物中获得了发育良好的种子。以红色花朵为主的植株表现出了最大的不育倾向，因为在16株植物中只有4株产生了种子。其中3株的种子形态与多花菜豆相似，但表皮颜色或多或少有些苍白；第4株只产生了一粒纯棕色的种子。开着紫罗兰色的花的植株有深褐色、黑褐色和完全黑色的种子。

在类似的不利情况下，该实验又继续进行了两代，即使在繁殖能力很强的植株的后代中，也有一些繁殖能力较差甚至相当不育的植株。除了所列举的那些颜色外，其他的花和种子的颜色后来都没有出现。在杂交种产生的第一代中含有一个或多个隐性性状的类型，这些性状上都毫无例外地保持了稳定。此外，在那些拥有紫花和棕色或黑色种子的植株中，有些植株的性状在下一代中不再有变异，大多数都产生了与自己完全一样的后代，也产生了白花和白色的种皮。开红花的植株仍然是没有什么可育性，以至于无法确定它们的进一步发展情况。

尽管观察中遇到了种种干扰，但通过这个实验可以看出，就涉及植物形态的那些性状而言，杂交种的发育遵循与豌豆相同的规律。然而，就颜色性状而言，似乎很难找到实质性的一致。除了从白色和紫红色的结合中产生了从紫色到淡紫色和白色的一系列颜色外，一个必须注意的情况是，在31株开花植物中只有一株获得了白色的隐性性状，而在豌豆中平均每四株就有一株。

然而，即使是这些令人迷惑的结果，如果我们可以假设多花菜豆的花和种子的颜色是由两种或两种以上完全独立的颜色组合而成的，它们各自的行为就像植物中的任何其他的常见性状一样，那么就有可能用适用于豌豆的规律来解释。如果花色A是A1+A2+…，产生紫色的总表型，那么通过与不同的性状——白色a受精，就会产生A1a+A2a+…的杂交组合体，种皮的相应颜色也是如此。根据上述假设，这些颜色组合体中的每个个体都是独立的，行为表现和其他个体也相互独立。在这种情形下就很容易看出，从独立的发展系列的组合中必然会导致一个完整的颜色系列的产生。例如，如果A=A1+A2，那么杂交体A1a和A2a就对应于发展系列：

$$A1 + 2A1a + a$$

$$A2 + 2A2a + a$$

这个系列的成员可以进入九种不同的组合，其中每一种都代表不同的颜色。

1A1A2	2A1aA2	1A2a
2A1A2a	4A1aA2a	2A2aa
1A1a	2A1aa	1aa

上面每个组合前的数字代表该组合在系列里表现为该颜色的植株的数量。如果这些数字的总和是16，正如上面系列本身显示的那样，所有的颜色以一个不同的比例关系分配到16种植株上。

如果颜色的形成真的是以这种方式发生，那么就可以解释上述现象，即白花和豆荚的颜色在杂交第一代的31个植株中只出现了一次。因为这种颜色只能在每16个植株中平均出现一次，三个颜色性状的只能在64个植株中出现一次。

不过需要记住的是，这里尝试解释的基础是一个假设，而这个假设是由刚才描述的实验的非常不完整的结果来支持的。然而通过类似的实验去继续研究杂交种的颜色形成是非常值得的，因为通过这种方式，我们可能会了解到观赏花卉的颜色的非凡多样性的本质。

到目前为止，除了知道大多数观赏植物的花色是一个极其多变的性状外，我们对此几乎没有更多确定的了解。经常有人表示，物种的稳定性因栽培而受到很大干扰或完全破坏，人们倾向于将栽培植物的发育视为缺乏规律的机会问题；在这方面，观赏植物的颜色通常被作为非常不稳定的一个例子。然而，很难理解为什么仅仅是从野外转移到花园的土壤中就会在植物机体中产生如此彻底和持久的革命性变化。没有人会真的认为，植物在野外的发育与在花园里发育遵循着不同的规律。当一个物种的生活条件被改变，并且它有能力适应新的条件时，就必然会发生类型的改变，这一点在哪里都一样。人工培育有利于新品种的形成，许多在自然界容易被淘汰的变种会被人为地保存下来，这些很容易被理解。但没有任何理由让我们认为，新品种形成的趋势是如此异常地增加，以至于物种很快失去所有的稳定性，它们的后代也分化成了一个无尽系列的极其多变的形态。如果培育条件的变化是变异的唯一原因，那人们可以预期那些在几乎相同的条件下生长了几个世纪的栽培植物会重新达到稳定状态。众所周知，情况并非如此，因为正是在这些植物中，不仅发现了最多的不同种类，而且也发现了最易变的类型。只有豆科植物，如豌豆、四季豆、兵豆，因为它们的受精器官受到龙骨瓣的保护，才造就了一个显著的例外。即使是这些豆科植物，在1000多年的极其不同的栽培条件下，也出现了许多品种。然而，它们在不变的环境中保持独立和稳定，就像它们相应的野生物种一样。

更有可能的是，有一个因素要对栽培植物的变异性负责，而到目前为止，人们对这个因素的关注还很少。各种经验表明，我们的栽培植物，除了少数例外，都是不同的杂交系列的成员，其常规的进一步发育经常被频繁的彼此间的杂交而改变和终止。不容忽视的情况是，栽培的植物通常是大量种植的，而且彼此紧挨着，因此为现有品种之间以及与同种的相互授粉提供了最有利的机会。这一观点的可能性得到了以下事实的支持：只要小心地排除外来影响，在大量的可变形式的大军中，总能找到一些在一个或另一个性状上保持稳定的个体。这些个体的发育方式与复合杂交系列的某些成员完全相同。即使是在所有性状中最敏感的颜色，也不能逃避仔细观察，变化的倾向在个体中表现得非常不同。在源自一次自发杂交授粉的植株中，经常有一些后代在结构和颜色的排列上有很大差异，而其他后代产生的差异不大；在大量的植株中，有少许植株能将其花色不变地传给后代。石竹的栽培品种在这方面提供了一个有启发性的例子。以一个开白花的石竹为例，它本身就是一个白花品种的后代，在开花期间放在封闭的温室里保护起来；它产生了大量的种子，这些种子培育出的植株也都开着白花。一个带有泛着紫色的红花的石竹亚种，以及另一个带有红色条纹的白花亚种，也得到了类似的结果。然而，许多以同样方式保护的其他品种，产生的后代或多或少都有不同的颜色和标记。

凡是研究杂交对观赏植物花色的影响的人，都很难不相信其中的发育也遵循着某种确定的规律，它可能表现为几个独立的颜色性状的组合。

结　语

将对本实验中豌豆的观察结果与该领域的两位权威科勒鲁特和盖特纳的研究结果进行比较，很难不引起读者的兴趣。根据两人的一致意见，这些杂交种要么呈现出两个亲本品种之间的中间形态，要么与亲本里的一种非常相似，有时几乎无法与之区分。这些杂交种种子培育出的植株，如果通过它们自己的花粉受精，通常会产生偏离正常类型的各种形式。一般来说，受精的大部分个体保留了杂交形式，而另外少量个体则变得与种子亲本更相似，还有少量个体接近花粉亲本。然而，这并不是毫无例外地适用于所有的杂交。在一些情况下，后代有时更接近亲本植物中的一种，或者它们都更倾向于一方或另一方；但在其他情况下，它们仍然与杂交种完全相似，并在其后代中继续保持不变。品种间的杂交种的行为与物种间的杂交一样，只是它们的形态变化更大，而且有更明显的回归亲本形态的趋势。

关于杂交种的形态和它们的发育情况，一般来说，与在豌豆中的观察结果一致，这一点是明确无误的。至于上面两位学者提到的例外情况，则有所不同。盖特纳自己也承认，准确地确定一种表型是否与两个亲本中的一个或另一个更相似，往往是非常困难的，因为很多时候取决于观察者的主观看法。然而，尽管进行了最仔细的观察和区分，另一种情况也可能会使结果波动和不确定。在大多数情况下，实验中使用的植物被认为是良好的物种，而且在大量的性状上存在差异。除了有能明确界定的性状外，在涉及较大或较小的相似性问题时，还必须考虑到那些通常难以用语言表达的性状，正如每个植物专家都知道的那样，这些性状足以使个体具有特殊的外观。如果假定杂交种的发育是按照适用于豌豆的规律进行的，那么该系列就必须在每个单独的实验中包括大量的个体，因为组合的数量会以可区分性状的数量的 3的幂次方的方式增长。由于实验植物的数量相对较少，结果只能是大致正确的，而且在个别情况下有不小的差异。例如，如果两个亲本在7个性状上不同，从它们的杂交种的种子中培育出100~200株植物来评估后代的关系，我们可以很容易地看到这种判断必将会是多么不确定，因为对于7个不同的特征，发展系列包含2187种不同类型中的16384个个体。迟早这一种或另一种关系会更加明显，这取决于偶尔到达观察者手中的这些或那些形式的数量。

此外，如果可区分性状都有显性表型，这些表型会全部或几乎不变地传给了杂交种，那么拥有大多数显性性状的那个亲本的表型必然在杂交后代中显得更占优势。在所描述的与豌豆有关的实验中，涉及三种不同的性状，所有的显性性状都属于种子亲本。虽然杂交系列的个体在内在组成上同样接近两个原始的亲本，但在这个实验中，种子亲本的表型获得了极大的优势，杂交第一代的每64株中有54株与它完全相似，或者只有一个性状不同。由此可见，在这种情况下，从杂交种的外观上的相似性推断出关于内在性质的结论是多么的轻率。

盖特纳提到，在那些杂交种的后代正常发育的情况下，两个原始亲本并没有被繁殖，只有少数接近它们的个体。在涉及很多性状的杂交发展系列中，事实上不可能有其他情况。以含有7个可区分性状的杂交为例，在16000多个杂交种的后代中，两个原始亲本的形式都只各出现过一次。因此，在从少量的实验植物中获得与亲本相同的性状是

　　　　　　　　　　　　　　　　　　　孟德尔传：被忽视的巨人

很不可能的。但是，我们可以预期在一系列的植株中出现一些接近它们的形式，这具有一定的可能性。

那些在后代中保持不变，并像纯种一样如实地自我繁殖的杂交种中，我们遇到了一个本质的区别。根据盖特纳的说法，这一类属于可育性极强的杂交种，包括加拿大楼斗菜、欧亚花葵、紫萼路边青和一些石竹杂交种。根据维丘拉的说法，还有柳树的杂交种。对于植物的进化史来说，这种情况具有特别重要的意义，因为不变的杂交种会成为新的物种。这一事实的正确性得到了知名观察家的证实，不容置疑。盖特纳有机会跟踪研究石竹属植物到第10代，因为它经常在花园里自我繁殖。

就豌豆属而言，实验表明，杂交种形成了不同种类的卵细胞和花粉细胞，这就是它们的后代出现变异的原因。同样，在其他杂交种中，如果它们的后代有类似豌豆的表现，我们可以假设有类似的原因；对于那些保持稳定的杂交种，我们似乎有理由假设它们的生殖细胞都是一样的，与杂交种的基础细胞一致。在著名的生理学家看来，为了繁殖的目的，显化植物的花粉细胞和卵细胞结合成一个细胞（注：对于豌豆，毫无疑问，两个受精细胞的因子必须完全结合才能形成新胚胎。否则，人们如何解释，在杂交后代中，两种亲本形式再次以相等的数量和所有特征再次出现的事实？ 如果卵细胞对花粉细胞的影响只是外在的，那么每一次人工授粉的成功就只能是发育好的杂交种完全像花粉植物，或者至少非常接近它。到目前为止，实验并没有以任何方式证实这一点。两种细胞内含物完整结合的基本证据来自于普遍证实的经验，即杂交种的形态与亲本中的哪一种是种子或花粉植物无关），它能够通过吸收物质和形成新的细胞并进一步发育成为一个独立的生物体。这种发育遵循一个恒定的规律，它是建立在让细胞有活力的物质构成和因子排列上。如果生殖细胞属于同样的类型，并且与母本植株的基础细胞相同，那么新个体的发育就会受到适用于母株的相同规律的指导。如果一个卵细胞碰巧与一个不同的花粉细胞结合，那么我们就必须假设，在两个细胞中决定相反特性的那些因子之间会产生某种妥协。由此产生的中间细胞成为杂交有机体的基础，它的发育必然遵循一种与两个亲本不一样的规律。如果假设这种妥协是完全的，即杂交胚胎是由两个相似的细胞形成的，其中的差异被完全和永久地和谐了，那么进一步的结果是，杂交种会像任何其他稳定的植物物种一样，产生和自己一模一样的后代。在它们的子房和花药中形成的生殖细胞是同样的，并且与潜在的中间细胞保持一致。

对于那些后代存在变化的杂交种，我们也许可以假设，在卵细胞和花粉细胞之间、有差异的因子之间也发生了妥协，以至于形成一个作为杂交种基础的细胞有了可能。但尽管如此，不同因子之间的平衡只是暂时的，并没有持续到杂交植物的整个生命。由于植物的习性在整个生长期没有变化，我们必须进一步假设，只有当受精细胞发育时，不同的因子才有可能从强制结合中解放出来。在这些细胞的形成过程中，所有现有的因子都参与了一个完全自由和平等的重排，只有在这时那些相互有区别的因子才会分离。这样一来，就有可能产生许多不同类型的卵细胞和花粉细胞，数量上和产生的因子组合一样多。

当然，这里试图将杂交种发育过程中的本质区别归结为不同细胞的因子的永久或暂时结合，只能说是一种假设，因为缺乏明确的数据，所以还有很大的完善空间。这种观点的一些理由来自豌豆实验提供的证据，即在杂交结合中每一对可区分性状的行为都与亲本植株之间的其他可区分性状无关。此外，杂交种产生的卵细胞和花粉细胞的种类的数量与可能的稳定组合的数量一样多。然而，两种植物的可区分性状最终只能取决于在其基本细胞中存在的相互作用的因子的性质和组合上的差异。

从豌豆中得到的规律的有效性也需要得到证实，因此最好重复一些重要的实验，例如关于杂交受精细胞的组成的实验。单一的观察者很容易忽视个别的差异，虽然这一开始可能看起来并不重要，但等积累到一定程度的时候，它对于整体结果来说就不能被忽视了。其他植物物种的可变杂交种的行为是否和豌豆完全一致，必须首先通过实验来确定。同时，我们可以猜测，在重要的方面几乎不可能出现本质的差异，因为有机生命的发育中的统一性是毫无疑问的。

最后，科勒鲁特和盖特纳等人进行的关于通过人工授粉将一个物种转化为另一个物种的实验值得特别一提。人们特别重视这些实验，盖特纳认为它们属于"杂交中最困难的"部分。

如果要将一个物种A转化为一个物种B，就必须通过人工授粉使二者结合，然后用B的花粉使产生的杂交种受精；在产生的各种后代中，选择与B最相似的个体，再一次用B的花粉受精，如此反复，直到最后得到一个与B相似的形式，而且它的后代是稳定的。通过这个过程，物种A将变成物种B。仅盖特纳一人就用水仙花属、石竹属、金莲花属、薰衣草属、剪秋罗属、锦葵属、烟草属和月见草属的植物进行了30次这样的实验。所有物种的转化期都不一样。对有些物种来说，三次受精就足够了，而对其他物种来说，则必须重复5~6次，甚至同一物种在不同的实验中也有差异。盖特纳将这种差异归因于以下情况："一个物种在繁殖过程中实现母本化和转变的具体能力在不同的植物中差异很大，因此一个物种转变为另一个物种的时间也必然不同，所需要的世代的数量也不同，所以一些物种的转变在更多的世代中完成，而另一些则少得多。"此外，盖特纳还提到："在这些转化实验中，转化时间很大程度上也取决于选择哪种类型和哪种个体进行进一步转化。"

如果我们可以假设，在这些实验中，表型的发育是以类似于豌豆的方式进行的，那么整个转化过程就可以找到一个相当简单的解释。杂交种形成的卵细胞的种类的数量像其中所结合的性状所可能有的稳定类型那么多，而其中的一种总是与授粉的花粉细胞的种类相同。因此，在所有这类实验中，总是存在着这样的可能性：即使在第二次授粉时，也可能产生与花粉亲本相同的稳定类型。然而，这是否真的得到，在单独的案例中都取决于实验植株的数量，以及通过授粉而结合起来的不同性状的数量。例如，我们假设用于实验的植物有3个不同的性状，通过与后者的花粉反复授粉的方法将物种ABC转变为另一个abc。第一次授粉产生的杂交体可以形成8种不同类型的卵细胞，即：

$$ABC, ABc, AbC, aBC, Abc, aBc, abC, abc$$

在第二年的实验中，这些卵细胞又与花粉细胞abc结合在一起，就得到系列：

$$AaBbCc + AaBbc + AabCc + aBbCc + Aabc + aBbc + abCc + abc$$

由于abc是8个类型之一，因此在实验植株中几乎不可能缺少这种类型，即使在这些植物的数量较少的情况下也是如此，而且只需两次授粉就能完成这样的转化。如果碰巧没有出现，就必须用最相近的形式，即 Aabc、aBCc、abCc 之一进行再次授粉。显然，实验植株的数量越少，两个亲本物种中的可区分性状越多，这样的实验就必然会拖得越久。此外在同一物种中，正如盖特纳所观察到的那样，很容易出现一代甚至两代的延迟。相距甚远的物种的转化只能在实验的第5年或第6年完成，因为在杂交种上形成的不同生殖细胞的数量随着不同性状的数量按2的幂数增加。

盖特纳通过反复实验发现，对于某些物种来说，相互转化的时间是不同的。经常有这种情况，相比于物种B转化为物种A的时间，物种A转化为一个物种B的时间要早一代。他由此推断，科勒鲁特的"杂交种的两种性质完全处于平衡状态"观点很难成立。然而，科勒鲁特似乎不应该受到这种质疑，而是盖特纳忽略了自己在某个时候曾经提到过的一点，即这取决于选择哪个个体进行进一步的改造。在这方面，用两种豌豆进行的实验表明，在为进一步授粉而选择最合适的个体方面，两个物种中的哪一个被转化为另一个可能会有很大差别。两种实验植物在五个性状上有差异，而同时品种A的性状都是显性的，品种B

的性状都是隐性的。为了相互转化，A用B的花粉授粉，B用A的花粉授粉，第二年对这两个杂交种重复这样授粉。在第一个实验中，B/A，在实验的第三年有87个植株可用于选择进一步杂交的个体，这些植株有32种可能的类型；在第二个实验中，A/B，产生了73个植株，它们与花粉亲本的习性完全一致。但在其内在组成方面，它们肯定与另一个实验中的类型一样不同。因此，只有在第一个实验中才有可能进行明确的选择，在第二个实验中只能是不得不做一些随机选择。在后者中，只有一部分花用来与A的花粉杂交，其他的花则任其自花传粉。在两个实验中被选为受精的各5株植物中，第二年的栽培显示它们与花粉亲本相符的程度如下：

实验1	实验2	
2 株植物	—	在所有性状上
3 株植物	—	在 4 个性状上
—	2 株植物	在 2 个性状上
—	2 株植物	在 2 个性状上
—	1 株植物	在 1 个性状上

因此，在第一个实验中，转化已经完成；对于第二个实验，没有继续下去，可能还需要两次授粉才能完成。

虽然显性性状往往不完全属于一个或另一个亲本植物，但两个亲本植物中拥有显性性状的数量的多少，一般会有所差异。如果大多数显性性状属于花粉植物，为进一步杂交而选择的类型所提供的确定性要比相反的情形中的低一些，这必然要导致转化时间的延迟，因为要获得一种不仅在形态上与花粉亲本相似，而且在后代中也要保持稳定的植株，转化实验才算真正完成。

由于这些转化实验的结果，盖特纳反对那些否认植物物种的稳定性并假定植物连续进化的博物学家的观点。他在一个种完全转化为另一个种的过程中看到了一个明确的证据，那就是为物种设定了固定的界限，超过这个界限就不能改变。虽然这一观点不能被无条件地加以接受，但盖特纳的实验还是为之前关于栽培植物的可变性的假设提供了值得注意的证据。

在实验物种中，有一些栽培植物，如紫花耧斗菜和加拿大耧斗菜，中国香石竹和日本香石竹，黄花烟草和圆锥烟草，这些种间的杂交种在四代或五代之后还没有丧失它们的任何稳定性。

关于人工授粉获得的山柳菊杂交种

格雷戈尔·孟德尔

在1869年6月9日的会议上宣读

发表于布尔诺自然研究协会会刊第八卷（1869年文集），

第26~31页，1870年出版。

　　尽管我已经在山柳菊属的不同种之间进行了几次人工授粉实验，但到目前为止，我只成功地从以下6个杂交组合中获得了杂交种，而且每种组合只有1~3个样本。

H.Auricula	×	*H.aurantiacun*[*]
H.Auricula	×	*H.pilosella*
H.Auricula	×	*H.pratense*
H. echoides[**]	×	*H.aurantiacun*
H.praealtum	×	*H.flagellare Rchb*
H.praealtum	×	*H.aurantiacun*

[*]作者注：通过这一命名方式，显示杂交种是由雌性 *H. Auricula*（种子亲本）与雄性 *H. aurantiacun*（花粉亲本）杂交获得的。

[**]作者注：这种实验植物不完全是典型的 *H. echoides*，它似乎属于向 *H. praealtum* 的过渡系列，但更接近于 *H. echoides* 一些，这就是它被列入后一种的原因。

　　获得大量杂交种个体的困难在于，由于山柳菊的花小而且结构特殊，所以在去雄的时候，很难防止它自身的花粉接触柱头以及避免让雌蕊受伤而枯萎。众所周知，山柳菊的花药是融合在一起形成花粉管的，它紧紧包裹着雌蕊。花开的时候，柱头从花粉管里冒出来，上面就已经沾满了花粉。为了防止自花受精，必须在开花前去雄，用细针将花蕾割开。如果在花粉成熟期进行这种操作，也就是开花前2~3天的时候，就很难防止自花受精的发生，因为在切开花粉管时，难免有少量的花粉粒散落到柱头上。在花粉成熟之前，仍然非常娇嫩的雌蕊和柱头对压力和伤害极为敏感，即使它们没有受到损伤，只要失去了保护层，通常也会在短期内枯萎。所以到目前为止，在发育的早期阶段去雄也没有取得更好的结果。我希望通过在手术后将植株放在空气潮湿的温室环境中2~3天，以期来解决柱头枯萎这个问题。最近以这种方式对黄山柳菊进行的实验，就取得了良好的效果。

为了说明这些已开展的杂交实验的目的，我想对山柳菊属植物做一些描述。该属拥有极为丰富的具有明显不同特征的品种，在这一点上其他任何植物都无法与之比拟。其中一些品种具有独特的性状，被认为是主要的类型，而其他的则是中间或过渡的类型，主要的类型通过它们而相互连接起来。对这些品种进行分类和界定比较困难，需要相关专家给予密切的关注。没有任何其他属的植物能像山柳菊这样有如此多的记录，存在这么多激烈的争议，而且至今依然没有得出明确的结论。可以预见的是，在认识到中间或过渡类型的价值和意义之前，人们依然无法在这个问题上达成共识。

关于杂交在山柳菊品种多样性的形成上是否起了作用，以及在多大程度上起作用的问题，在我们第一流的植物学家中存在着非常不同的，甚至完全对立的观点。虽然他们中的一些人认为影响深远，但另一些人（如弗里斯）认为山柳菊品种的丰富性和杂交毫无关系。还有一些人采取了一个中间立场，承认在野生山柳菊种间形成杂交种的情况并不少见，但又认为这些杂交种对丰富品种的多样性来说意义不大，因为它们存在的时间总是很短。其原因部分在于山柳菊杂交种的可育性较低或完全不育，另一部分在于通过实验表明，当亲本的花粉到达柱头时，杂交种的自花授粉往往会被排除。因此很难想象，生长在亲本旁边的山柳菊的杂交种可以保持完全可育的同时还能维持自身类型

　　　　　　　　　　　　　　　　　　孟德尔传：被忽视的巨人

的稳定。

近来，山柳菊大量而稳定的中间形式的起源问题引起了研究人员极大的兴趣，因为一位著名的山柳菊专家本着达尔文学说的精神，认为它们可能是由已灭绝的或仍然存在的品种的嬗变而形成的。

如果我们要评估杂交种对山柳菊中间形式的多样性可能产生的影响，就必须对杂交种的表型和生育能力及其后代的几个世代的行为有精确的了解，这就是我们在这里所关注的问题的实质。因为我们还没有完善的关于杂交种形成的理论，山柳菊杂交种的行为必然要通过实验来确定。如果把从对一些其他杂交种的观察中得出的规律当成杂交法则，并将其无条件地推广到山柳菊上，那就可能导致错误的结论。如果我们通过实验成功地对山柳菊的杂交获得了足够的了解，那么再借助于对各种野生植株的生长情况方面所获得的经验，就有可能对这个问题做出有力和合适的判断。

这也是本实验的目的，现在我将简要地总结一下迄今为止所得到的一些非常初步的结果。

1. 关于杂交种的外观，我们注意到一个惊人的现象，即迄今为止从同一受精中获得的个体在表型上并不完全相同。*H. prueultum* × *H. aurantiacun*、*H. Auricula* × *H. aurantiacun* 的杂交各产生了两个杂交个体，*H. Auricula* × *H. pratense* 的杂交产生了三个杂交样本，而其他的杂交组合每个只获得了一个样本。如果我们将这些杂交种的个别性状与两个亲本的相应性状相比较，我们会发现其中一些代表了两个亲本的中间形态；而另一些则非常接近其中一个亲本的特征，以至于另一个亲本的特征几乎难以观察到。比如，在 *H. Auricula* × *H. aurantiacun* 杂交所产生的两个杂交个体中，我们看到其中一个有纯黄色的盘状小花，只有边缘小花的花瓣的边上有一点不易察觉的红色；然而在另一个中，花的颜色非常接近 *H. aurantiacun*，只有在花盘的中心橙红色变成了浓郁的金黄色。这种差异是值得注意的，因为花的颜色是山柳菊的一个稳定的性状。其他类似的情况在叶子、花序等方面也有发现。

如果我们根据总体性状来比较杂交种和亲本植株，那么 *H. praealtum × H. aurantiacun* 的杂交所产生的两个杂交个体就都接近中间形式，但是它们在个别性状上并不一致。对于 *H. Auricula × H. aurantiacun*、*H. praealtum × H. pratense* 的杂交所形成的杂交个体间则相距甚远，因为其中一个接近一个亲本，一个接近另一个亲本；而在 *H. praealtum × H. pratense* 的杂交中，还有一个几乎处于二者之间的第三个杂交株。

这一结果自身暗示，我们面对的是来自未知系列的个别成员，它是由一个物种的花粉作用于另一个物种的卵细胞而直接形成的。

2. 以上描述的杂交种中，除了一个之外，都是可发芽的种子。*H. echoides × H. aurantiacun* 的杂交种完全可育，*H. praealtum × H. flagellare Rchb.* 的杂交种也可育，*H. praealtum × H. aurantiacun*、*H. Auricula × H. pratense* 的杂交种部分可育，*H. Auricula × H. pilosella* 的杂交种的生育力很低，而 *H. Auricula × H. aurantiacun* 的杂交种是不育的。在 *H. Auricula × H. aurantiacun* 的杂交所产生的那两个杂交株中，开红花的一株完全不育，开黄花的一株则收获了一颗成熟的种子。此外，必须提到的是，在 *H. praealtum × H. aurantiacun* 的杂交所产生的部分可育的杂交株中，有一株达到了完全可育的水平。

3. 这些杂交株自花受精的后代至今没有发生变异，它们之间在许多性状上保持了一致，并与生产它们的杂交株相同。到目前为止，*H. praealtum × H. flagellare Rchb.* 的杂交种有两代开花，*H. echoides × H. aurantiacun*、*H. praealtum × H. aurantiacun*、*H. Auricula × H. pilosella* 的杂交种各有一代开花，所涉及的后代植株数量从14~112不等。

4. 一个有待证实的事实是，在完全可育的 *H. echoides × H. aurantiacun* 的杂交种中，亲本的花粉不能阻止杂交株的自花授粉，尽管它们被大量地涂抹到了杂交株的花柱上。

从以这种方式处理的两个花柱中，得到了与杂交株完全类似的幼苗。这年夏天，我在部分可育的 *H. praealtum × H. aurantiacun* 杂交株上进行了一个非常类似的实验，结果表明那些柱头上涂抹了亲本或其他品种的花粉的杂交株，比那些任其自花授粉的杂交株培育出的优良种子数量明显要多。鉴于杂交种的大部分花粉在显微镜下显示发育不良，所以可以对这一现象做这样的解释：在自花授粉过程中，一部分有受孕能力的卵细胞由于植株自身的花粉质量不佳而没有受精成功。

即使在野生的、完全可育的山柳菊品种中，花粉发育不良的情况也并不少见，在一些花药中甚至没有一粒发育完好的花粉。如果植株在这种情况下仍然形成了卵细胞，那么受精作用一定是通过外来花粉发生的。因为一些昆虫，特别是忙碌的膜翅目昆虫，非常喜欢光顾山柳菊的花朵，花粉因此很容易粘在它们多毛的身上，然后再被带到邻近植株的柱头上面，这样就很容易导致杂交种的产生。

显然，从我在这里可以分享的一点结果来看，这项工作与开始时相比几乎没有什么进展。对在此交流一个处于初始阶段的实验结果，我肯定也有所顾虑。只是因为进行计划中的实验需要数年时间，以及不确定我是否有机会完成这些实验，所以我才在这里讲述这一工作。非常感谢慕尼黑的内格里博士的好意，他给我寄来了实验所缺的山柳菊物种，特别是来自阿尔卑斯山的物种，我现在可以将更多的山柳菊类型纳入实验，希望能够在未来几年对目前的数据进行补充和确认。

最后，如果将上述结果(尽管仍然非常不确定)与我在1865年有幸在此报告的来自豌豆的结果进行比较，我们会发现一个非常明显的差异。在豌豆中，两个品种的杂交所获得的杂交种在所有情况下都有相同的表型，然而它们的后代却是可变的，而且这种变化遵循一定的规律。在山柳菊中，根据迄今进行的实验，情况似乎正好相反。

在报告豌豆实验时我已经指出，也有一些杂交种的后代没有发生变异。例如，根据维丘拉的观点，柳属植物的杂交种像纯种一样繁殖，没有变化。在山柳菊属中，我们也碰到了类似的情况。根据这些情况，我们是否可以大胆地做一个猜测：柳属和山柳菊属的多样性与它们的杂交种的独特的行为有关。这个猜测目前还是一个疑问，有待去解答。

格雷戈尔·孟德尔给卡尔·内格里的信， 1866—1873

一

尊敬的先生：

鉴于阁下在野生植物杂交种的检测和分类领域公认的卓越地位，我有责任也很乐意向您提交一些人工授粉实验的报告，以供您参考。

用不同品种的豌豆所进行的实验里，杂交种的后代形成了奇妙的系列，其中的成员在同等程度上类似于两个亲本类型。在其中的每个实验中，都出现了一致的过渡形式(注：指原代杂交种的表型)，这一现象似乎值得特别注意。在论文(注：指孟德尔随信寄出的关于豌豆杂交研究的论文)第17—18页中讨论的两对和三对可区分性状的发展系列中，代表稳定表型的符号放在了最前面，因为这些项的排列是根据它们的系数从小到大的方式进行的；但如果这些项的排列是根据它们与两个亲本类型的自然关系来进行的话，它们会得到更正确的位置，即所有性状都是杂交型并且同时具有最高系数的那项将被准确地放在中心位置。

我知道盖特纳在他的实验中所获得的结果。我重复了他的工作，并仔细地对其进行了重新检查，以便找到(如果可能的话)与我在实验中发现的正确的发育规律相一致的地方。然而，尽管我很努力，我还是无法完全重复他的那些实验，无一例外！非常遗憾的是，这位值得尊敬的先生没有发表他每个实验的详细说明，也没有对杂交种进行完善的分型，特别是那些由类似受精产生的杂交类型。诸如："有些个体表现出与母系亲本更近似，其他个体则更像父系亲本"或"后代已恢复为原始母系祖先的类型"等，这些说法太笼统、太模糊，无法提供依据来进行合理的判断。然而，在大多数情况下，至少可以认为与豌豆中的发现一致的可能性并没有被排除。要进一步做出判断需要开展新的实验，在这些新的实验中杂交种与其亲本物种之间的亲缘关系需要被精准地判定，而不是简单地根据印象去估计。

为了确定与豌豆的一致性（如果有的话），研究杂交种的第一代中出现的那些表型应该就足够了。对于两个可区分的性状来说，如果可以找到与豌豆相同的比例和发展系列，那么整个问题就会得到解决。在大多数情况下，开花期的隔离应该不是问题，因为我们只需要处理少量的植株：那些用来进行人工授粉的植株以及少数已被选为种子生产的杂交株。对于那些在野外采集的杂交种，如果它们的来源不明确，就只能用来作为次要的证据。

我选择了山柳菊、蓟和路边青三个属的植物开展进一步的实验。在前两种植物中，由于花小而且结构特殊，人工授粉非常困难和不可靠。去年夏天，我试图将山柳菊属的 *H. Pilosella* 与 *H.pratense*、*H.praealtum* 以及 *H. auricula* 进行杂交，还将 *H. murorum* 与 *H. umbellatum* 以及 *H. pratense* 进行杂交，而且我的确获得了有活力的种子。然而，尽管采取了力所能及的预防措施，还是发生了自花受精。从幼苗的外观来看，它们不太可能是所预期的杂交株。即使在开花期间被限制在一个房间或一个温室里，山柳菊属的植物也可以很容易地在花盆中种植，并结出大量的种子。

在蓟属植物中，雌雄异株开花的 *C. arvense* 接受 *C. oleraceum* 和 *C.canum* 的花粉。为了防止昆虫的来访，它们的花朵用筛布覆盖了起来，这种保护对蓟属植物来说似乎已经足够了。此外，用 *C. oleraceum* 的花粉 *C.canum* 和 *C. lanceolum* 的授粉实验只是通过简单的转移花粉的方式进行的，并没有从后二者的花中取出它们自身的花药。昆虫能在野外完成的任何事情最终都应该可以通过人工做到，从大量的幼苗中我们应该可以获得一些杂交品种。明年夏天，我计划用同样的方法来培育山柳菊。

路边青属的 *G. urbanum* 和 *G. rivale* 的杂交值得特别关注。根据盖特纳的说法，这种植物的杂交种只要保持自花授粉，就可以产生不变异的后代。在我看来，盖特纳获得的杂交种是否真的是 *G. intermedium Ehrh* 似乎不太确定。虽然盖特纳称他的植株为中间类型，但这一称呼不能无条件地适用于 *G. intermedium*。 在将 *G. urbanum* 转化为 *G. rivale* 的过程中，盖特纳明确指出过，通过用 *G. rivale* 的花粉对杂交株进行人工授粉，只能获得与父本类型完全相似的同质后代。然而，我们没有被告知这种相似性在哪里，以及 *G. urbanum* 的特征在多大程度上被每一次连续的授粉所抑制，直到最后产生了纯粹的 *G. rivale*。毫无疑问，这种逐渐转变遵循一定的法则，如果这一法则能被发现，也会为其他此类杂交种的行为提供线索。我希望能让这个杂交种在明年夏天开花。

如果杂交，山柳菊属的某些种类会表现得与路边青属植物相似，这种推测也许不是没有依据的。例如，非常惊人的是，茎的分叉（必须被认为是 *Piloselloids* 亚属山柳菊中的一个过渡性性状）可以作为一个完全稳定的性状出现，正如我去年夏天在 *H. Stoloniflorum W. K.* 的幼苗上观察到的那样。

在计划中的蓟属和山柳菊属物种的实验里，我将进入一个领域，在这个领域里阁下拥有最渊博的知识，这些知识只有通过在这个物种的自然栖息地进行多年的热心研究、观察和比较才能获得。在大多数情况下，我缺乏这种经验，因为教学任务的压力使我无法经常到野外去，而等到假期的时候很多事情都为时已晚。恐怕在我的实验过程中，特别是在山柳菊的研究方面，我会遇到许多困难，因此我满怀信心地向阁下求助，请求您在我需要您的建议时不要拒绝。

怀着对阁下的最大敬意，

我谨此签名。

格雷戈尔·孟德尔

修道院牧师兼中学教师，

布尔诺，1866年12月31日

二

尊敬的先生：

我最诚挚地感谢您好心地给我寄来那些印刷品！其中的论文"植物界的杂交种的形成""关于衍生植物杂交种""杂交种形成理论""植物物种之间的中间形式""关于物种的中间形式和范围的系统性等级处理"尤其吸引了我的注意。这种根据当代科学知识对杂交理论的彻底修正是最受欢迎的。再次感谢您！

关于阁下收到我的那篇论文，我应该补充以下信息：论文中所描述的实验是在1856—1863年进行的。我知道我得到的结果不容易与我们当代的科学知识相容，而且在这种情况下发表这样一个孤立的实验会面临双重风险，即对实验者和他所代表的事业都是危险的。因此，我尽一切努力用其他植物来验证从豌豆中获得的结果。1863年和1864年进行的许多杂交实验使我明白，很难找到适合进行大型系列实验的植物，而且在不利的情况下，我可能几年都得不到想要的信息。我试图启发同行开展一些对照实验，因此在当地自然科学家协会的会议上报告了豌豆的结果。正如可以预料的那样，我遇到了不同的意见。然而，据我所知，没有人试着去重复这些实验。去年，我被要求在该协会的会刊上发表我的报告，在我重新检查了我在各年的实验记录而且没有发现什么错误后，我同意了这样做。寄给您的论文是上述报告的抽印本，因此论述比较简短，这是公开报告所必需的。

当知道阁下对我的实验表示谨慎的怀疑时，我并不感到惊讶，要是换成我，在类似情况也会这样做。在您的信中，有两点似乎非常重要，必须给予回答。您的第一个问题是，如果交杂种 Aa 产生植株 A，而该植株 A 又只产生 A，则是否可以得出已经获得类型的稳定性的结论。

请允许我声明，作为一名实验型工作者，我必须将类型的稳定型定义为在实验观察期间保持一个性状。我关于一些杂交种后代中纯种繁殖的陈述仅包括所观察的那些世代，并不涵盖这之外的情况。在所有的实验里，杂交种后代的前两代的实验都用了相当多的植株。从第三代开始，由于空间不足必须限制实验植株的数量，因此在七个实验里的每一个中，只能进一步观察第二代植物（纯种或变种）的一个样本。观察结果延伸至四到六代（第 13 页）。在培育出的纯种杂交种（第15—18 页）中，一些植物被观察了四代。这里我必须进一步提到一个品种的情况，它已经保持了六代的纯种繁殖，尽管它的两个原始亲本在四个性状上有所不同。1859 年，我从杂交种的第一代后代中获得了一个可育性很强的后代，它的种子大而可口。由于它的后代在次年无一例外地保留了这些理想的特性，因此该品种在我们的菜园中得以栽培，直到1865 年，每年都有许多植株被培育出来。这个品种的两个亲本植株分别为 bcDg 和 BCdG。

B. 胚乳蛋白黄色	b. 胚乳蛋白绿色
C. 种皮棕色	c. 种皮白色
D. 豆荚饱满	d. 豆荚收缩
G. 高茎	g. 矮茎

刚才提到的杂交种是 BcDG。

胚乳蛋白的颜色只能在为种子生产而保留的植物中确定，因为其他豆荚是在未成熟的条件下收获的。在这些杂交品种植株中从未观察到绿色胚乳蛋白、红紫色的花色（褐色种皮的证据）、收缩型豆荚，也没有观察到矮茎。

这就是我的经验范围。我无法判断这些发现是否允许对类型的稳定性做出判定。但是，我倾向于认为，在豌豆的杂交后代中，亲本性状的分离是完全的，因此也是永久性的。杂交种的后代带有一种或另一种亲本的性状，或二者的杂合类型；我从未观察到亲本性状之间的缓慢过渡类型，也没有观察到向其中一个亲本性状逐渐接近的类型。杂交种发育的过程仅是如此：在每一代中，两个亲本的性状都是以分离和不变的形式出现，没有任何迹象表明它们中的一个从另一个那里继承或接管了任何东西。例如，请允许我指向我寄给您的种子包，编号为 1035—1088。所有这些种子都是来自于同一个杂交种的第一代，在这个杂交里的两个亲本分别有棕色和白色的种皮。从该杂交种里带有棕色种皮的种子繁殖出来的植株中，有些种皮是纯白色的，没有任何棕色的掺杂。我预计这些带有纯白色种皮的杂交种将保持与亲本植株相同的稳定性状。

我想简要回答的第二个问题，其中包含以下陈述。"您应该将数字表达式视为只是经验性的，因为它们不能被证明是合理的。"

我对单个性状的实验都得出了同样的结果：从杂交种的种子所培育出的植株中，有一半带有杂合特性（Aa），而另一半则以同样的数量接受亲本特性 A 和 a。因此，平均而言，在四株植物中，两株具有杂合特性 Aa，一株具有亲本特性 A，另一株具有亲本特性 a。因此，2Aa + A + a 或 A + 2Aa + a 就是一对可区分性状的杂交实验的简单发展系列。同样，以实证的方式表明，如果两对或三对可区分性状在杂交中结合起来，其发展系列是两个或三个简单系列的组合。到这一步为止，我不相信我会被指责离开了实验领域。如果我随后把这种简单系列的组合扩展到两个亲本植株之间的任意数量的差异，那我确实就进入了理论领域。然而，这似乎是可以允许的，因为我已经通过以前的实验证明，任何一对可区分性状的发育都是独立于任何其他性状进行的。最后，关于我对杂交种的胚珠和花粉细胞之间差异的陈述，它们也是基于实验而提出的。这些实验和关于生殖细胞的类似实验似乎很重要，因为我认为它们的结果可以解释豌豆中观察到的杂交种的发育情况。这些实验应该被重复和验证。

我非常遗憾不能给阁下寄去您想要的豌豆品种。正如我在上面提到的，这些实验一直进行到1863年（包括1863年）。当时，为了获得种植其他实验植物的空间和时间，这些豌豆实验被终止了。因此，这些实验的豌豆种子已经无法获得。只有一个关于开花时间差异的实验还得以继续进行，这个实验的种子可以从1864年的收获中得到。这些是我收集的最后一批豌豆种子，因为我不得不在第二年放弃这个实验，因为豌豆象鼻虫带来的破坏。在实验的最初几年，这种昆虫在植物上很少被发现，1864年它造成了相当大的损害，并在第二年夏天大量出现，几乎只有四分之一或五分之一的种子得以幸免。在过去的几年里，布尔诺附近停止了豌豆的种植。之前剩下的种子仍然有用，其中有一些我预计是稳定的品种。它们来自杂交种，其中有两对、三对和四对可区分性状的组合。所有的种子都来自杂交种的第一代，即从原始杂交种的种子中直接培育出来的植株。

要是完全按我自己的意愿来说，我对遵从阁下的要求将这些种子寄去做实验还是有所顾虑的。我担心这些种子的活力会有部分丧失。此外，这些种子是在豌豆象鼻虫已经很猖獗的时候获得的，我不能排除这种甲虫可能会转移花粉而导致污染发生的可能。另外，我必须再次提到，这些实验植物是为了研究开花时间的差异。在收获时虽然也考虑到了其他的差异，但不像主要实验中那样小心。我在包装编号上添加的另一张纸上写上了说明，这是我在收获时用铅笔在信封上为每株植物所做的副本。显性性状被指定为A、B、C、D、E、F、G，关于它们的双重含义请参考第11页。隐性性状被指定为a、b、c、d、e、f、g，这些性状在下一代中应该保持不变。因此，从那些只具有隐性特征的植物的种子中，预期会出现相同的植株（就所研究的性状而言）。

请将种子包的号码与我记录中的号码进行比较，以检测名称中是否存在任何可能的错误——每个包装仅包含一株植物的种子。

一些品种适合于研究种子性状的实验，实验的结果在这个夏季就可以获得。在包装715、730、736、741、742、745、756、757里的黄色圆形种子，以及包装712、719、734、737、749、750里的绿色皱形种子可以推荐用于这个目的的实验。通过反复的实验已经证明，如果用绿色种子的植株与黄色种子的植株一起杂交，产生的种子的胚乳蛋白就会失去绿色而变成了黄色。种子的形状也是如此，带有皱形种子的植株如果接受带有圆形种子的植株的授粉，则会产生圆形的种子。因此，通过外来花粉受精所引起种子颜色和形状的变化，我们可以识别外来花粉的构成。

设定B为胚乳蛋白的黄色，b为绿色。

设定A为种子的圆形，a为皱形。

假设对通过自花受精产生绿色皱形种子的植株进行人工授粉，如果得到的种子仍然是绿色和皱形的，那么就这两对性状而言，供体植株的花粉是ab；如果只是种子的形状发生变化，则花粉取自Ab；如果只是种子的颜色发生变化，则花粉取自aB；如果形状和颜色都发生了变化，则花粉取自AB。

上面列举的几包种子含有来自ab+AB杂交种的黄色圆形、绿色圆形、黄色皱形以及绿色皱形的种子。黄色圆形的种子最适合用于实验。其中（见实验第15页）可能出现AB、ABb、Aab和AaBb等品种。因此，当绿色皱形的种子培育的植株用上述黄色圆形的种子培育的植株的花粉进行人工授粉时，可能出现四种情况，即：

I	ab + AB
II	ab + ABb
III	ab + AaB
IV	ab + AaBb

如果杂交种形成的花粉细胞类型与可能的稳定组合类型一样多的假设是正确的，那么：

AB 植株产生的花粉类型是 AB
ABb 植株产生的花粉类型是 AB 和 Ab
AaB 植株产生的花粉类型是 AB 和 aB
AaBb 植株产生的花粉类型是 AB、Ab、aB 和 ab

以下几种受精情况则会发生：

I	ab 胚珠接受 AB 植株的花粉
II	ab 胚珠接受 ABb 植株的花粉
III	ab 胚珠接受 AaB 植株的花粉
IV	ab 胚珠接受 AaBb 植株的花粉

通过这种受精可以获得以下品种：

I	AaBb
II	AaBb 和 Aab
III	AaBb 和 aBb
IV	AaBb、Aab、aBb 和 ab

如果不同类型的花粉产生的数量相等，在各类人工授粉情况中则会有：

I	所有种子都是圆形和黄色的
II	一半是圆形和黄色；一半是圆形和绿色
III	一半是圆形和黄色；一半是皱形和黄色
IV	四分之一的是圆形和黄色；四分之一的是圆形和绿色；四分之一的是皱形和黄色；四分之一的是皱形角形和绿色

此外，由于在圆形黄色种子中 AB、ABb、AaB、AaBb 之间的数字关系是 1：2：2：4，在这些种子中培育出的任何九株植物中平均应该

有 AaBb 四株，ABb 和 AaB 各两株，AB 一株。因此，第四种类型的出现频率应该是第一种的四倍，第二种或第三种情况的两倍。

反过来，如果用皱形绿色种子培育出的植株的花粉对上述圆形黄色种子培育的植株进行人工授粉，所得到的结果应该完全相同，前提是胚珠的类型和形成比例与花粉保持一致。

我自己没有做过这个实验，但根据类似的实验，我认为人们可以信任上述结果。

以同样的方式，可以分别对两个有关种子性状中的每一个进行单独的实验，所有那些与皱形种子一起出现在同一植株上的圆形种子，以及所有与绿色种子一起出现在同一植株上的黄色种子都是合适的。例如，如果一个由绿色种子培育的植株接受一个由黄色种子培育的植株的花粉，因为源自黄色种子的植株可能是 B 和 Bb 两种类型，所以得到的种子应该是：①全部为黄色；②一半为黄色，一半为绿色。此外，由于 B 和 Bb 的出现比例为 1∶2，所以第二种人工授粉的频率是第一种的两倍。

关于其他性状，也可以用同样的方法进行实验，但是要到第二年才会得到结果。

我有阁下推荐的用于实验的所有的 *Piloselloid* 亚属的山柳菊物种。另外还有 *H. murorum* 和 *H. vulgatum* 等 *Archieracia* 亚属的山柳菊物种，但 *H. glaucum*、*H. alpinum*、*H. amplexicaule*、*H. prenanthoides* 和 *H. tridentatum* 在这一带没有生长。去年夏天，我发现了一株花朵凋谢了的山柳菊，它的种子颜色与 *H. prenanthoidea* 的一样，但又与任何此类植物标本都不太相似，最后我们的植物学家认定它是一个杂交品种。它的根茎已经移植到花园里开展进一步观察，它的种子已经种下了。总的来说，这个地区的山柳菊资源贫乏，可能是还没有充分搜寻的缘故。在接下来的夏天，我希望有时间去从布尔诺向东延伸几英里到匈牙利边境的那片有沙质褐色土壤的乡间漫游。在这个地区还有其他几种罕见的植物。就山柳菊而言，摩拉维亚高原也可能是一个陌生的土地。如果我在明年夏天发现任何值得注意的东西，我将马上把它寄给您。现在，请允许我把刚才提到的那株山柳菊的种子放到要寄给您的种子包里，尽管它的状态有些不佳。一同放入种子包的还有另一株山柳菊的种子，去年我在旧花园的墙上发现了至少50个它的样本。这种植物在当地的标本馆中没有发现过，它的外观带有 *H.praealtum* 和 *H. echioides* 两个种的特征，但不是其中之一。*H.praealtum* 确实在这里城市的周围有生长，但 *H. echioides* 则没有。

路边青属的杂交种 *G. urbanum* × *G. rivale*（来自去年的杂交）的几株标本在温室里过冬。现在有三株正在开花，其他的也将陆续开花。它们的花粉发育得相当好，这些植物应该是可育的，就像盖特纳所说的那样。奇怪的是，现在开花的所有植物都属于盖特纳提到的例外类型。他说："*G. urbanum* × *G. rivale* 的杂交株大多开大花，像 *G. rivale* 那样，只有少数标本像 *G. urbanum* 一样开着小黄花。"在我的实验里开花的植株中，花是黄色或黄橙色的，大小约为 *G. rivale* 的一半。就目前的状况来判断，其他特征与 *G. intermedium Ehrh* 的特征相符。会不会是这个例外的类型有一个较早的花期？然而，从化蕾来看，其他植株也没有大花。还是说例外已经变成了普遍现象？我有充分的理由认为我的亲本是纯种。我在城市的周边地区获得了 *G. urbanum*，那里既没有 *G. rivale*，也没有该属的任何其他物种；*G. rivale* 则是我在潮湿的山区草地上获得的，那里肯定没有 *G. urbanum* 生长。这株植物具有 *G. rivale* 的所有特征，它还在花园里栽培着，并且已经通过自花受精培育出了幼苗。

秋季播种的蓟属的 *C. arvense* × *C. oleraceum* 杂交种在冬季已经死亡，而 *C. arvense* × *C. canum* 的杂交种有一株幸存。我希望春季播种所长出的幼苗的情况会好一些。另外两个蓟属植物的杂交种在温室里过冬良好。去年夏天，我在 *C. praemorsum M.*（*C. olerac.* × *C. rivulare*

的杂交种）的一株开花植株上观察到，在茎上最先和最后长出的那些花头中没有花粉形成，因此它们是完全不育的。在其他花头中（约占总数的一半）形成了一些花粉和可育的种子。用两个发育较晚的花头进行了授粉实验，*C. palustre* 的花粉被转移到一个花头上，*C. canum* 的花粉被转移到另一个花头上。二者都获得了可育的种子，这些种子产生的植株在温室中度过了冬季，它们现阶段的发育情况表明杂交是明显成功的。一些 *C. olerac* × *C. rivulare* 杂交种的幼苗，还有另外一种杂交种（可能是 *C. canum* × *C. plustre*）和第三种杂交种（可能是 *C. rivulare* × *C. palustre*）的一些幼苗，都在露天环境中很好地度过了冬天。耧斗菜属（*Aquilegia*）的杂交种，包括 *A. Canadensis* × *A. vulgaris*、*A. Canadensis* × *A. atropurpurea* 和 *A. Canadensis* × *A. Wittmaniana* 的秋季幼苗也同样可以过冬。然而，那些用来测试表型的稳定性而种植的一些山柳菊的秋季幼苗却在冬天遭受了相当大的损害。对于山柳菊这个属的植物，最好是在早春播种，但那样的话植物是否能在同一年开花就很可能是个问题。不过，弗里斯对这类植物做了这样的说明："这里产的种子很早，通常在第一年开花。"

我已经获得了茂盛的柳穿鱼属的 *L. vulgaris* × *L. purpure* 杂交株，我希望它们在第一年就能开花。荷包花属的 *C. salicifolia* × *C. rugosa* 杂交的情况可能也是如此。玉米属的 *Zea Mays major*（有深红色种子）× *Zea Mays minor*（有黄色种子）的杂交以及 *Zea Mays major*（有深红色种子）× *Zea Cuzko*（有白色种子）的杂交将在今年夏季开展。*Zea Cuzko* 是否是一个真正的物种，我不敢说。我从一个种子商那里得到了这个名字。无论如何，它是在形态上非常特别。为了研究花朵的颜色在杂交种里的发育情况，我去年对圆叶牵牛、桂竹香和金鱼草三种植物各自的品种之间进行了交叉授粉。另外，还必须提到用旱金莲属的 *T. majus* × *T. minus* 的杂交实验，它已经有了第一代后代。

本年度计划对婆婆纳、堇菜、委陵菜和苔草等植物进行探索性实验。有点不幸的是，我只有少量的物种。

由于缺乏空间，实验只能从少量的植物开始。在测试了杂交种的繁殖能力后，当它们在开花期可以进行充分保护时，每一种合适的植物都将得到深入的研究。到目前为止，上面提到的耧斗菜属的三个杂交和旱金莲属的 *T. majus* × *T. minus* 的杂交都是合适的，尽管后者只是部分可育。希望路边青属的 *G. urbanum* × *G. rivale* 杂交种也会适合研究的对象。

正如必须预期的那样，实验进展缓慢。刚开始时需要一些耐心，但后来当几个实验同时进行时，情况就会有所改善。从春季到秋季，每天都有令人感兴趣的发现，给这些植物的照顾也因此得到了充分的回报。此外，如果我通过我的实验能成功地加速这些问题的解决，我就会倍感高兴。

尊敬的先生，请接受在下最诚挚的敬意

您忠实的朋友，

格雷戈尔·孟德尔

老布尔诺圣托马斯修道院

布尔诺，1867年4月18日

三

尊敬的先生：

不幸的是，我在自然环境中研究当地的山柳菊的项目只能在非常有限的范围内开展了。这主要归咎于时间不足，而且我的身体不再适合进行植物学的实地研究，因为上天赐予了我过多的体重，这在长期的徒步旅行中很容易觉察到，而且由于万有引力定律的作用，在爬山时尤其明显。如果不可能像我原本希望的那样给您寄去野生的山柳菊，请允许我提交给您一些我在花园里收获的样本。

首先是一个重要的山柳菊属植物的杂交：*H. praealtum* ×

H. stoloniflorum。我附上两个亲本植株的样本，以供您批评检查，因为我不相信自己能在这个属里做出精确的判断。应该提到的是，这种 *H. praealtum*（或许是*H. obscurum Rchb*）经常生长在布尔诺附近有点潮湿的地方，比如草地等，而且它经常比栽培的标本生长得更茂盛一些。本年度的28株幼苗没有显示出任何变化，在其中没有发现匍匐茎的样本。*H. stoloniflorum*在当地有生长，但只是零星地出现。我用在布雷斯劳植物标本馆获得的种子培育出了这个品种，标本上有如下说明："常见，不是杂交种。"我只能说当地的植株与布雷斯劳的植株是相同的，去年的幼苗（第二代）没有表现出任何偏差，而且它们都是完全可育的。

　　除了去年为了实现山柳菊的人工授粉而进行的其他实验外，我还尝试抑制上述 *H. praealtum* 品种的花粉发育，或者至少是防止它到达花柱上。为此，我剪掉了一个年轻的、未完全发育的头状花序的一半以上的总苞片，小花蕾除了 10~12 个外也都被切除了；后者用细针将几个地方割开，以便花柱完全暴露出来。之后立即用 *H. stoloniflorum* 的花粉进行授粉，之后再重复一次。尽管进行了这种极端的处理，还是只得到了四颗发育良好的种子，在春天播种后，产生了同样多的植株。其中三株完全像 *H. praealtum*，而第四株显示出相当大的分歧，无疑代表了 *H. praealtum* × *H. stoloniflorum* 的杂交种的表型。因此，在四个案例中至少有一次，通过上述的步骤阻止了自花受精的发生，后者似乎是有用的，尽管它的过程非常复杂，而且会使眼睛疲劳。由于从幼苗的叶子形成来判断，去年在用蓟属植物种成功地利用了这种方法实现了 *C. canum* × *C. oleraceum* 的杂交，因此今年夏天我在山柳菊的所有杂交中使用了相同的方法。

　　上面提到的那个山柳菊杂交株非常健康，生长繁茂。7月初，它同时发育出几个垂直茎，当时没有匍匐茎。当第一个花头即将开放时，这株植物连同所有的根和周围的土被移植到一个花盆里，并在开花时隔离了起来。只有在所有的花头都凋谢后，才出现了一个短而粗的不育匍匐茎，并很快生根。后来，该植物被移栽到了土地上，在这里它开始第二次开花，时间大约在9月底，但是茎仍然更短、更弱。不久之后，长出了一根蔓延的、不育的匍匐茎，上面生出五个垂直的花头。

由舒尔茨神父用人工授粉的方法培育的山柳菊的 *H. pilosella* × *H. auricula* 和 *H. Pilosella* × *H. praealtum* 杂交种，据描述来看是不育的。因为 *H. praealtum* × *H. stoloniflorum* 提供了许多好的种子，它值得给予关注。在总共14个花头中共有1044朵花，其中624朵提供了看起来不错的种子。但是它们当中大多数都是没有活力的，因为从中只培育出了156个植株(大约15%)。这些植株生根良好，应该在明年开花。它们是否会保留杂交类型的特征，或者是否会出现变化，将取决于明年的观察结果。

对于该杂交株的那些在干燥后的植物中比较难以确定的性状，我想补充一些意见。它的叶子的覆盖方式与 *H.stoloniflorum* 的相同，但是刚毛（特别是下表面的刚毛）的数量要少得多。星状毛也不如 *H.stoloniflorum* 那样密集。茎部被星状毛、一些灰白色的刚毛以及腺毛覆盖（在 *H. praealtum* 中，茎上的刚毛的基部是棕色的，没有腺毛）。总苞和花茎的苞片密布着星状毛和腺毛（没有刚毛，如 *H. praealtum*）。凋谢的花头的鞘只是稍微向茎部膨胀，边缘的花是单色的。平均来说，后者每个花头中的花朵数量（根据14个不同花头的计算结果）是39朵，种子呈平凸或凹凸形状，并且具有非常窄的翼缘。皱纹和凹坑总是存在，但密度不如柳穿鱼属的 *L. striata*。像之前在路边青属杂交种一样，我对山柳菊也用同样的方式进行了相互授粉。

柳穿鱼属的 *L. vulgaris* 可能相当容易接受该属的其他物种的花粉受精。在今年夏天的五次尝试中，有四次是成功的。其中就有与美丽的 *L. genistifolia* 的结合，这种杂交种据说在布尔诺周围的野外就有生长。*L. vulgaris* 无法接受 *L. triphylla* 的花粉受精。

最后，让我报告一下我去年夏天对一个毛蕊花属杂交株的观察结果。我在1864年进行了几种毛蕊花属物种的杂交实验。在花园里培育的杂交种完全不育，甚至连一粒种子都没有得到。意外的是有一个 *V. phoenicium* × *V. Blattaria* 杂交株被遗留在了种子盆里，整个夏天都在花园的一个角落里，没有得到任何照顾。秋天时才发现了这株发育不良的植物，并将其与生长茂盛的兄弟姐妹一起种植在空地上。虽然它在次年长势旺盛，但没有开花，而且第二次越冬，而它的兄弟姐妹则在开花后作为两岁的植物死去。今年夏天，这株植物弥补了它所错过的一切，因为它从6月到9月开花不断，并结出了100多颗成形的种子。它可能第三次过冬，因为开花后形成了完整的莲座叶。

我迫不及待地等待着即将到来的夏天，因为有几个可育的杂交种将首次在花中展示它们的后代。我已经注意它们可能会大量出现，只希望它们会回报我的期待，并提供许多关于它们生活史的信息。

我怀着最崇高的敬意签下自己的名字，

您的真诚的仰慕者，

格雷戈尔·孟德尔

布尔诺，1867年11月6日。

四

尊敬的先生：

在过去的两年里，我在山柳菊的人工授粉方面已经积累了一些经验，我打算对这个属的植物进行一些系统性的实验，这些实验将主要集中到山柳菊品种之间的杂交上。我拥有 *Piloselloids* 亚属的典型物种，除了极少数的例外，但我缺少几乎所有 *Archieracia* 亚属的物种。我想购买这些缺少的实验材料，但去哪里买是我无法回答的问题。在这种困境中，我鼓起勇气向阁下求助，希望能得到所需的信息。

我想要的物种是 *H. cymosum* (genuinum)、*H. alpinum*、*H.*

amplexicaule、*H. glanduliferum*、*H.piliferum*、*H. villosum*、*H. glaucum*、*H. porrifolium*、*H. humile*、*H. tridentatum*、*H. praenanthoides* 以及 *H. albidum*。

　　H. glaciale、*H. alpicola* 和 *H. staticifolium* 这三个种也会很受欢迎。我非常希望收到上述物种的种子、植株，或者二者都有。如果现在能播种，期望这些植物能在今年夏天开花。在重复我的请求时，我很高兴地补充一点，如果实验成功的话，我将把干的或活的杂交种标本寄给您。

　　格雷戈尔·孟德尔

　　布尔诺圣托马斯修道院

　　1868年2月9日

五

　　尊敬的先生：

　　请接受我对您最诚挚的谢意，您寄来的这批山柳菊种子状况良好。我是多么感谢您给我寄来这批货物，又多么感激您承诺将再提供一批活的植物的善意。我将尽最大努力在这些物种中培育出所有可能的杂交种，如果这些杂交种是可育的话，我将对它们的后代进行连续几个世代的研究。我必须请您将购买、运输以及任何其他费用记在我的账下。

　　尊敬的先生，我收到了您5月1日发生事故的消息，真的非常遗憾，我为这次事故没有给您带来任何严重的后果而感到由衷的高兴。

　　最近，我的生活发生了一个完全出乎意料的转变。3月30日，我这个等闲之辈被所属的修道院的管理机构选举为终身负责人。原本在一个非常谦卑的实验物理教师的位置上的我，发现自己进入了一个非常陌生的领域，我需要一些时间和努力才能在其中感到自如。这并不妨碍我继续开展我所喜爱的植物杂交实验，一旦在我熟悉了我的新职位之后，我甚至希望能将更多的时间和注意力投入这些实验中。

总的来说，这些山柳菊在实验园地里过冬情况良好，它们的发育进展相当不错，大多数 *Piloselloids* 亚属和一些 *Archieracia* 亚属的品种已经长出了花蕾。*H. Auricula* × *H. pilosella*、*H. praealtum* × *H. aurantiacum* 可能还有 *H. pilosella* × *H. Auricula* 的杂交可能已经成功地得到了杂交株。去年 *H. praealtum* × *H. stoloniflorum (Autor.)* 杂交种播种后在秋季长出的幼苗中，大约有100株已经度过了冬天。到目前为止，这些植株（仍然非常小）在结构和叶子的毛发覆盖方面是一致的，并且类似于上一代杂交株。我对它们的进一步发育情况充满了期待。

我带着我最崇高的敬意在此签名。

您忠实的朋友，

格雷戈尔·孟德尔

圣托马斯修道院的院长和教长

布尔诺，1868年5月4日

六

尊敬的朋友：

请原谅我这么晚才对你寄给我多种山柳菊表示最诚挚的感谢。我是在5月12日收到这个小盒子的。由于我不得不在同一天开始一个漫长的巡视，我无法找到可以空下来给您写信的时间。我已经给园丁指示，要他非常小心地处理这些植物，每种山柳菊都用盆栽一个样本，剩余的种在花园里。几天前我回来时，我非常遗憾地发现，一半的盆栽植株已经死亡，可能是浇水过多的结果。花园里的植物生长得很好，仅有极个别的例外。但由于园丁忽略了给各个植株加上名称，所以必须对它们进行分类。死亡的植株包括 *Piloselloids* 亚属中除 *H. flagellare*、*H. auriculaeforme* 和 *H. aurantiacum* 之外的几个物种，另外还有 *H. pulmonariodes* 和 *H. albidum*。然而，我希望这些物种中没有一个是完全因此丢失了。

在你寄给我的山柳菊的种子中，下列物种已经发芽：
H. amplexicaule、*H. elongatum*、*H. alpinum*、*H. gothicum*、
*H. tridentatum*和*H. praenanthoides*。*H. villosum*、*H. albidum*以及
*H. glaucum*没有发芽。去年的杂交种*H. praealtum × H. flagellare*所产生
的第一代有112个植株，它们现在正在开花。据我判断，所有植物的
基本特征都是一样的，它们与现在正在开花的上一代杂交种植株的区
别仅仅在于茎部较弱、较短，分枝也少一些。鉴于种子植物随着年龄
增长会变得更加强壮，这些区别并不异常。就目前可以判断的情况而
言，所有植株的可育性都是完整的。在去年进行的类似的实验里，杂
交株种子所培育的第一代植株在这方面取得的结果不太理想，这可能
是由于后者在开花时从地面上移栽到了花盆中，这肯定会导致根部受
伤，并使在形成种子时的植物变弱。

从去年的人工授粉中，我获得了*piloselloid*亚属的另外5个杂交种：

1. *H. praealtum × H. aurantiacum* 这个杂交种介于两个亲本之间。
放射状的花朝上的一面有橙色条纹，朝下的一面有紫色条纹；其他的
花是金色或浅黄色的；花柱是黄色，柱头是锈棕色。它在开始开花之
前被移栽过，也许是由于这个原因，它的生育力很低。我从同一个杂
交中获得了另一个异常的类型，但到目前为止只有两个花头在开放。
在叶子和匍匐茎的形成方面，它更像*H. traealtum*，而且柱头是黄色的；
但是茎的质地较硬，而且花肯定是杂交种的颜色。

2. 另一个杂交种是*H. praealtum*(？) *× H. aurantiacum*，刚刚开始开
花。其中一株亲本似乎是介于*H. praealtum*和*H. echioides*之间的一个
物种。杂交种属于中间类型，花的颜色与上一个杂交里的植株一样，
柱头是锈褐色的。

3. *H. auricula × H. pilosella*的杂交种具有标志性的茎分叉特征，也
正在开花。花头大得惊人，远远超过平均水平，但这可能只是由于这

个植株非常茂盛的生长状态所致。

4. *H. praealtum* × *H. pilosella* 和 *H. auricula* × *H.aurantiacum* 这两个杂交的杂交种都即将开始开花。

春季播种的植物还没有生长到足以说明杂交是否成功的程度，但从它们身上应该已经有所收获。它们大多是 *Archieracia* 亚属的山柳菊。

明年春天，我最关心的是将所有杂交种及其各自的亲本以活的标本的形式寄给您。您在未来支持和增加我的实验植物群的善意提议，唤起了我最热烈的感激之情，同时也激励我尽可能充分地利用您所提供的材料。

怀着最深切的敬意，我在此签名。

您忠实的朋友，

格雷戈尔·孟德尔

布尔诺，1868年6月12日

七

尊敬的先生和朋友：

我按照承诺寄给您一些通过人工授粉获得的山柳菊、蓟、路边青和柳穿鱼属的杂交种。附上目录清单，其中的数字对应于植株上的标签上的数字。（注：以下列举的内容没有出现在孟德尔的原信中。它是由内格里写在信上的，其中信息很可能来自孟德尔随样本一起发送的清单）

1号是相当可育的，到目前为止，从种子中培育出来的植株彼此在形态上没有任何区别。这个杂交种以及2号、5号、8号、9号杂交种都是去年的，而且是在盆中培育的。

2号与1号来自同一杂交，但在形态上有很大区别，而且可育性很差。

3号和4号是上面杂交种的两个亲本。

5号开花很多，但只产生了4个有活力的种子。

6号和7号是前一个杂交种的两个亲本。

8号是完全不育的。它的两个亲本是4号和6号。

9号是完全可育的。它的后代都还年幼，在叶子的形成上是一致的。

10号是上一杂交种的亲本。它生长在修道院花园的墙上，到目前为止，我不知道它是否在其他地方有生长。

11号在盆栽时只是部分可育，但在露天栽培时完全可育。

12号和13号是上一杂交种的两个亲本。

14号包括去年的所有幼苗（共有112株）都与它们的上一代杂交株（即11号）相似，所有这些植株都是可育的。

第15号是一个有活力的、美丽的植株，生育力中等。从同一杂交中得到了另一个异常的标本是不育的，并且在去年夏天死亡。

16号和17号是上一杂交种的两个亲本。

18号。我已经在上一封信中报告了第15号杂交种的一些有趣的后代。遗憾的是，我今天必须说明，我只能寄来四个标本，因为其他的标本虽然看起来很有活力，整个夏天花都开得很旺盛，但在冬天却出乎意料地死了。我对此深感后悔，因为我指望它们有更长的寿命，而忽略了制作干的标本。由于种子植物健康而且有活力，希望这种损失能够得到修复。考虑到多年生的蓟属植物有很强的抗寒性，有超过三分之二的生长旺盛的植株在第一次开花后就死亡了，这一点让人觉得有些异常。难道因为自身成分注定它们只能有两年的寿命吗？还是在更有利的环境下它们会活得更久？

19号是一株非常美丽的植物，可育性一般。虽然幼苗还很年轻，但它们的叶片形成情况使我预计会有和19号一样多的变化。奇怪的是，蓟属的杂交种和山柳菊属的杂交种在产生后代方面表现得非常不同。假若蓟属植物需要少一些空间的话，它将是研究可变杂交种的极好的实验植物。

17号和20号是上一杂交种的亲本。

21号。这几个杂交种来自同一人工授粉，它们在花的大小上有一定的差异，而且可育性也不一样。

22号和23号是前一杂交的两个亲本。

24、25、26号将在今年首次开花。27号和28号去年开了一些不完整的花。据盖特纳的观点，这个路边青属的杂交种的后代没有表现出任何变化。

29号。从同一授粉中得到了两种不同类型花色的杂交种，33个杂交株的颜色比较黄，21个杂交株的颜色比较紫，还有1株杂交种同时显示两种颜色。生育能力很低，后代表现出变异。

31号。一个美丽而有活力的杂交种，生育能力也很低。

我有一个有趣的紫茉莉属的 *M. Jalappa × M. longiflora* 杂交种的标本。去年夏天，从它结出的少量种子中获得了几株植物，但是它们仍然太脆弱，经不起运输。去年通过人工授粉产生的以下山柳菊的杂交种也是如此：

H. cymosum × H. Pilosella

H. Auricula × H. pratense

(H. praealtum × H. aurantiacum) × H. aurantiacum

(H. praealtum × M. aurantiacum) × H. praealtum

(H. Auricula × H. pilosella) × H. Auricula

Antirrhinum vulgare × A. rupestre

Lynchnis diurna × L. vespertina

我还没有成功地生产出 *Archieracia* 亚属的山柳菊杂交种，但我希望今年的播种会有结果。在您好意地寄给我的那些山柳菊品种中，去年夏天我只能使用 *H. humile*、*H. Sendtneri*、*H. picroides*、*H. prenanthoides*、*H. hispidum* 和 *H. canescens*。由于它们以及其他物种都过冬良好，我将能够扩大我的实验。这将完全按照您尊敬的朋友，善意地提供给我的计划进行。

几个星期以来，我们一直在享受最美妙的春季天气。与几年的平均水平相比，植被的生长比平时早了13天，几乎所有的植物都已经长了叶了。我很高兴借此机会向您——我最尊敬的朋友——表达我衷心的敬意和钦佩之情。并向您持续的仁爱之心表示赞美，我在此签名。

永远尊敬您的，

格雷戈尔·孟德尔

布尔诺，1869年4月15日

八

尊敬的朋友：

请不要为我这么迟才对您寄来活的山柳菊表示感谢而烦恼，所有的样本都安全到达，并且生长得非常好。一些偏远的奶牛场的建设工作和其他事务已经占据了我好几个星期的时间，当我在圣灵降临节回到布尔诺时，又发现那里也有紧急和耗时的任务。我个人真正能自由支配的时间只有几天，在这个时间里我终于能够恢复自去年6月底因为眼疾而不得不中断的杂交工作，这才是我最热爱的职业。

我发现自己处于不得不完全放弃杂交实验的严重危险之中，而这是由于我自己的粗心造成的。由于散射的日光不足以满足我对山柳菊的小花的研究，我不得不求助于照明设备（带凸透镜的镜子），而没有怀疑使用它可能会造成什么损害。在去年五六月间，在对 *H. auricula* 和 *H. praealtum* 这两个山柳菊品种进行了大量的研究后，我的眼睛出现了一种异常的疲劳，尽管我立即尽可能地保护了我的眼睛，但这种反应还是达到了严重的程度。这使我一直到进入冬季的时候都无法从事任何费力的工作。幸运的是，从那时起，这种痛苦几乎完全消失了，因此我又能长时间阅读，而且可以在没有人工照明的情况下进行山柳菊的杂交实验。

随信寄来了一些活的山柳菊杂交株，必要时也附上了它们的亲本。

迄今为止的实验结果可以说是微不足道的，而且太不完整，无法得出任何最终结论。然而，已经收获了一些经验，我冒昧地在这里简要提一下在我看来具有一定重要性的东西。

首先我必须提到的是，尽管我做了许多尝试，在一些 *Piloselloids* 亚属的山柳菊物种中，我还没有成功地通过人工授粉的方法获得任何杂交种。例如，*H. aurantiacum* 就是这种情况。在这个物种中，到目前为止，我还不能克服其自身花粉的影响。*H. Pilosella* 和 *H. cymosum* 也同样困难。在其他品种中，例如 *H. praealtum*，用同样的方法就更容易成功地进行人工授粉，而且实验结果一再让我确信，只要小心一些，*H. auricula* 是一种完全可靠的实验植物。去年，我用 *H. Pilosella*、*H. cymosum* 和 *H. aurantiacum* 的花粉对该物种的 100 多个花头进行了授粉，尽管其中约有一半植株因遭受伤害而干枯，从剩下的每株植物中只获得了 2~6 颗种子，但从这些种子中培育出的植株无一例外都是杂交种。*H. Auricula × H. Pilosella* 和 *H. Auricula × H. cymosum* 的杂交种的幼苗都不幸被温室中的蜗牛啃食掉了，除了少数例外。但 *H. Auricula × H. aurantiacum* 的杂交株被保存下来，其中 98 株已种植在花园里。它们应该在下个月开花。

还有一种山柳菊品种似乎很适合用于杂交实验。我把它也包括在了这批寄给您的货物中，编号为 No. XII，因为对它我既不能命名也不能分类。我在被砍伐的林地上发现了它的大量存在。我用 *H. Pilosella* 的花粉对它进行了一次受精尝试，结果完全成功，获得的 29 株植物都是杂交种。

我冒昧地在此声明，到目前为止，我只使用了 *H.Pilosella* 进行人工授粉。然而，正如我后来注意到的那样，在开花的时候，一个和 *H.Pilosella* 相邻的品种侵入了我的实验植物的领地，所以我不确定去年的发货是否出了差错，现在我再次将该植物寄来，并给它命名为 *H.Pilosella*(布尔诺)。我不敢对这个品种是否与 *H. echioides* 有任何关系发表意见，但会提到它通常在这里出现，而 *H. echioides* 的下一个已知生长地在五英里之外。我以 *H. praealtum*(？)为名寄给您的植物，在那里与 *H. echioides* 和 *H. praealtum* 一起被发现。因此毫无疑问，关于它属于 *H. echioides-raealtum* 组的假设是正确的。与亲本种的比较表明，它与 *H. echioides* 更为相似。

尊敬的朋友，如果您能在方便的时候给我提供您对编号为 No. XII 的山柳菊的意见，我将非常感激。这种植物和 *H.auricula* 都是最好的实验植物之一，因为从它们身上可以比较容易地获得大量的杂交种。这个前提很重要，因为只有在同一人工授粉过程中获得相当多的杂交种的情况下，才能解释杂交种个体之间发生的变化。

事实上，在所有获得几个样本的杂交中，杂交种之间都有所不同。我必须承认，我非常惊讶地发现，一个物种的花粉对另一个物种的胚珠的影响会产生不同的，甚至是非常不同的表型，尤其是由于我通过种植而研究的植物，确信亲本类型通过自交只产生稳定不变的后代。在豌豆和其他属的植物中，我只观察到表型一致的杂交种，因此我预期山柳菊也是如此。尊敬的朋友，我必须向您承认，我在这方面受到了很大的蒙骗。两年前，*H. auricula × H. aurantiacum* 杂交种的两个样本首次开花。其中一个与父系亲本 *H. aurantiacum* 的关系一目了然，而在另一个则不是这样。由于当时我认为任何两个亲本都只能产生一种杂交类型，该植株因为叶子不一样，花色也完全不同，所以被认为是意外的污染，并被搁置一边。因此，在去年寄给您的货物中，我只附上了在花色上与 *H. aurantiacum* 非常相似的标本。但是，当1868年同一授粉所产生的三个杂交种样本后来开出不同的花时，以及三个 *H. Auricula × H. pratense*(var.) 杂交种标本也同样如此时，真实的情况就显而易见了。

由于我从您珍贵的信中得知，我寄给您的 *H. Auricula ×*

*H. aurantiacum*杂交种标本以及亲本*H. auricula*都已经死亡，我正给您寄来新的替换样本，同时还寄来了长期被误解的双胞胎*H.auricula* × *H.aurant*杂交种868b。去年的三个杂交标本编号为869 c、d、e，其中c是完全可育的。在冬季，*H. auricula* × *H. pratense*杂交种的一个植株以及亲本*H. pratense*已经死亡，后者不是典型的*H. pratense*，因为它的叶子上有一些星状的毛。您好意提供给我的两个标本在花园里的第一年就死了，一个没有开过花就发育不良，另一个死在开花期间。我还没能在附近一带找到这两个样本的纯种。

*H.No.*XII × *H. Pilosella*（布尔诺）杂交种的花刚刚开始凋谢。在现有的29个标本中可以看到非常惊人的变化。虽然它们代表了从一个亲本到另一个亲本的所有过渡类型，但如果是在野外发现它们，没有人会把它们当作兄弟姐妹。一旦匍匐茎充分生根，我将把整个收藏寄给您，这应该是几周后的事情。那时我希望能向您报告*H. auricula* × *H. aurantiacum*的杂交情况，这是今年进行的主要实验。由于标本数量相当多，我希望能从中获得一些信息。

H. XII山柳菊现在已经接受了*H. Pilosella vulgare*（慕尼黑）的授粉，明年可以将*H.* XII × *H. Pilosella*（布尔诺）和*H.* XII × *H. Pilosella vulgare*（慕尼黑）这两个杂交系列进行比较，这应该不会无趣。*H. auricula*与*H. Pilosella vulgare*（慕尼黑）和*H. Pilosella*（布尔诺）进行杂交，不久后还将与*H. Pilosella niveum*（慕尼黑）进行杂交。我目前只看到了*H. Pilosella incanum*的一朵花，希望其他的也会出现。

H.praealtum × *H. aurantiacum*杂交（我去年给您寄了这个杂交的两个标本）所产生的25个植株很快就要开花了。就目前可以观察到的情况而言，它们之间存在差异。在花盆里的两个标本中，一个完全可育，而另一个几乎完全不育。在*H. auricula* × *H. aurantiacum*杂交种的系列中，完全不育和完全可育都有发生。*H. praealtum*（？）× *H. aurantiacum*和*H. praealtum* × *H. aurantiacum*杂交的第二代已经开

花，*H. praealtum* × *H. flagellare*杂交的第三代也是如此。同样，这些世代的杂交种也没有变化。在这种情况下，我不得不说，山柳菊的杂交种表现出与豌豆的杂交种完全相反的行为是多么难以置信。显然，我们在这里处理的只是个别现象，这些现象是一种更高的、更基本的法则的表现。

如果想跟踪那些只有部分生育能力的杂交种的发育，就必须非常小心地保护这些植物不受外来花粉的影响。因为个别胚珠由于来自同一植物的花粉质量差，通常会保持未受精的状态，但很容易被其他植物的花粉受精。*H. praealtum* × *H. aurantiacum*的杂交获得的一些双重杂交种，这株杂交株被放在*H. Pilosella*（布尔诺）植株中一起开花和凋谢，而且移除了其他山柳菊品种。因此，这个杂交种应该被命名为(*H. praealtum* × *H. aurantiacum*) × *H. Pilosella*（布尔诺）。在多个方面，它们都是非常有趣的类型。

在部分可育的杂交种的花中，如果柱头被其他不太远的物种的花粉覆盖，它们总是比保持隔离和依赖自交的情况下产生更多的种子。这完全是由于外来花粉的作用，可以很容易地通过种子的培养来证明。然而，对于完全可育的杂交种来说，小心地隔离是没有必要的。利用*H. praealtum* × *H. aurantiacum*杂交种所开展的实验表明，外来的花粉，甚至是两个亲本的花粉，都可以大量地撒放在柱头上，而不会影响自花受精的发生。所有的种子培育出来的植株都和杂交种表型一致。我把*H.cymosum*(慕尼黑) × *H. Pilosella*（布尔诺）杂交种也加到了这批寄出的货物中。它是迄今为止我获得的唯一的*H. cymosum*的杂交种，尽管我已经多次尝试对这个物种进行人工授粉。

在*Archieracia*亚属的山柳菊品种中，很难防止自花受精的发生。到目前为止，我只获得了两个杂交种。其中一个就是我曾经寄给您的那个有浅棕色种子的品种，它是一个干燥的标本，花粉取自窄叶的*H. umbellatum*。杂交种和亲本的植株都一并寄上。在今年的幼苗中，让一种类型的*H. valgatum*接受上述的*H. umbellatum*的授粉可以确认是成功的。我正在努力寻找一种*Archieracium*亚属的山柳菊品种，期待它可以像*Piloselloids*亚属中的*H. Auricula*和*H. NO. XII*一样适合在亚属内进行杂交，但这可能只是徒劳。

在您善意惠赠给我的*Archieracia*亚属的山柳菊物种中，除了*H. glaucum*之外，其他的都已经用来进行了实验。它们具体如下：*H. mplexicaule*、*pulmonarioides*、*humile*、*villosum*、*elongatum*、*canescens*、*hispidum*、*Sendtneri*、*picroides*、*albidum*、*prenanthoides*、*tridentatum*和*gothicum*。在*H. amplexicaule*和*H. albidum*中，人工授粉后的花头总是枯萎。我没有*H. alpinum*。从您寄给我的标有布雷斯劳和慕尼黑的种子中，我获得了*H. nigrescens*和另一个物种，但不是*H. alpinum*。

借此机会，我想说，我的所有*Archieracia*亚属的山柳菊都生长良好。*H. albidum*在盆栽时有些纤弱，尤其是在冬季，但它在露天环境中生长得很好。*Piloselloids*亚属的山柳菊也是如此，但*H. pratense*和*H. Hoppeanum*除外，后者的盆栽和露天植株在第一个冬天就死了。

因为我的眼病，去年我没能开始任何其他杂交实验。但有一项实验对我来说非常重要，以至于我不能把它推迟到以后的某个时间去进行。它涉及诺丁和达尔文的观点，即一个花粉粒不足以使胚珠受精。我用紫茉莉作为实验植物，就像诺丁所做的那样。然而，我的实验结果完全不同。从单一花粉粒受精实验中，我获得了18颗发育良好的种子，并从这些种子中获得了同等数量的植株，其中有10株已经开花了。大多数植株与那些自由自花授粉所获得的植株一样旺盛。到目前为止，有几个样本有些发育不良，但在所有其他样本成功之后，原因肯定在于并非所有的花粉粒都具有同等的让胚珠受精的能力。此外，在上述实验中，其他花粉粒的竞争被排除在外。当几个花粉粒竞争时，我们大概可以认为只有最强的才能成功让胚珠受精。

此外，我想重复这个实验，而且还可以通过实验直接证明，两个或更多的花粉粒是否能同时参与紫茉莉的胚珠受精。根据诺丁的观点，至少需要三个花粉。

在前几年的实验中，涉及紫罗兰属的 *M. annua.* 和 *M. glabra*、玉米属和紫茉莉属的实验去年已经结束。他们的杂交种的表现与豌豆的杂交种完全一样。达尔文在《驯化下的动物和植物的变异》中提到的关于属的杂交种的陈述是根据其他人的报告做出的，在许多方面需要加以纠正。

有两项实验仍在继续。我有剪秋罗属的 *L. diurnal* × *L. vespertina* 杂交的大约 200 个均一的杂交种标本，它们第一代应该在 8 月开花。

涉及紫罗兰属植物进行的颜色实验已经持续了 6 年，而且可能还会持续几年。通过已经获得的数据，我希望最终能找到问题的根源。因为缺少可靠的色卡，实验的进行受到了极大的阻碍。尽管我从埃尔富特订购了 36 种有着不同颜色命名的紫罗兰品种，但事实证明它不适合我的实验目的。我对这个实验给予了特别的关注，一旦今年培养的 1500 个标本检查完毕，我就会冒昧地向您报告这个实验。这应该也是我将向您寄 *H.No. XII* × *H. Pilosella* 杂交系列样本的时间。

尊敬的朋友，再次感谢您对这批货物的好意时，我怀着最崇高的敬意签名。

您忠实的朋友，

格雷戈尔·孟德尔

布尔诺，1870 年 7 月 3 日

九

尊敬的先生和朋友：

我给您寄来了之前我承诺过的 29 个 *H.No. XII (H. cymigerum)* × *H. Pilosella*（布尔诺变种）杂交样本。编号为 No.XII 的山柳菊（已经寄给过您的）对我来说仍然是一个神秘的品种，它可能是 *H. poliotrichum Wim.*？

在 *H. Auricula* × *H. aurantiacum* 杂交获得的样本中，有 84 个已经

开花，有些已经死了，其他的还没开花。它们之间的差异是相当大的。每个杂交性状都表现出一定数量的变体，这些变体代表两个亲本性状之间的不同过渡阶段。似乎不同性状的变体可能出现在所有可能的组合中。这似乎是可能的，因为在可用的杂交植物中，每个性状的各种变体都极其多样化，以至于很难找到任何两个性状上表型都完全一样的情况。如果这个假设是正确的，那么由于 *H. aurantiacum* 和 *H. aurantiacum* 在大量的性状上都有区别，它们之间应该会产生数百种可能的杂交类型。在两个亲本物种之间相差如此大的情况下，如果观察到的杂交类型数量太少，则无法确定真实的情况。使用 *H. Auricula × H. Pilosella vulgare* 杂交应该更容易获得成功，我希望明年能从这个杂交中获得200个标本。*H. Auricula × H. Pilosella niveum* 和 *H. Auricula × H. Pilosella incanum* 是完全不育的，也不能接受 *H. Auricula* 的授粉。

我想提一下，大约四分之一的 *H. Auricula × H. aurantiacum* 杂交种可称为完全可育、一半部分可育，还有四分之一不育。可育性的高低似乎与杂交种的类型无关。

如果它符合您的意愿，尊敬的朋友，我会在明年春天将整个收藏寄给您。在这种持续寒冷多雨的天气中，本季的 *Archieracia* 亚属的山柳菊幼苗只有一小部分开花。迄今为止，我喜欢使用的实验植物 *H. humile* 还没有一株开花。*H.? × H. umbellatum* 杂交种的幼苗（我曾经寄了一点给您）还没有开花，不过如果秋季天气适宜，它们可能仍会开放。到目前为止，它们之间没有可以检测到的差异。我会将这个带问号的亲本物种归类为 *H.racemosum*，假若种子的淡棕色（迄今为止看来是稳定的）不存在的话。

旨在解决单一花粉粒是否足以让胚珠受精这一问题的实验，今年在紫茉莉上重复了一次，结果与去年相同。与通过自花受精产生的植株相比，去年使用单一花粉粒受精获得的植株并没有任何不同。一开

孟德尔传：被忽视的巨人

始，似乎个别植物可能会在发育上有点延迟，然而后来它们完全弥补了这一点。

另一个利用紫茉莉属植物做的实验正在进行，目的在于找出两个花粉粒是否可以同时参与受精。正如我从经验中知道的那样，从种子中培育出深红色、黄色和白色花朵的品种是稳定的，最初由深红色+黄色以及深红色+白色两个杂交产生的杂交种在其颜色性状上没有变化。两种杂交一样成功，因此三个品种之间的关系程度没有明显差异。在深红色品种中以这样一种方式进行了相当大量的授粉，即在每个柱头上同时放置两粒花粉粒，一个黄色的，一个白色的。由于深红色+黄色和深红色+白色杂交种的花色是已知的，明年将显示除了杂交种的花色之外是否还会出现第三种颜色，如果出现了则可以通过两种花粉粒的共同作用来解释。

在后一种情况下，杂交种后代的发育也应该与两种颜色杂交不同。两种颜色的紫茉莉的杂交种后代的行为类似于豌豆，第一代的一半再次产生杂交种颜色，而另一半则以相等的比例得到两种亲本颜色，并在下一代中保持不变。实验表明，那些获得了亲本颜色的深红色+黄色杂交种的第一代，它们的种子所培育的第二代的颜色也是稳定的。两种颜色都以纯粹的形式重新出现，就好像它们从来没有杂交组合过一样。达尔文和维尔丘曾经指出过高度独立性是动物和植物中单个性状的典型特征。植物杂交种的表现无可争议地为这一观点正确性提供的重要的证据。

尽管使用了大量的实验植物，但今年用紫罗兰属的 *M. annua* 进行的颜色实验只取得了很小的进展。根据迄今为止的经验，与豌豆实验结果保持一致看来是可能的。与着色强度有关的某些现象会带来一些困难。与预期出现的颜色不同，通常出现的是高八度或低八度的颜色（如果我可以这样表达的话），或两种颜色一起出现。这不是孤立的现象，而是在整个系列的样本中都有发生。这样让归类变得非常不可靠，因为很容易把应该分开的东西归在一起，或者犯相反的错误。由此获得的不同颜色变体频率的数字对于推导发展系列是无用的。最近研究了一组新的实验植物，也许我会成功地从中获得一个更简单的系列。

最后，让我报告一下剪秋罗属的 *L. diurna* × *L. vespertina* 杂交中令人好奇的雄性和雌性植株的数量比例。我给 *L. diurna* 的三朵花进行了人工授粉，并分别种植了每个蒴果的种子。它们生产了：

蒴果 1	74 株	54 雌性	20 雄性
蒴果 2	58 株	43 雌性	15 雄性
蒴果 3	71 株	54 雌性	17 雄性
	203	151	52

雄性植物是否只是偶然以 52：203 或 1：4 的比例出现在这里，或者这个比例与具有不同后代的第一代杂种具有相同的意义？我应该对后一种可能产生怀疑，因为在这种情况下必然会导致奇怪的结论。但如果人们认为单独雌蕊或单独花药功能发育的原基一定在植物发育的原始细胞的组织中表达，并且原始细胞的这种差异可能是由于胚珠和花粉细胞在性原基方面的不同，那么这种可能性就不会那么容易被反驳。因此，对这一可能性我不会完全排除。尊敬的先生和朋友，在向您表示敬意的同时，我怀着最崇高的敬意在此签名。

您忠实的朋友，

格雷戈尔·孟德尔

布尔诺，1870 年 9 月 27 日

十

尊敬的先生和朋友：

尽管我的打算是最好的，但我还是无法兑现去年春天做出的承诺。山柳菊又一次枯萎了，我只是匆匆地去看过它们几次。我不得不如此完全地冷落了我的植物和我的蜜蜂，这让我真的不高兴。由于我现在有一点空闲时间，而且我不知道明年春天是否还会有空，所以我今天将我在1870年和1871年进行的最后那些实验的一些材料寄给您。不能再放在露天环境里，它们很容易在温室里过冬，用中等潮湿的泥土或沙子覆盖就行。

随信给您寄来的有以下杂交种：

1. *H. praealtum*（慕尼黑）× *H. Pilosella incanum*（慕尼黑）

2. *H. Auricula* × *H. Pilosella vulgare*（慕尼黑）

3. *H. Auricula* × *H. Pilosella vulgare*（布尔诺）

4. *H. Auricula* × *H. Pilosella niveum*（慕尼黑）

5. *H. Auricula* × *H. aurantiacum*（布尔诺）

下面注释是按照我1871年的记录给出的：

1. 1个杂交种，完全不育。

2. 84个杂交种，所有的都不育，它们之间很难找到任何区别。

3. 25个杂交种，所有的都可育，相互之间一致。

4. 5个杂交种，所有的都不育，相互之间一致。

5. 大约90个杂交种，部分可育，相互之间差别很大。

1~4中的花序通常很简单，就像它们的亲本 *H. Pilosella*。

杂交符号"×"后面的名称在所有情况下均指提供花粉的物种。因此"×"号的意思是：用……的花粉受精。

每个编号下列出的所有杂交种都被放置在隔离的花坛上，每组杂交一个花坛，因此不会因匍匐茎的生长而相互干扰。因为一组内的所有杂交种都生长在同一花坛上，在缺乏照料和管理的情况下，它们混杂到如此程度，以至于对它们进行分类很困难，有时甚至是不可能的。对于寄给您的样本，我只选择了我可以基本肯定地认为是来自单个杂交株幼苗的样本。仅在第5组杂交 *H. Auricula* × *H. aurantiacum* 不可能做这样的分离，因为在这种杂交种中长势繁茂的植株就像地毯一样覆盖在花坛上。对于第5组杂交，我将寄给您三个完全可育的不同的杂交种，在它们的种子成熟后的第一个夏天，我将它们移植到一个单独的花坛上，用于未来的实验。其中两个与 *H. aurantiacum* 更接近，也在新的花坛上混杂在一起，无法明确区分。在第 5 号植物包裹中，您可以在标有 a 的信封中找到这两个植株。信封 b 中的植株是这组杂交的第三个杂交种，它更类似于亲本 *H. Auricula*。

由于刚才提到的三个不同的杂交种被证明是完全可育的，它们本是用来研究杂交种的后代的发育情况，但这些实验并没有进行。可以相当肯定的是，源自这些杂交种的自花受精的后代不会受到原始杂交种中显示出的变化的影响。至少从这几个杂交种的种子中作为样本培育的植株上来看，它们在没有任何保护的情况下生长在露天环境里，并且和其他的杂交株一起生长，但完全且无一例外地长得像它们的上一代杂交株。*H. aurantiacum* 也在附近开花，并且与所提到的杂交种同时开花，其花粉没有对杂交株产生任何可觉察到的影响。

盖特纳已经证明了在几种植物中亲本花粉优于杂交种花粉。我对山柳菊进行了一次实验，其结果虽然只代表了一个孤立的案例，但似乎值得简要地报告一下。一个 *H. praealtum* × *H. aurantiacum* 杂交株被用作实验植物，它只是部分可育，因此每个花头上只有四分之一到三分之一的花能长出良好的种子。

实验植株被栽在窗边的一个花盆里。几个花头开花完毕后，将那些仍在开花的花头全部摘掉，只选取两个未开的花头进行实验。一旦它们的第一朵小花开放，立即用 *H. aurantiacum* 的花粉对从花药管中出现的柱头进行彻底覆盖。这持续了三四天，直到所有的小花都开了，所有的柱头也都被这样覆盖了。在成熟时，两个人工受精的花头中的每一个都形成了比其他自花受精的花头多得多的种子。我对后者的种子进行计数，并确定了每个花头的平均数。

在接下来的一年中，从人工授粉的花头的种子中获得了两

种类型的植株，一种与杂交种植株完全相似，另一些则更接近于
H. aurantiacum。此外，数值比较表明，那些和杂交株相似（因此通
过自花受精产生）的幼苗的数量，根据确定的自花受精的花头的平均
值来看，几乎与两个花头只进行自花受精的结果相同。

因此，*H. aurantiacum* 的花粉仅对那些在不受干预的情况下保持
不育的小花有效，但它不能替代杂交株自身的花粉。

我想在这里强调，我对这个实验给予了最大的关注。顺便说一下，
这个实验开展得比较顺利，我从来没有错过早上 7~9 点的时间，在这
个时间每天都有一个新的小花区域从每个花盘的外围向中心开放，于
是非常新鲜的 *H. aurantiacum* 花粉就被传播到刚刚冒出的柱头上。

盖特纳声称杂交种的花粉在与亲本花粉的竞争中处于劣势，我不
能根据这个实验的结果就认为他的观点是错误的。从这个实验中并不
能提供反证，山柳菊在这方面的表现似乎有些例外，我们必须在它的
小花的特殊结构和受精器官的反应中找到一个自然的解释。

我怀疑这个属不包括自由竞争，只要自产的花粉发育良好，受精
能力强，那么外来花粉到来时就总是为时已晚，因此竞争失败。我经
常去说服自己，在山柳菊中，花药在花苞内开放，将花粉转移到它们紧
密包围的柱头上，这样当花苞打开时柱头就会从已经被花粉覆盖的管
中冒出来。为了验证这一点，在 *H. aurantiacum*、*H. murirum* 和其他
山柳菊植物中，我多次至少在开花前一天小心地在其基部切断花药管，
将其从花柱的上方拉出来，而且整个过程中花药管的侧面没有产生裂
缝，同时还采取了所有其他可能的预防措施，之后我用外来的花粉反
复覆盖柱头去进行人工授粉，仍然没有从获得的种子中培育出除了
H. aurantiacum 或 *H. murirum* 之外的任何东西来。

根据这一经验，我认为在自花受精失败的情况下，只要胚珠仍然
有受精的能力，异花受精就有可能发生。在这个属中，这种情况似乎
并不少见。

众所周知，环境条件的不利变化可能会导致可育性的降低，因此它们可能导致性功能减弱或完全不育，其中雄性器官总是首先受到影响，就像在圈养动物中的情况一样。在植物中不应该是相反的。*H.Pilosella incanum* 不能很好地适应当地的气候。夏天这里的空气似乎太干燥，也许对这种植物来说太温暖了。在 1870 年 5 月和 6 月，这个山柳菊物种的花朵完全不育，第二年部分可育，到秋季时，个别花头似乎完全可育。据推测，这种不育的原因很可能是夏季花朵里自身的花粉质量很差，因为我也无法成功地用它给 *H. Auricula* 受精，而同时用其他 *H. Pilosella* 品种的花粉却没有任何困难。然而，到了 8 月底，用 *H. Pilosella incanum* 的花粉成功地让 *H. Auricula* 受精了。盖特纳通过他自己的实验也确信，雄性总是首先受到影响。

如果情况确实如此，那么山柳菊中自然发生的杂交应该归因于暂时的干扰。假若这样的干扰经常重复或永久存在，最终将导致所涉及物种的消失，而它们杂交后代中的某个，因为有着好的组织构成，能更好地适应普遍存在的环境条件，从而在生存斗争中获得成功，并持续生存很长一段时间，直到最后面临和祖先同样的命运。

对现存的许多杂交种的物种，在我看来已经衰老，或者至少已经过了鼎盛时期 (*H. Auricula* 和 *H. praealtum*)。

我还不能对由尼塞尔教授发起的摩拉维亚地区山柳菊杂交种收集工作做出报告。我们协会参与这项工作的成员寄出样本的时间不会早于今年冬天。

怀着最高的钦佩和尊敬，我在此签名。

非常尊敬您的，

格雷戈尔·孟德尔

布尔诺，1873 年 11 月 18 日

主要人名翻译及人物关系图

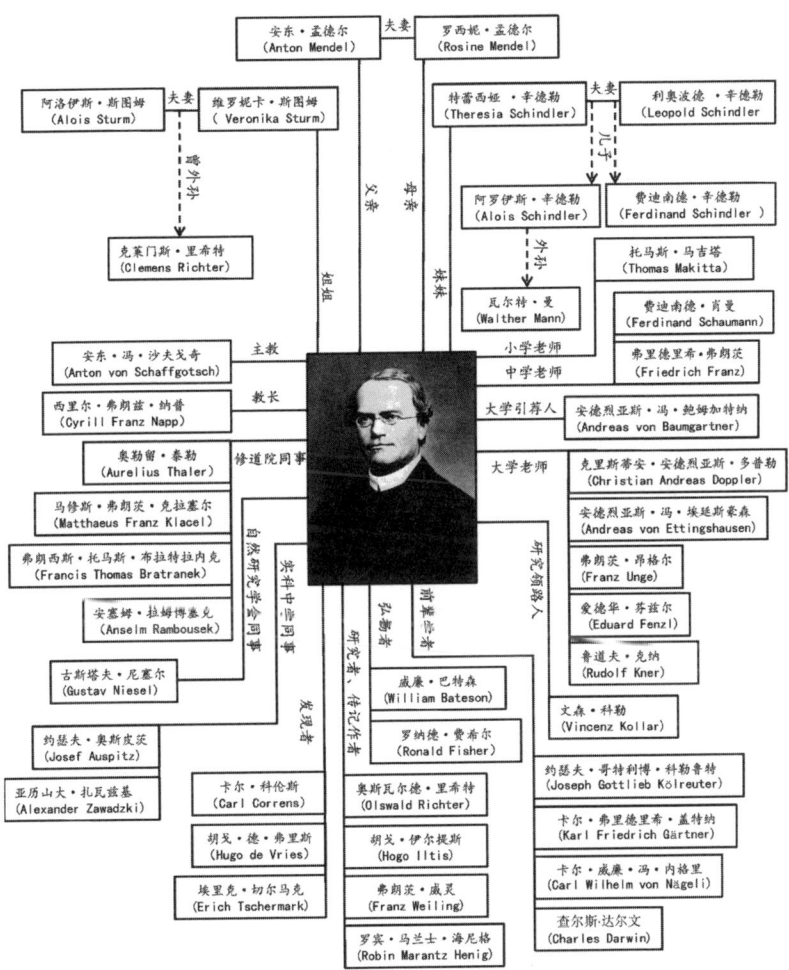

安东·孟德尔
(Anton Mendel)　——夫妻——　罗西妮·孟德尔
(Rosine Mendel)

阿洛伊斯·斯图姆
(Alois Sturm)　——夫妻——　维罗妮卡·斯图姆
(Veronika Sturm)

特蕾西娅·辛德勒
(Theresia Schindler)　——夫妻——　利奥波德·辛德勒
(Leopold Schindler)

克莱门斯·里希特
(Clemens Richter)

阿罗伊斯·辛德勒
(Alois Schindler)　　费迪南德·辛德勒
(Ferdinand Schindler)

托马斯·马吉塔
(Thomas Makitta)

瓦尔特·曼
(Walther Mann)

费迪南德·肖曼
(Ferdinand Schaumann)

弗里德里希·弗朗茨
(Friedrich Franz)

安东·冯·沙夫戈奇
(Anton von Schaffgotsch)

西里尔·弗朗茨·纳普
(Cyrill Franz Napp)

奥勒留·泰勒
(Aurelius Thaler)

马修斯·弗朗茨·克拉塞尔
(Matthaeus Franz Klacel)

弗朗西斯·托马斯·布拉特拉内克
(Francis Thomas Bratranek)

安塞姆·拉姆博塞克
(Anselm Rambousek)

古斯塔夫·尼塞尔
(Gustav Niesel)

约瑟夫·奥斯皮茨
(Josef Auspitz)

亚历山大·扎瓦兹基
(Alexander Zawadzki)

卡尔·科伦斯
(Carl Correns)

胡戈·德·弗里斯
(Hugo de Vries)

埃里克·切尔马克
(Erich Tschermark)

安德烈亚斯·冯·鲍姆加特纳
(Andreas von Baumgartner)

克里斯蒂安·安德烈亚斯·多普勒
(Christian Andreas Doppler)

安德烈亚斯·冯·埃廷斯豪森
(Andreas von Ettingshausen)

弗朗茨·昂格尔
(Franz Unge)

爱德华·芬兹尔
(Eduard Fenzl)

鲁道夫·克纳
(Rudolf Kner)

文森·科勒
(Vincenz Kollar)

威廉·巴特森
(William Bateson)

罗纳德·费希尔
(Ronald Fisher)

奥斯瓦尔德·里希特
(Olswald Richter)

胡戈·伊尔提斯
(Hogo Iltis)

弗朗茨·威灵
(Franz Weiling)

罗宾·马兰士·海尼格
(Robin Marantz Henig)

约瑟夫·哥特利博·科勒鲁特
(Joseph Gottlieb Kölreuter)

卡尔·弗里德里希·盖特纳
(Karl Friedrich Gärtner)

卡尔·威廉·冯·内格里
(Carl Wilhelm von Nägeli)

查尔斯·达尔文
(Charles Darwin)

主要地名翻译及孟德尔人生轨迹图

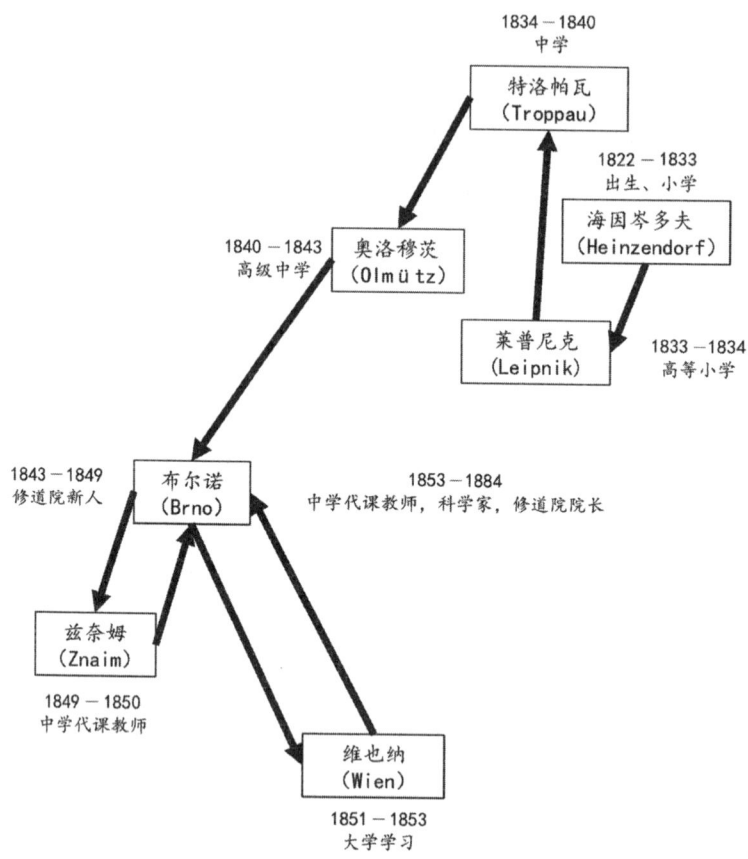

后　记

　　十多年前，从维尔纳坐火车去布拉格，中途经过一个叫布尔诺的车站。就在火车重新启动的瞬间，我想起了这就是孟德尔工作了一辈子的城市。就在这里的圣托马斯修道院里，他完成了一个耗时近十年的豌豆杂交实验，宣告了现代遗传学的诞生。对于从事过遗传学研究的我来说，去拜访孟德尔工作的修道院是一个近乎朝圣般的事情。那时我就想，下一次一定要专程来这里。2020年夏天，新冠肺炎疫情暂时缓和，我来到布拉格度假，终于如愿去了布尔诺。

　　在布尔诺圣托马斯修道院内的孟德尔博物馆里，我在《植物杂交实验》论文的手稿前凝视良久。当我的目光触及"ABC + ABc + AbC + Abc + aBC + aBc + abC + abc + 2ABCc + 2AbCc + 2aBCc + 2abCc + 2ABBc + 2ABbc + 2aBbC + 2aBbc + 2AaBC + 2AaBc + 2AabC + 2Aabc + 4ABbCc + 4aBbCc + 4AaBCc + 4AabCc + 4AaBbC + 4AaBbc + 8AaBbCc"这个公式的时候，心中感到一阵羞愧，因为我不知道它的含义。在这次访问之后，我第一次去看了孟德尔的《植物杂交实验》的原文，还有他当时发表的其他论文和书信，这让我对孟德尔当时的研究有了更多的了解，也进一步加强了我对这位科学巨人的兴趣。接下来我去读了几本关于孟德尔的传记，也查阅了近现代关于研究孟德尔的一些文献。在读完这些资料之后，我觉得有义务将孟德尔介绍到中文世界。虽然孟德尔的名字在中国广为人知，但人们对他的生活和工作实际上却知之甚少。

在已经存在的几本孟德尔的传记里，1924年出版的《格雷戈尔·约翰·孟德尔，生活、工作和影响》是最早的一部，它的作者是布尔诺当地的学者胡戈·伊尔提斯。因为离孟德尔所生活的年代最近，而且伊尔提斯本人还担任过布尔诺自然研究学会的秘书，所以这本传记收集了大量关于孟德尔的史料，也加入了很多和孟德尔有过交往的人物的访谈。我最初的打算是将伊尔提斯所撰写的传记直接翻译成中文，但考虑到后来不断有学者（尤其是德国学者奥斯瓦尔德·里希特和弗朗茨·威灵）对孟德尔的研究做出了新的发现，还有对孟德尔的发现的意义的认知在1924年后也出现了一些变化，所以最终决定我自己来写一本新的关于孟德尔的传记，这便是本书的由来。但这里必须提到的是，伊尔提示所撰写的传记里的关于孟德尔的文献史料是这部中文版孟德尔传记的基石。

为了让读者更好地了解孟德尔的原创性的工作，我把孟德尔涉及植物杂交的两篇论文以及与慕尼黑大学植物学家内格里的通信翻译成了中文，并将它们作为附录放到这本书里。在我个人看来，对学生物的大学生或对遗传学感兴趣的人来说，这会是一份不错的学习资料。

因为身处于网络时代，相关信息和史料的收集变得容易，这里尤其要感谢两个网站：https://www.biodiversitylibrary.org 上能查找到孟德尔所发表的所有论文的原文，https://www.wikipedia.org 中的德文网页提供了大量的孟德尔所生活的时代的人物和历史的信息。另外，我要对为这部传记成书的过程中提供帮助的人表示感谢：是《知识分子》主编陈晓雪的支持和鼓励，让我有了撰写这部传记的勇气；本书的编辑郝莹不仅做了细致的校对工作，更在写作方法上提供了很多建设性的意见，是她的专业拉近了我的文字和读者的距离；在书成之后，生物学家饶毅教授为这部传记写序，这也是让我欣慰和感激的事情；最后还要感谢家人的支持，尤其是儿子余杭之在德语翻译方面给予了帮助，还提供和解读了一些19世纪的欧洲文化和生活方面的信息。

因为个人水平有限以及时间的仓促，本书中难免有一些错误和不足之处，希望读者批评指正。

商周

2022年4月于德国